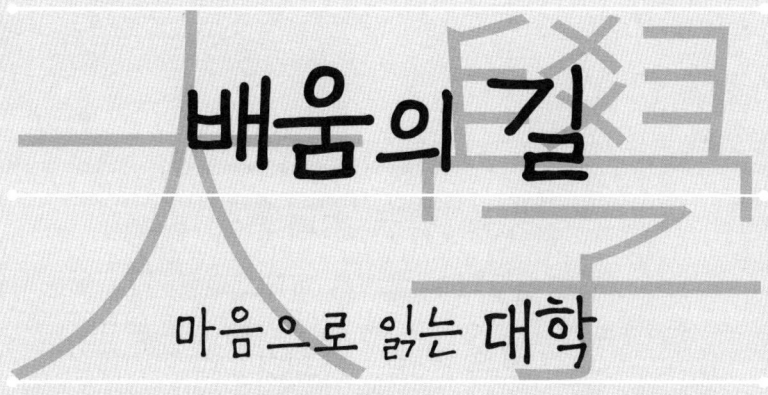

배움의 길

마음으로 읽는 대학

이종인 편저

明文堂

살면서 겪는 어려움은
알아야 풀 수 있다.
배우고 또 배워라.
배우는데 길이 있다.

| 머리말 |

중용 해설서인 "마음으로 읽는 중용"을 출간하였다. 유학 고전에 거부감이 있는 분들에게 좀 더 쉽게 접근할 수 있도록 해석하고 해설한 것이다. 그리하여 그런지 예상보다 반응이 괜찮았다. 읽기가 쉽고 유학의 근본 사상과 "중용"의 대강을 알게 되었다는 평이었다. 여기에 힘을 얻어 "대학" 해설서인 이 책을 이어서 내놓게 되었다.

"대학"을 처음 읽은 것은 대학 다닐 때였으나, 늘 읽고 그 의미를 되새겨보기 시작한 것은 퇴직하고 난 뒤 시골에서 생활할 때부터이니 10년은 넘었다. "대학"에는 평소 사용하는 말도 많이 나오고, 또 한 번 읽는데 15분 가량 밖에 시간이 들지 않으니 하루에도 두서너 번 읽는 때도 있고, 그런 생활을 10년 이상 하니 거의 암송할 수준이다. 스스로 생각하여도 아는 것이 많이 깊어졌다는 것을 느낀다. 처음 몇 년 동안은 해석하는데 그쳤으나 지금은 앞뒤 문장과 "대학" 전체의 의미가 서로 연관되어 머리에 떠오른다. 이래서 고전을 소리 내어 읽고 또 읽어라 하였구나 하는 것을 알게 되었다.

"대학" 전체의 의미를 파악하고 느끼게 되니 자연적으로 다른 해설서와 비교하여 보게 되었다. 다른 해설서도 나름대로 깊이 있게 이해하고 해설하였지만, 대부분의 해설서가 원문을 해석하는 데 한문에 충실하게 해석하다 보니 우리 말투와 달라 쉽게 읽고 이해하기가 어려웠다. 읽어도 그 뜻이 쉽게 떠오르지 않았는데, 그것은 번역의 한계라고 생각하지만 우선 글을 읽으면 이해가 되도록 해야 한다고 생각한다. 그래서 첫째, 우리가 쓰는 말에 가깝도록 하여, 읽으면 대강이라도 이해할 수 있도록 번역하였다. 간혹 너무 의역하여 원문의 참뜻에 멀어지는 것은 아닌가 하는 걱정을 하면서도 그렇게 하였다. 둘째, 사람의 본성과 본능에 연관하여 해석하지 않고 글자 그대로 해석하는데 그친 것이 많았다. 성의誠意는 사람의 이성적 활동으로 자신을 위한 최선의 방안을 선택하여 마음을 정하는 것이고, 사람은 본능적으로 사사로움에 치우치기 쉬운데 이성에 의하여 조절해야 한다는 것을 정심正心으로 보았다. 셋째, "대학"은 나라를 다스리는 사람, 즉 임금이나 제후들을 대상으로 한 윤리 지침이므로, 해석할 때 주어가 불분명하면 임금이나 제후로 보아야 하는 데 그냥 사람으로 본 경향이 있다. 도덕적 행위는 물론 일반인에게까지 확대 적용될 수 있는 것은 사실이지만 우선은 치자治者로 한정하여 해석하는 것이 문맥이 더 잘 통하고, 적합하고 타당하다. 어떻게 해석하고 해설하는 것이 나은 것인지는 독자들께서 판단하실 것이라 생각한다.

많은 해설서들이 주희의 주장에 따라 해석하였지만, 이 책에서는 비록 원문은 주희의 "대학장구大學章句"를 존중하였지만 해석에서는 주희의 주장을 따르지 않은 곳이 서너 군데 있다. 예를 들면, 명덕明德을 해석하는데 사람의 본성은 선하므로 본성에 나오는 행동을 밝히라고 하였지만, 이 책에서는 사람의 본성에 관하여 논하지 않고 사람이 함께 어울려 잘 살아가려면 그때, 그 장소에 가장 알맞은 행동이 분명히 있으므로 생각하는 힘으로 그것을 찾아서 분명히 알고, 명확히 밝히라고 해석하였다. "대학"이 편찬되었을 때는 유학이 추상적, 사변적으로 흐르지 않았으므로 덕德을 인간의 본성과 연관시켜서 해석하지 않고, 그때, 그 장소에서의 최선의 행동이라고 보았을 것이다.

"대학"은 나라를 다스리는 사람에서 보통 사람으로까지 확대된 윤리 지침이고, 사람이 사람답게 살아가는 방법을 설명한 것이므로 전공이나 직업에 관계없이 모든 사람이 기본적으로 갖춰야 하는 생활 자세에 관한 것이고, 어떤 사상이나 종교도 품을 수 있는 내용의 책이다. 그러므로 "대학"을 유교 경전이라고 생각하지 않고, 어느 시대, 어느 지역에 살든 사람이 가치 있게 살려면 알아야 할 경전이라 여기고, 기쁠 때나 슬플 때, 힘들거나 어려울 때 읽어서 마음의 편안을 얻을 수 있을 것이다.

   "대학"의 근본 의미에 가깝게 가려고 스스로 옳다고 생각하는 방향과 방법으로 해석하고 해설하였지만 자신도 어떤 관념이나 시각에 빠져서 잘못 해석할 수 있다는 것을 염두에 두고 있으며, 잘못이 있다고 판단되면 스스럼없이 고치려고 한다. 독자 여러분들의 날카로운 비판을 기다리고 있습니다. "가르치고 배우는 것은 서로 성장한다(敎學相長)"는 말처럼 배움의 길을 함께하시길 바랍니다.

2024. 섣달그믐

이종인

| 들어가는 말 |

　고전을 읽어라!는 말을 많이 들었다. 고전은 자연의 근본 원리와 사람 사는 이치를 말하는 책으로 오랜 세월을 거쳐 검증된 사상을 담은 책이다. 한창 자라는 청소년 시절에 고전을 읽어서 인격을 형성하여야 한다고 하였다.

　고전을 읽어보려고 여러 번 시도하여 보았다. 장앙리 파프르의 "곤충기"가 재미있을 것 같아서 읽으려고 하였는데 단편적으로만 읽고 치운 것으로 기억되고, 찰스 다윈의 "종의 기원"은 몇 쪽 읽어보지 않고 그만둔 것 같다. 그 뒤 인문학에 관심이 있어 플라톤이나 아리스토텔레스의 저작을 읽어보려고 시도하였지만 결국 실패하였다. 고전이라는 책을 제대로 읽어본 기억이 없다. 세익스피어의 "리어왕", "로미오와 줄리엣" 등은 원전을 읽었는지 축약본을 읽었는지 불분명하지만 분량이 많지 않아 읽기는 읽었지만 크게 감명을 받은 기억이 없다. 직장을 다니면서는 직무와 관련된 책을 읽었지 고전은 읽지 않았다. 하는 수 없어 읽어서 그런지 마음에 깊이 남는 책은 거의 없다.

퇴직한 뒤 고전 읽기를 다시 시도하였다. 플라톤의 "국가", "변론", 아리스토텔레스의 윤리학에 관한 책, 성경, 한글 팔만대장경 등을 읽기로 하였지만 진도가 잘 나가지 않았다. 읽어도 그 뜻을 제대로 파악하지 못하고 책장만 넘기는 경우가 많았다. "논어論語"와 "맹자孟子"를 읽으니 그런대로 귀에 익은 말이 있어서 조금 이해하면서 읽었다. 그러던 중 "대학大學"과 "중용中庸"을 읽게 되었는데, 해설서를 읽더라도 며칠 안에 읽을 수 있었고, 그 내용이 체계적이고 논리적이라 이해하면서 읽을 수 있었다. 진도도 잘 나가고 이해도 그런대로 되니 정독하려는 욕심이 났고, 연이어 서너 번 읽게 되었다. 이 이후에는 해석이나 해설을 보지 않고 원문만 읽어도 그 의미를 이해하게 되었다.

그렇게 된 데는 일상에서 사용하는 말이 많이 있고, 또 어려운 한자가 상대적으로 적었고, 경전의 내용도 심오한 논리를 전개한 것이 아니라 흔히 듣는 말을 포함하고 있기 때문이다. 원문의 뜻을 이해할 수 있으니 한가한 틈이 있으면 원문만 읽었다. 10여 년 동안 읽었으니 그 횟수는 셀 수가 없을 정도이고, 지금은 거의 외울 정도가 되었다. 이젠 읽으면 앞뒤 문장과의 관계, 전체에서 그 글귀가 차지하는 위치와 비중이 훤히 떠오른다. 처음 읽었을 때와는 확연히 다르게 이해하게 되었고, 한두 번 읽고 마는 다른 고전과 달리 앎의 깊이가 많이 깊어진 것을 느꼈다. 그리고 대부분의 해설서가 유교 경전 내에서 서로 인용하여 해설하는데, 알고 있는 자연과학 지식을 활용하여 해석하게 되니 더 의미가 깊어지고 풍부해지는 것 같았다. 자연히 흥미를 느끼고 읽으면서 더욱 더 깊게 생각하게 되었다. 간혹 제대로 이해하고 있는 것 같이 느껴져 즐거움이나 기쁨을 가질 때도 있다. 이래서 고전은 읽고 또 읽어 거의 암송할 정도로 읽어야 되는 책이라는 의미를 실감하게 되었다.

"대학"과 "중용"은 유학의 주요 경전이다. "논어", "맹자"와 함께 사서四書라 한다. "논어"와 "맹자"는 분량이 큰 경전이지만 "대학"과 "중용"은 아주 얇은 책이다. 원문만 읽는다면 "대학"은 15분이 안 걸리고, "중용"도 반 시간 안에 읽을 수 있다. 게다가 "논어"나 "맹자"와 같이 말씀을 모아놓은 책이 아니고 "대학"은 수기치인修己治人, "중용"은 지인용知仁勇 삼달덕三達德에 의한 중용을 성실하게 하는 것을 주제로 처음부터 논리적으로 서술한 것이라, 읽거나 암송하면 앞뒤 논리가 저절로 연결되어 쉽게 읽을 수 있고 암송할 수 있다.

지금은 "대학"은 거의 매일 한 번 이상 읽고, "중용"은 일주일에 서너 번은 읽는다. 조금 한가하면 엉뚱한 생각을 하지 않고 이 책들을 읽거나 암송한다. 버스나 기차를 타거나 사람을 기다리는 시간에 조금이라도 틈이 있으면 중요한 명구를 속으로 외고, 그 뒤에 다짐하는 문구를 나름대로 작성하여 세 번 반복하여 암송한다. 불교의 반야심경이나 기독교의 주기도문과 같이 암송한다. 이렇게 하니 마음에 여유가 갖게 되었다.

유학의 근원인 유가사상은 약 2500년 전 일어난 사상이다. 오랜 기간을 걸쳐오면서 흥할 때도 있었고 침체기에 빠질 때도 있었다. 유가사상을 처음 세운 공자孔子(B.C. 551~B.C. 479)는 중국 춘추전국시대(B.C. 700~B.C. 221)에 살았던 대학자로, 혼란한 세상을 수습하고자 나름의 해결책을 제시하고자 하였다. 공자 이외에도 난국의 수습책을 내놓은 학파가 여럿 있었고, 이들을 제자백가諸子百家라 한다. 중요한 학파로는 나라를 법으로 엄격히 다스려야 한다는 법가法家, 나라가 존립하기 위해서는 강한 군사력을 가져야 한다는 병가兵家, 약한 나라는 연합하여 강한 나라에 대항하여야 한다는 종횡가縱橫家 등이 있었다. 법가를 채택하여 중국을 통일한 진나라 시황제는 사상적 혼란을 방지하기 위하여 통치 사상을 하나로 통일하고자 하였으며, 법가 이외의 책은 불태웠고, 법가 이외의 사상을 공부하는 학자들을 생매장하였다. 이를 분서갱유焚書坑儒라 한다. 이런 포악한 전제 정치를 실시한 진나라는 오래 가지 못하고 망하였으며, 한나라가 다시 중국을 통일하였다.

공자는 춘추전국시대라는 극도의 혼란한 시대를 수습하는 방안을 찾고자 먼저 과거의 기록을 수집, 편찬하였으며, 그 속에서 해결책을 찾으려고 하였다. 공자가 편찬하거나 저술한 책은 "시경詩經", "서경書

經", "주역周易", "예기禮記" 및 "춘추春秋"다. 이를 오경五經이라 한다.

"시경"은 백성들의 삶의 애환을 읊은 노래, 훌륭한 임금의 덕치를 칭송한 시와 궁중 음악의 가사를 모은 것이고, "서경"은 전설 시대의 요임금과 순임금, 중국 최초로 무력으로 통일한 탕왕, 중국의 문물제도를 정비한 주나라의 문왕과 무왕의 통치 이념, 통치자의 임무, 통치 방법, 인재 등용 등에 관한 치적을 기록한 책, 일종의 역사책이고, "주역"은 세상의 생성 원리와 변화 법칙을 설명한 일종의 점치는 책으로 너무 추상적이고 난해하여 공자가 해설을 덧붙였지만 여전히 이해하기 어려운 책이고, "예기"는 나라나 집안에서 행하는 각종 행사나 의식의 의미나 방법과 살아가는데 주요사항에 대하여 논한 글을 모은 것이다. 공자는 역사는 사람이 살아가는 데 있어 자신을 되돌아보는 거울과 같은 것이라 여기고, 직접 노나라의 역사를 저술하였다. 오경 중 "춘추"는 공자가 직접 저술한 것이나, 다른 경전은 전해오는 자료를 수집하여 편찬한 것이다.

편찬하거나 저술한 책에서 공자는 중요한 것을 추출하였다. 첫째, 세상이나 나라가 평안하려면 왕이나 제후의 역할이 중요하고, 둘째, 사람을 다스리는 왕이나 제후는 백성을 사랑하는 마음을 가지고, 세상의 근본 원리와 사람의 도리를 알아서 다스려야 백성들이 넉넉하고 여유 있고 화목하게 살 수 있다고 하면서, 먼저 왕이나 제후가 수신하여 덕치를 해야 한다고 하였다. 덕치가 베풀어지면 백성들은 왕이나 제후를 본받아서 서로 도우며 화목하게 산다고 하였다. 셋째, 자질이나 능력이 부족한 사람이 신분에 의하여 왕이나 제후의 자리에 자연히 올라 나라를 다스리는 것보다는 훌륭한 인격과 탁월한 능력이 있는 사람이 그에 걸맞은 자리에 올라서 다스려야 나라와 세상이 평안하게 된다고 하였다. 넷째, 아무리 신분이 낮은 사람도 인격이 훌륭하고 능력이 탁월한 사람은 자연히 사람을, 땅을, 재물을 얻어서 높은 자리에 오를 수 있다고 하였다. 즉 비천한 순임금이 왕위에 올라 나라를 다스려 성군으로 칭송받는 세상이 바람직한 세상이라고 하였다. 공자는 이런 그의 사상을 실제로 정치에 활용해 보고자 여러 나라를 돌아다녔지만 마땅한 제후를 만나지 못하고 고향인 노나라로 돌아와 후진 양성에 나머지 인생을 보냈다. 유가사상은 춘추전국시대에는 일개 학파에 불과하였고, 진시황제 때는 분서갱유라는 어려움을 겪었지만 한나라에서는 나라를 다스리는 기본 이념으로 받들어졌고, 따라서 관학官學이 되었다.

진나라를 이어 중국을 통일한 한나라는 진나라가 망한 이유를 알아서 민심을 얻어 나라를 다스리고자 덕치를 주장하는 유가사상을 통치 이념으로 하고, 도가, 법가, 종횡가 등을 물리쳤다. 이때 중요한 역할을 한 사람이 동중서董仲舒(B.C. 176?~B.C. 104)다. 한나라 7대 황제인 무제武帝(생몰 기간 B.C. 156~B.C. 87, 재위 기간 B.C. 141~B.C. 87)는 강력한 중앙 집권체제를 구축하여 나라를 안정시켜 발전시키고자 하였으며, 동중서의 의견을 받아들여 유가사상을 통치 이념으로 채택하고, 교육기관인 태학을 설치하여 유교 경전인 오경을 가르치도록 하고, 오경박사를 두었다.

한나라 때 주류 사상이고 관학으로 취급받던 유학은, 수나라와 당나라 때는 도가道家나 불교에 그 세력이 밀려서 일부 학자들만 그 사상을 믿고 따랐다. 당나라 때 문장가인 한유韓愈(768~824)는 무위無爲의 도가道家사상과 무상無常, 윤회輪廻의 불교를 배척하고 실제적인 학문인 유학을 중흥시키고자 하였지만 큰 호응을 얻지 못하였다.

불교가 나라의 비호와 개인적 구원을 원하는 신자들의 지원으로 당나라에서 크게 성행하였지만, 당나라 말기에 들어서면서 불교의 피해가 심해지자 이에 대한 반발로 전통 사상에 대한 부흥운동이 일어났다. 송나라는 이런 사상적 흐름을 받아서 유학을 부흥시키려고 하였다. 배불숭유排佛崇儒 정책을 실시하여 훌륭한 유학자를 배출하였으며, 정자程子로 불리는 정호程顥(1032~1085)·정이程頤(1033~1107) 형제와 주자朱子로 불리는 주희朱熹(1130~1200)가 세상의 생성과 궁극적 원리를 이기理氣로 이루어졌다고 보고, 유교 경전을 이런 새로운 시각에서 보고 해석하였다. 이런 새로운 학풍을 신유학新儒學, 정주학程朱學, 주자학朱子學, 성리학性理學 등으로 불러졌고 크게 유행하였다. 명나라 때 양명학

陽明學을 주장한 왕수인王守仁(1472~1529, 호는 양명陽明)의 비판을 받았지만 중국이 공산화되기 이전까지 주류 사상이 되었다.

정자의 사상을 이어받아 신유학을 확립한 주희는 유학의 경전을 새로운 시각에서 정비하였다. 그때까지 유학에서는 "삼경" 또는 "오경"이 중시되었으나 이들 경전은 분량도 많고, 흔히 사용되지 않는 한자가 많이 있고, 또 고어가 많이 쓰여서 해석하고 이해하기가 어려웠다. 또 불교에 비하여 세상의 궁극원리, 사람의 근본 도리나 사후 구원에 관한 체계적, 논리적 설명이 부족하다는 비판을 받아서 그에 대한 보완책으로 "예기"에 각 한 편으로 있던 '대학'과 '중용'을 별도의 한 권의 경전으로 만들어서 유교의 기본 경전으로 하였다. "논어", "맹자", "대학"과 "중용"을 사서四書로 하여 유교의 가장 기본이고 중요한 경전으로 다루었다. 유교에서는 주희 이전에는 "삼경" 또는 "오경"이 중시되었으나 주희 이후에는 "사서"가 중요하게 여겨졌다.

"대학"은 처음에는 "예기"의 한 편으로 포함되어 있어 "삼경" 또는 "오경"을 주로 공부한 유학자들에게는 잘 알려지지 않은 논설이었지만 일찍부터 "대학"의 중요성을 인식한 학자들이 있었다. 후한 말기 때 정현鄭玄(127~200)은 "삼례주三禮註"를 저술하여 거기에 포함된 '대학'에 주註를 달았고, 당나라 초기 공영달孔穎達(574~648)은 '대학'을 포함한 "오경"

을 해설한 "오경정의五經正義"를 지었고, 송나라 초기 자치통감資治通鑑을 저술한 역사가인 사마광司馬光(1019~1086)은 대학 해설서인 "대학광의大學廣義"를 저술하고, 최초로 "대학"을 단행본으로 발간하였다. "사서"를 중시하여 유학의 경전 체계를 확립한 사람은 정호 정이 형제와 주희였다.

정씨 형제는 '대학'이 자신을 수양하여 남을 다스린다(수기치인修己治人)를 이념으로 하는 유학의 근본정신이 담긴 책이라 하여 "예기"에 담긴 '대학'에 주석을 달고 해설하였으며, 그 문장 순서도 나름대로 재편집하였다. 동생인 정이는 자기의 주장을 담아 해설서인 "대학정본大學定本"을 저술하였다. 주희는 정씨 형제의 의견을 존중하였으며, "예기"'대학'에는 탈자와 오자가 있을 뿐만 아니라 불필요한 글자도 있다고 보았고, 문장의 순서도 앞뒤가 바뀐 것도 있다고 보고 다시 배열하였고, 근본 원리를 규명하여 아는 것을 완전하게 한다(격물치지格物致知)는 것에 관한 글이 빠졌다고 보고 자기가 작성하여 보완하였다. 이렇게 하여 "대학장구大學章句"를 저술하였다. 당초 "예기"에 있는 "대학"은 "고본대학古本大學"이라 하고, 주희가 재편집한 '대학'을 "금본대학今本大學"이라 한다. 주희는 '대학' 뿐만 아니라 '중용'도 '대학'과 같이 장절로 구분하여 "중용장구中庸章句"를 저술하고, "논어"와 "맹자"는 전해오는 주석을 모두 모으고, 또 자기의 주석과 해설을 달아서 "논어집주論

語集註"와 "맹자집주孟子集註"를 저술함으로 유교 경전을 집대성하였다. 이때부터 "사서집주四書集註" 또는 "사서장구집주四書章句集註"가 유학의 중요 경전의 위치를 차지하게 되었다.

주희는 유학을 체계적, 논리적인 성리학으로 발전시킨 것은 사실이나 세상의 궁극적인 원리를 이기理氣로 보고 사람에 관련된 문제, 즉 사람의 본성, 마음의 작용 등에까지 이기理氣의 틀로 해석하려고 한 점이 있다고 하겠다. 그러므로 성리학이 추상적, 관념적, 사변적으로 흘러서 보통 사람은 이해하고 받아들이기 어렵게 되었다. 그러니 자연적으로 설명, 설득하여 도덕적 행동을 하라고 하기보다는 훌륭한 학자들이 내린 결론이니 무조건 따르라고 하였다.

주희에 의하여 주창된 주자학 또는 성리학은 고려 말에 우리나라에 도입되었다. 고려는 불교가 국교이고, 불교를 숭상한 나라였지만 말기에는 불교의 전횡과 피해가 심각하여 이를 물리치는 새로운 정치 이념이 필요하였는데 성리학이 그 자리를 차지하게 되었다. 성리학은 조선의 건국이념이고 통치이념이 되었으며, 조선은 통치 조직과 각종 문물 제도, 교육제도를 성리학에 근거하여 정비하였다. 그러나 민간에서는 각종 의식과 행사는 여전히 불교 방식으로 이루어지고 있어서 나라에서는 유교 의식을 보급하기 위하여 노력하였다. 특히 조상을 숭배하는 풍습, 사당을 짓고 제사를 드리는 관습이 정착되도록 정책을 수립하여 집행하였다. 그리하여 조선 중기 이후에는 주희의 "사서"가 신성시되어 주희와 달리 "사서"를 해석하거나 해설하면 사문난적斯文亂賊이라 하여 생명까지 빼앗는 처벌을 가하였다. 조선 5백 년 동안 행하여졌던 유교 의식이 조선이 망하고 100여 년 동안 지속적으로 행하여졌지만 20세기 말부터 산업화, 도시화가 급격히 이루어지고 그에 따라 가족제도가 핵가족 제도로 바뀜에 따라 각종 의식이나 관행이 많이 바뀌고 있다.

유학 또는 유교는 농업사회, 농촌사회, 대가족제도의 사회에서 유래한 사상이므로 산업화, 도시화, 개인주의적 사회에서는 그대로 적용될 수 없다. 그러나 사람을 중시하고, 개인으로서 사람뿐만 아니라 사람의 관계도 역시 중요하다는 근본사상은 높이 존중되어야 할 것이다. 지금과 같이 소외되고 살벌한 경쟁 사회에서는 그 가치가 더 높아져야 할 것이다. 또한 과학 문명이 발달하여 성리학 이론을 그대로 받아들일 수 없는 것도 있다. 유학 경전 내에서만 관념적, 사변적으로 논리를 구축할 것이 아니라 발달한 과학 문명을 받아들여서 그 이론을 수정 또는 보완하여야 할 것이다.

이 해설서는 유학자들의 훌륭한 글이나 논설을 실어서 "대학"의 의미를 잘 이해할 수 있도록 하였다. 이런 의미에서 여러분의 권학문, "예기"의 '학기學記', 한유의 '원도原道', 영조대왕의 서문, 주희의 서문 등을 실었지만 번역문만 싣고 한문 원문을 생략하였다. 또한 해설하는데 유교 경전만 인용하는 것이 아니라 현대의 과학 지식을 활용함으로 현대적 입장에서 "대학"을 이해하도록 하였다. 그러므로 자연히 지금까지 해석과 다른 곳이 여러 곳 있다. 격물格物, 성의誠意, 정심正心, 물유본말物有本末, 사유종시事有終始 등의 해석에 많은 차이가 있다. 겁 없이 감히 나름대로 해석해 보았지만 만일 잘못된 점이 있다면 주저 없이 수정할 것을 염두에 두고 있으며, 최선을 다하여 가장 합리적이고 타당한 방법으로 해석, 해설하려고 노력하였다는 것은 말씀드린다.

유학이 수나라와 당나라 때 불교에 그 세력이 밀린 것은 세상의 존재와 변화 원리에 관한 설명과 특히 사후에 구원되기를 바라는 사람의 마음을 충족시켜 주는 주술적 내용이 부족하였기 때문이었다. 유학은 자기완성으로 자족을 느끼는 것을 목표로 하고, 기회가 된다면 사람을 다스리는 자리에 올라 덕치를 하는 것이므로 개인의 구원에 관한 그런 문구가 없다. 희미하게나마 있는 것이 "중용" 제1장 마지막 구절 "중화의 지극한 상태에 이르면 하늘과 땅이 제자리에 있고, 만물이 잘 자란다.(致中和 天地位焉, 萬物育焉.)"는 것과 역시 "중용" 제33장 "밤낮으로 부지런히 중용을 행하여 끝까지 영예를 가진다.(庶幾夙夜, 以永終譽.)"가 있다. "대학" 전10장에서 자기완성을 이루면 사람을, 재물을, 나라를 얻을 수 있다고 할 뿐 다른 말이 없으니 사후에 자기가 구원을 받아 좋은 세상에 갈 수 있다는 것을 느낄 수 없다. 이런 부족한 점을 보완하기 위하여 "대학" 경1장과 "중용" 제1장 말미에 다음 문구를 보충하여 다른 종교에서 외우는 좋은 말씀처럼 늘 암송한다면 어떻겠는가?

"君子, 內省不疚, 無惡於志, 動而世爲天下道, 行而世爲天下法, 言而世爲天下則, 庶幾夙夜, 以永終譽, 在彼無惡, 在此無射!(훌륭한 사람은 안으로 성찰하여 잘못이 없도록 하고, 마음에는 싫어하는 것이 없도록 하여 자신을 닦고, 그리하여 품은 뜻은 오랫동안 세상의 이념이 되고, 행동은 오랫동안 세상의 모범이 되고, 말은 오랫동안 세상의 본보기가 되며, 밤낮으로 부지런히 훌륭한 행동을 하여 끝까지 영예를 지켜서, 저기 있어도 싫지 않고 여기 있어도 밉지 않네!)"

ⅢⅢ 일러두기

- 이 책은 한자나 한문을 잘 알지 못하는 독자를 염두에 두고 만들었다. 이 책을 읽고 "대학"에 관심을 가지게 되어 깊이 있게 알고자 하면, 먼저 책을 읽고 대강의 뜻을 안 뒤 한문에 음을 달아서 원문을 반복해서 읽으면 읽을 때마다 그 의미가 새로워질 것이다. 원문만 읽는다면 15분이 걸리지 않는다.

- 전공자가 아닌 일반인을 위한 교양서로 만들었으므로 "대학" 원문을 해석하는 데 여러 학설이 있으나, 어느 학설이 타당하다는 그런 논증은 하지 않고, 나름대로 가장 타당하다고 여겨지는 것을 택하여 해석하였다. 그리고 지금의 인문학과 자연과학 지식을 활용하여 원문을 해석하고 해설함으로 이해하기가 쉬울 것이다. 또 독자 스스로 나름대로 해석할 수 있을 것이다.

- 일상에서 널리 사용되지만, 그 의미가 사람마다 다른 단어가 있고, 또 그 단어의 의미가 너무 넓고, 깊어, 우리말로 간단히 번역하기가 어려운 단어들이 많이 있다. 이런 말은 반복하여 읽으면 나름대로 그 의미를 터득하게 될 것이다. 대학大學, 도道, 천명天命, 명덕明德, 지선至善, 지지知止와 경지敬止, 성의誠意, 정심正心, 편벽偏僻, 수신修身, 혈구絜矩 등이 그런 단어들이다.

- 이해를 위해 덧붙인 말은 ( )에 넣었고, 책명은 " ", 장이나 편명은 ' '에 넣었다. 원문에 숫자를 넣어서 앞뒤에 있는 원문을 쉽게 찾을 수 있도록 하였다.

- 고전이 다 그렇지 마는 "대학"은 읽을 때마다 그 의미가 깊어지는 것 같다. 해석을 읽다가 더 깊은 의미를 느껴보자면 원문을 읽는 것이 좋다. 한문에 토를 달아 읽다가 암송하게 되면, 암송할 때마다 그 의미가 더 깊어질 것이다. 그렇게 되면 "대학"은 일상에서 되새겨보는 좋은 경전이 될 것이다.

- "대학"을 읽기에 앞서 앎과 그리고 배움을 중시한 유가 사상을 대략이나마 아는 것이 "대학"을 이해하는 데 도움이 될 것이다. 그리하여 유학의 그런 내용을 '앎 그리고 배움과 가르침'이라는 글로 정리하여 실었다.

| 차례 |

- 머리말 3
- 들어가는 말 7
- 앎 그리고 배움과 가르침 24
- 권학문 60
- 예기 학기 66
- 영조대왕 서문 76
- 주희 서문 80
- 원도 86

대학

경1장 큰 배움의 목적은? 97

전1장 훌륭한 덕德과 빛나는 천명天命을 알아야 145

전2장 항상 새롭게 하는 것은 157

전3장 해야 하는 것을 안다는 것은 167

전4장 사는데 중요한 것은 189

전5장 명확히 안다는 것은 201

전6장 자기 뜻을 성실하게 하는 것은 215

전7장 마음을 바르게 하는 것은 233

전8장 자신을 닦는다는 것은 249

전9장 집안을 다스리는 것은 265

전10장 나라를 다스리는 것은 287

- 대학 장구 원문 329
- 참고 자료 338

앎 그리고 배움과 가르침

1. 왜 앎이 중요한가?

"배우고 때때로 익히니 즐겁지 아니한가!(學而時習之, 不亦說乎!)" 이것은 유학의 최초이며, 최고 경전인 논어에 처음 나오는 글귀이다. 유학은 사람이 사람다운 행동을 해야 한다는 것을 가장 중요한 덕목으로 생각하는 사상이다. 그런데 사람이 어떠하니, 어떻게 행동해야 한다는 것이 아닌, 배워서 알아야 한다는 의미를 가진 글귀를 첫 글귀로 하였다. 그만큼 앎을 중시한 것이 아닌가!

유학으로 발전하기 전인 춘추전국시대의 유가사상은 요堯임금, 순舜임금과 우禹임금을 3대 성군으로 높이 칭송하였다. 특히 그중 순임금을 높이 받들었다. 왜냐하면 순임금은 비록 비천한 집안에서 태어났지만 지혜가 많고 부모에게 효도한다는 소문이 나서 요임금이 인격과 능력이 뛰어난 것으로 판단하여 왕위를 물려주었고, 순임금은 요임금의 기대에 어긋나지 않게 나라를 잘 다스려서 성군이 되었고, 왕위도 요임금처럼 능력 있는 우임금에게 물려주었다. 순임금이 이와 같이 성군의 치적을 이룰 수 있었던 것은 지혜로웠기 때문이다. 그래서 "중용" 제6장에서는 "순임금은 크고 훌륭한 지혜를 갖추신 분이지 아니한가!(舜其大知也與!)"라 하였다. "중용" 제20장에서는 사람이 반듯하게 행동하려면 먼저 갖추어야 할 덕목이 있다고 하고, 그것은 아는 것(지知), 넓고 어진 마음을 가지는 것(인仁), 두려움 없이 옳은 일을 힘차게 해나가는 것(용勇)이며, 이것을 삼달덕三達德이라 하였다. 또 중용 제1장 첫 절에서 "(사람이 해야 할) 도리를 알아 그대로 따르도록 하는 것이 가르침이다.(修道之謂敎.)"라고 하였다.

유가사상이 아는 것을 강조한 것이 이것들만 아니다. 아예 "대학大學"이라는 제목의 경전이 있다. 비록 배움에 관한 것은 앞부분에 나오고, 나머지는 자신을 닦아 다른 사람을 이끌고 다스리는 것에 대하여 설명하지만, 자연을 알고, 그 속에 있는 만물의 변화를 알고, 사람인 자신을 알고, 사람의 본성을 알아야 하며, 그렇게 해야 사람을 잘 다스릴 수 있다고 하였으니, 역시 아는 것을 강조하였다.

인류가 지금과 같이 찬란한 문명을 이룰 수 있었던 것은 앎을 중시하였기 때문이다. 물론 원시사회에서는 생존을 위해 단순히 살아가는 것을 알고자 하였다. 어떤 나물과 열매는 먹을 수 있고, 어떤 것은 몸을 해친다는 것을 알아서 먹을 수 있는 것을 채집하고, 채집하는 것도 어느 때 하는 것이 가장 좋다는 것을 알게 되었다. 물고기는 종류에 따라 돌이나 작살로 잡아야 하는 것도 있지만 그물로 잡는 것이 효율적이다는 것을 알게 되었다. 사람이 어울려 살아가는 데는, 채집하고 잡는 것도 중요하지만 어떻게 분배하여야 한다는 것도 알게 되었다. 즉 생산하는 방법과 생산하는 것을 나누는 방법과 함께, 사람이 화목하게 사는 방법도 알게 되었다. 생산을 효율적으로 하고, 공평하게 나눠 화목하게 사는 것이 앎의 대상이며, 이것이 발전하고 세분화되어 오늘날과 같이 다양한 학문이 있게 되었다.

인류 문명의 발전은 앎, 앎을 위한 배움, 배움을 효과적으로 하는 가르침에서 일어났다고 하겠다. 그래서 "예기" '학기'편에서는 "옥은 다듬지 않으면 그릇이 될 수 없고, 사람은 배우지 않으면 사람의 도리를 알 수 없다.(玉不琢, 不成器, 人不學, 不知道.)"고 하였다.

2. 어떻게 해야 알 수 있는가?

울산시 울주군 언양읍 대곡리에 반구대 암각화가 있다. 약 7000년 전 신석기시대에 주로 고래를 잡는 것을 그린 것이다. 여러 종류의 고래도 그리고, 그들의 습성을 그린 그림도 있다. 아주 보잘 것없는 배를 타고 돌창을 긴 막대기에 묶은 작살로 고래를 잡는 것을 그린 것이다. 왜 이런 그림을 그렸을까? 이렇게 바위에 새기려면 꽤 오랜 시간이 걸렸을 텐데, 왜 이런 그림을 남겨놓으려고 하였을까? 고래가 많이 잡히기를 바라는 마음에서? 아니면 자기들이 큰일을 하였다는 것을 남에게 알려주기 위하여? 아니면 뒤에 오는 사람에게 고래를 잡는 방법을 가르쳐 주는 교육용으로 그렸을까?

반구대 암각화 이외에도 유명한 벽화가 있다. 중국 지린성 지안현 통구에 있는 무용총의 벽화이다. 무용총은 4~5세기 고구려시대 무덤이다. 그 무덤 속에 여러 가지 벽화가 있는데, 춤추는 벽화가 있어 그 무덤의 이름이 무용총이라 하였지만, 다른 벽면에는 수렵하는 그림, 수렵도도 훌륭하다. 그림을 너무 잘 그려 오늘날에 그린 것이라고 하여도 될 정도로 훌륭하다. 그림 전체는 사냥터인 깊은 산과 사냥하는 활기찬 장면이 잘 나타나 있다. 특히 힘차게 활을 쏘는 사냥꾼들을 잘 배치하여 간략하게 그려놓았다.

울주 대곡리 반구대 암각화蔚州 大谷里 盤龜臺 岩刻畵
국보 285호, 울산광역시 울주군 언양읍에 위치

무용총 수렵도舞踊塚 狩獵圖
중국 지린성 지안현 통구에 위치

두 그림에는 사람이 있고, 고래, 호랑이, 개 등 동물이 있다. 고래, 호랑이 등은 그림에서나 지금이나 똑같이 살아가고 있다. 그러나 사람은 크게 발전한 것이 두 그림에서 드러난다. 암각화에서는 배도 조잡하고, 작살도 돌촉 작살일 것이고, 사람도 형태만 알아볼 정도다. 그러나 수렵도에는 사람은 옷도 사냥하기 좋은 옷으로 차려입고, 머리에 장식도 달았으며, 사냥도 말을 타고 개를 거느리고 활을 쏘아 사나운 호랑이를 잡으려고 한다. 신석기시대와 고대 국가로 발전하였던 철기시대와의 사이에 사람은 얼마나 발전하였는가? 사람은 지속적으로 발전하였지만, 사람 이외에 동물은 그때나 지금이나 그대로다. 어떻게 사람은 발전할 수 있게 되었을까?

두 그림을 보면 사람은 무엇인가? 어떻게 이렇게 발전할 수 있었는가?에 대하여 생각하지 않을 수 없다. 사람에 대하여 여러 학문 분야에서 나름대로 연구하여 설명하고 있다. 생물학에서는 생명체인 인류는 동물, 포유동물, 영장류에 속한다고 하고, 인류학에서는 사람은 지적 능력이 있고, 두 발로 걸어서 손을 자유롭게 사용할 수 있고, 불을 사용하여 먹는 것을 구워서 먹을 수 있고, 여러 사람이 모여 사는 습성을 갖고 있다고 한다. 다른 동물은 변화나 발전이 없는데, 유일하게 사람만이 발전하였다.
왜 그렇게 되었을까?

고인류학에서는 오랑우탄, 고릴라, 침팬지 등 영장류의 공동 조상에서 돌연변이에 의하여 인류가 태어났다고 한다. 오랑우탄과는 1200만 년 전, 고릴라와는 800~1000만 년 전에 갈라졌고, 사람과 가장 가까운 침팬지와는 700만 년 전에 공동 조상에서 분리되었다고 한다. 그래서 침팬지하고는 DNA의 98%가 같다고 한다. 사람의 조상이라고 할 수 있는 원시인류에서 장구한 시간을 거쳐 지금의 인류인 현생인류로 진화하였다.

고인류학의 발전으로 원시인류의 출현 시기가 점점 거슬러 올라가는 것 같다. 현생인류의 조상으로 추정할 수 있는 오스트랄로피테쿠스는 2, 3천만 년 전에서 4백만 년 사이에 살았다. 오스트랄로피테쿠스를 인류의 조상이라고 하는 이유는 뇌 용량이 다른 영장류보다 크고, 물건을 잡을 수 있는 정교한 손을 가졌고, 간단한 도구를 사용할 수 있었기 때문이다. 오스트랄로피테쿠스가 사라지고 뒤이어 나온 원시인류가 호모에렉투스다. 호모에렉투스는 250~30만 년 전에 살았으며, 완전히 두 발로 걸을 수 있었고, 불을 사용하여 음식을 구워서 먹을 수 있었다. 음식을 구워 먹으니 영양섭취가 월등히 좋아져서, 뇌 용량이 커져서 인류의 지적 능력은 더욱더 발달하게 되었다. 현재 인류의 직접 조상인 현생인류인 호모사피엔스는 북경원인, 네안데르탈인과 비슷하거나 조금 늦은 시기인 30만 년 전에 출현하였다.

다른 동물과 달리 사람이 원시인류에서 현생인류로 지속적으로 진화, 발전하게 된 이유는 어디 있을까? 사람만이 갖는 여러 가지 특징을 말할 수 있지만, 가장 두드러진 것은 생각하는 힘과 두 발로 서서 걷는 것이다. 생각하는 힘이 있으니 말, 글, 도구 등을 만들어 사용할 수 있고, 두 발로 걸으니 손을 마음대로 사용할 수 있어 정교한 도구를 개발하여 사용할 수 있었다.

말도 주위에 있는 사물을 나타내는 간단한 말에서 사물의 형태나 동작을 나타내는 말로 넓어졌고, 느낌을 나타내는 말이나 추상적인 말로 발전하였다. 아기들이 말을 배우는 과정을 유심히 살펴보면 사람이 말을 발전시킨 과정을 알 수 있다. 최근의 연구에 의하면, 돌고래도 간단한 말로 의사를 소통하고, 돌고래마다 이름을 붙여 부르는 것으로 알려졌다. 아무리 지능이 있는 동물이 말을 한다고 하지만 사람과 같은 수준으로 발전하지 못하였다. 그 이유는 사람과 같이 큰 뇌 용량을 갖고 있지 않기 때문이다.

말을 하여 의사소통이 가능하게 되니, 아는 것과 경험을 나눌 수 있게 되어 인류 문화는 크게 발전하게 되었다. 말을 하니 자연히 잊지 않도록 기록하게 되고, 마침내 글자를 발명하게 되었다. 사람이 글자를 사용하기 시작한 것은 기원전 약 3500년이다. 메소포타미아의 쐐기문자가 최초의 글자로 알려지고 있다. 글자에는 두 종류가 있다. 상형문자와 표음문자이다. 그림을 그려서 나타내더라도 그 그림이 특정 소리를 나타내면, 그 글자는 표음문자이고, 쐐기문자와 이집트 문자가 이에 속한다. 상형의 그림글자가 점점 간단하게 되어 발음을 나타내는 기호로 발전하여 알파벳과 같은 글자가 되었다. 이에 반하여 상형문자는 그 나타내는 의미가 계속 그대로 유지되었으나, 문자를 조합하려 다양한 사물을 나타내거나, 그 성질을 뜻하는 서술어가 되어 표현을 풍부하게 할 수 있게 되었다. 상형문자로는 한자가 그 대표적인 글자라 하겠다. 우리가 쓰는 한글은 표음문자이고, 장기간에 걸쳐 조금씩 개량된 글자가 아니라 세종대왕이 발명한 글자이다. 세계에서 이런 글자는 한글이 유일하다.

인류 문명이 발달하여 생산하는 것도 그 종류가 많아지고 사회도 복잡하여짐에 따라 말과 글도 크게 발전하였다. 또한 기록하는 방법도 알게 되어 자기들이 한 일을 기록하여 후세에 전하게 되니, 더욱더 문명이 발전하게 되었다. 이것은 인류 문명이 발전한 과정이다. 그것이 잘 나타나는 곳이 도구의 발전이다.

도구를 만들어 사용할 수 있게 된 것은 서서 두 발로 걸어서 두 손을 마음대로 사용할 수 있기 때문에 가능하였다. 처음에는 간단한 돌을 주워 사용하다가 그 뒤 돌을 인위적으로 쪼개거나 갈아서 사용하였고, 청동을 발견한 뒤로는 더욱 정교한 도구를 만들 수 있게 되었다. 지금은 철기시대라 하며, 청동기시대에 사용한 도구와 지금의 기계 문명이 발달하여 사용하는 각종 문명의 이기를 비교하여 보면, 인류 문명의 발전 과정과 그 정도를 잘 알 수 있다.

이와 같이 문명의 이기를 개발하여 사용할 수 있게 된 것은 사람은 생각하는 힘을 가졌기 때문이며, 그리하여 주위에 일어나는 여러 현상을 알고자 할 뿐만 아니라 살아가며 부딪히는 문제를 해결하려고 하였다. 어린이들은 호기심을 갖고 주위에 일어나는 현상에 대하여 스스로 알려고도 하지만, 어른들에게 성가실 정도로 묻는다. 어른들에게는 너무나 당연한 것에 관하여도 묻는다. 이것이 앎의 시작이다.

사람이 알게 되는 데는 자기 스스로 깨우쳐 알 수도 있고, 남으로부터 배워서 알 수도 있다. 혼자서 깨우치는데도 혼자서 사물을 관찰하여 아는 것과 남이 관찰하여 기록해 놓은 것을 보고, 거기서 자기가 관찰하여 알게 된 것을 더하여 아는 것을 더 완벽하게 할 수 있다. 그래서 주희는 "대학" 전5장에서 "알고자 하는 사물에 가까이서 관찰하여, 그 사물의 근본 원리를 추구하여야 한다.(卽物而窮其理,)"고 하였고, "논어" '위정'편에서는 "옛것을 익히고 새로운 것을 알면, 스승이 될 만하다.(溫故而知新, 可以爲師

矣.)"고 하였다. 성군으로 이름난 순임금은 백성을 다스리는 데 있어 백성을 알아야 하므로, 백성을 알기 위하여 백성들과 소통을 많이 하고, 백성들이 지나가는 말로 하는 것도 헛듣지 않고 살폈다. 그래서 "중용" 제6장에서는 "순임금은 묻기를 좋아하고, 허튼소리도 흘려듣지 않으셨다.(舜好問而好察邇言.)"라 하였다.

알기 위해서는 주위에 일어난 일을 세밀히 관찰하여야 하고, 또 알게 된 것을 잊지 않기 위하여 때때로 익혀야 하며, 이렇게 하여야 아는 것이 점점 더 깊어지고, 아는 것이 깊어진 만큼 마음으로 얻는 만족감이나 기쁨은 더 커진다. 그러므로 고전은 한 번 읽고 마는 것이 아니라, 읽고 외워서 그 깊은 뜻을 알아야 한다. 또 사람마다 보는 시각이 다르므로 혹시나 자기 독단에 빠지지 않았는지를 점검하기 위하여 같이 배우는 사람들과 토론하여야 하며, 모르는 것이 있으면, 물어서 바르게 알아야 한다. 그래서 "논어" '공야장'편에서는 "아랫사람이나 자기보다 못한 사람에게 묻는 것을 부끄러워하지 않아야 한다.(不恥下問.)"고 하였다.

"논어" '자한'편에서는 "슬기로운 사람은 (자연의 이치와 사람의 도리를 잘 알기 때문에) 어떤 일에도 홀리지 않는다.(知者不惑.)"고 하였으니, 사람은 배워서 익혀서 아는 것을 넓고 깊게 하는데 최선을 다하여야 한다.

3. 무엇을 알아야 하는가?

문명이 발달하여 사용하는 문명의 이기가 많아지고, 그 사용도 편리해지고, 직업도 다양하여짐에 따라 알아야 하는 것도 크게 늘어났다. 그러나 알아야 하는 것은 크게 두 가지로 나눌 수 있다. 하나는 사람이 살아가면서 사람답게 살아가려면 알아야 하는 것이다. 사람을 이끌고 다스리는 방법을 아는 것을 이런 것이라 할 수 있는데, 윤리, 정치, 인간 관리에 관한 것이 여기에 속한다. 다른 하나는 살아가는 데 필요한 재화를 얻기 위하여 하는 생업에 관한 것이다. 각종 기술, 기능, 기예 등을 말한다. 유학에서는 앞의 것을 학문을 한다고 하며, 사람이면 모두 알아야 하는 것이고, 뒤의 것은 기술, 기능, 기예 등은 자기가 하는 일을 잘하려면 알거나 익혀야 하는 것으로, 이것을 배우는 것은 전수한다고 한다. 지금 널리 받아들여지고 있는 학문과 기술의 구분하는 것과는 차이가 있다.

시대별로 학문을 그 대상에 따라 구분하는 것을 보면, 그 당시 무엇이 중요하게 여겼고, 사람이 무엇을 배워서 알아야 하는지를 알 수 있다. 지금 학문의 구분은 인문학, 사회과학 및 자연과학으로 구분한다. 인문학에 속하는 것은 문학, 역사학, 철학 등이고, 사회과학에 속하는 것은 사회학, 법률학, 경제학, 경영학 등이며,

자연과학은 물리학, 지질학, 화학, 생물학 등과 그 응용 분야를 모두 포함하므로 다양하다. 이런 분류는 서구에서 시작하여 지금 세계에서 널리 받아지고 있는 분류인데, 서구에서도 19세기 이전에는 이렇게 구분하지 않았다.

그리스 철학자인 아리스토텔레스는 학문을 제1철학과 제2철학으로 구분하고, 제1철학에는 존재론, 윤리학, 문학, 형이상학 등이 있고, 제2철학에는 자연학이 있다고 하였으며, 영국 경험주의 철학자인 베이컨은 본원적 철학과 존재론으로 구분하고, 본원적 철학에는 자연사와 인간사를 포함하는 역사, 철학, 서사시, 극시, 우화 등에 관한 시학, 또한 좁은 의미의 자연 신학, 인간학, 자연과학 등이 있고, 궁극적인 것, 즉 존재에 관한 것에 탐구하는 존재론으로 구분하였다. 철학은 학문과 거의 같은 뜻으로 사용되었다.

학문의 구분에 관하여 설명한 것은 유교 고전을 읽다 보면 배움에 대한 개념이 지금 우리가 사용하는 학學의 개념과 차이가 있고, 사람을 알아서 사람을 제대로 다스리는 것을 학學이라 하며, 기술, 기능보다 높게 평가하였다. 자신을 닦아서 사람을 다스린다. 즉 수기치인修己治人을 높게 보았다.

4. 왜 배워야 하는가?

제임스 웹 우주망원경(James Web Space Telescope, JWST)이 2021년 12월 25일 발사되어, 깊고 깊은 우주를 촬영하여 많은 사진을 보내주어 우주의 생성 원리와 태양계의 신비를 밝혀주고 있다. 또 지구와 가장 가까운 행성인 화성에는 2003년부터 탐사선이 착륙하여 화성의 환경, 지질 등에 대하여 탐사하고 있으며, 특히 물과 생명체의 존재를 확인하기 위하여 노력하고 있다. 지금은 2011년에 착륙한 큐리오시티호(Curiosity rover)와 2021년에 착륙한 퍼서비어런스호(Perseverence rover)가 지속적으로 많은 사진을 보내주고 있다.

JWST와 퍼서비어런스호가 보낸 사진을 보면, 우주는 정말 넓고 깊다는 것을 알 수 있으며, 그 사진들을 보면 깊고, 깊은 곳으로 빨려 들어가고 있는 느낌을 가진다. 심연深淵.

아무리 사람의 지능이 높다고 하지만 과학 발전이 하루아침에 이루어질 수는 없고, 앞선 사람들이 발견한 것을 바탕으로 하여 더욱더 발전시켰다. 우리는 천문학 하면 코페르니쿠스와 갈릴레오가 떠오른다. 코페르니쿠스는 지구를 중심으로 모든 천체가 움직인다는 천동설을 부정하고, 지구를 포함한 행성들은 태양을 중심으로 하여 돌고 있다는 지동설을 주장하였다. 그의 주장은 당시 사람들이 보고, 느낀 것과 달리 설명하였고, 또 기독교 교리와 정반대의 주장이라 많은 비난과 압력을 받았다. 갈릴레오는 망원경을 제작하여 달과 행성을 관찰하고, 실증적으로 코페르니쿠스의 지동설을 뒷받침하고자 노력하였다. 이런 논란은 17세기 뉴턴이 인력의 법칙을 발견함으로 깨끗이 해소되었다.

중국에서도 아주 오래전부터 천체의 움직임에 관심을 가지고 이론을 세웠다. 약 4000년 전 원시 씨족사회 또는 부족사회의 수령인 요임금은 천체의 운행이 사람들의 생활에 큰 영향을 미친다는 것을 알고, 해, 달, 별들의 운행 규칙을 헤아려서 역법을 제정하였다. 그 이후 천문에 대하여 아는 것을 천자의 주요 덕목으로 하였다. 하늘에는 해와 달과 수성, 금성, 화성, 목성, 토성, 즉 5개 행성은 규칙적으로 움직이며, 그 움직임에 따라 한 해, 한 달의 길이를 정하고, 태양의 움직임에 따라 춘분, 하지, 추분, 동지를 비롯한 24절기를 정하여 농사짓는데 활용하였다.

동서양을 막론하고 천체, 특히 해와 달의 움직임이 기후 변화를 일으키는 원인인 것을 알아서 그 운행을 알아 활용하였다. 천문학은 계속 발전하여 지금은 이 광활한 우주가 138억 년 전에 빅뱅, 즉 대폭발로 생겼고, 태양계는 50억 년 전에 있게 되었다고 한다. 천문학은 얼마나 크게 발전하였는가!

 사람은 감각기관을 통하여 얻은 정보를 바탕으로 그 현상을 설명하고, 그것이 일어난 원리를 찾고자 한다. 그러나 사람의 감각기관은 감각할 수 있는 범위와 그 정확성에 한계가 있다. 멀리 떨어진 물체는 얼마 정도 이상 떨어지면 그 존재를 알기도 힘들고, 더구나 그 특성을 파악하기는 더욱더 어렵다. 반대로 아주 미세한 것도 역시 그 존재와 특성을 파악하기 어렵다. 이런 한계를 해결하여 주는 것이 망원경과 현미경이다. 망원경은 갈릴레오가 만든 굴절망원경에서 반사망원경으로 발전하였고, 설치 장소도 지상에서 우주로 확대되었다. 우주에서 관측하면 대기의 영향을 받지 않아 더 정확하게 볼 수 있다. 현미경도 역시 정확성과 확대비율에 있어서 크게 발전하였다. 빛을 이용한 광학현미경도 있지만, 미세 입자인 전자의 파장을 이용한 전자현미경이 발명되어 광학현미경보다 최소 1,000배 이상의 해상력을 가지고 있다. 이와 같은 관측기기의 발전은 과학과 기술의 발전에 따라 이루어졌고, 또 기기의 발달로 관찰과 관측이 더욱 정확하게 됨에 따라 과학 기술을 발전하게 하였다.

 이런 것을 볼 때 지금의 인류 문명은 그 이전에 이룩한 문명을 기초로 하여 그 위에 더 높게 쌓아 올린 결과라 하겠다. 그러므로 새로운 것을 알기 위해서는 기초가 되는 것을 먼저 알아야 한다. 즉 지금까지 이룩한 것을 배우고 알아서 그 위에 자기의 새로운 이론을 쌓아야 한다. 뉴턴이 만유인력을 발견하게 된 과정을 살펴보면 과학기술의 발전 과정을 잘 알 수 있다.

원시인들도 무거운 것은 아래로 떨어진다는 것을 알았다. 무거운 것이 아래로 떨어진다면 무거운 것일수록 아래로 빨리 떨어진다고 생각하였을 것이다. 큰 돌이 작은 돌보다 빨리 떨어진다는 것이 상식이었다. 그러나 현명한 사람이 있어 무거운 것이나 가벼운 것이나 아래로 떨어지는 속도는 같다는 것을 알았다.
갈릴레오는 피사의 사탑에서 이를 증명하였다. 그리하여 통용되던 상식을 뒤집는 이론이 17세기에야 나오게 되고, 그것이 증명되니 새로운 상식이 되었다. 그런데 물체의 무게와 관계없이 물체의 떨어지는 속도가 왜 같을까? 하고 의문을 품은 사람이 있게 되었고, 그 현상을 설명하는 이론을 찾고자 많은 과학자들이 노력하였다.
이런 논쟁은 뉴턴이 1687년 "자연과학의 수학적 원리"를 통해 만유인력의 법칙을 발표함으로 깨끗이 해소되었다. 물체가 위에서 아래로 떨어지는 것이 아니라, 위와 아래에 있는 물체들이 서로 당기는 힘이 작용하여, 서로 가까이 가는 것이라 해석하였다. 즉 사과가 지구 위로 떨어지는 것이 아니라, 사과와 지구가 서로 끌어당겨서 가까이 가는 것이다. 그러나 사과는 지구에 비하여 비교할 수 없을 정도로 작고 가벼워 지구는 가만히 있고, 사과가 지구로 떨어지는 것 같이 보인다는 것이다. 이것은 그때까지 내려온 상식을 완전히 뒤집는 것이었다. 코페르니쿠스가 지동설을 주장하는 것과 같다.

주위에서 일어난 현상을 설명하는 이론이 이미 있으나 그 이론으로는 설명할 수 없는 특이한 일이 있으면, 그 원인을 밝혀나가는 것이 학문을 발전시키는 시초요, 길이다. 즉 현재 있는 지식을 알아서 그것이 설명하지 못하는 현상의 원인을 밝혀나가야 한다. 그런데 사람은 이런 자세로 살고 있는가?

사람들은 모두 나름의 지적 능력을 갖고 있다. 나름대로 판단하여 자기가 옳다고 여기는 행동을 한다. 자기가 옳다고 여기는 판단 기준은 사람마다 다르지만 여하튼 자기 나름대로 판단하여 행동한다. 그래서 모든 사람은 자기가 잘 안다고 하며, 사람들이 모여서 대화를 하면, 대화 주제에 대하여 모르는 사람이 없는 것 같다. 대부분 사람은 자기가 알고 있는 것을 자랑하고자 한다. 어떤 때는 턱도 없는 논리를 제시하여 자기가 옳다고 한다. 대부분 사람이 이와 같이 행동하여, "중용" 제7장에서는 "사람들은 모두 자기가 잘 안다고 하지만 그물, 덫과 함정에 몰아넣어져도 피할 줄 모른다.(予知, 驅而納諸罟擭陷穽之中而莫之知辟也.)"고 하였다. 사람은 항상 자기가 알고 있는 것이 틀리지 않은지 살펴보고, 자기가 아는 것을 더욱 정확하고 깊게 하기 위하여 겸손한 마음을 가지고 노력해야 한다. "논어" '위정'편에서 "아는 것은 안다고 하고, 모르는 것은 모른다고 하는 것이 참으로 아는 것이다.(知之謂知之, 不知謂不知, 是知也.)"라 말하는 것과 같이 행동해야 한다. 억지 논리를 세워 자기 체면을 살리려 하면 나중에 크게 체면을 손상하게 하는 일을 당할 수도 있다.

사람이면 다른 동물에 비하여 월등한 지적 능력을 갖고 있지만, 그 정도에 있어서는 사람마다 차이가 있다. 우리가 세기의 천재로 여기는 아인슈타인이 있다. 뉴턴은 이미 있는 이론을 발전시켰지만, 아인슈타인은 사물을 보는 시각을 완전히 바꿔놓았다. 코페르니쿠스가 천동설이 맞지 않고 지동설이 맞는다고 주장하는 것과 같다. 뉴턴은 시간과 공간은 절대적이고, 어느 때, 어느 장소에서나 다 같다고 하였지만, 아인슈타인은 시간과 공간도 상대적이고, 두 개념을 분리하기보다는 시공간으로 통합하여야 한다고 하였다. 모든 사물은 운동하고 있으며, 사물이 운동하는 속도에 따라 시간과 공간은 변한다고 하였다. 비록 아인슈타인의 이론을 이해하려고 하지만, 논리적 전개는 따라가지만 그것을 참으로 느껴서 받아들이기는 어렵다. 세상을 보는 시각의 차원이 보통 사람과 다르다고 하겠다. 각 분야에 이런 훌륭한 분들이 많이 있다. 그런 분들은 일반 사람보다 한 차원 높은 지능과 시각을 갖고 있어 보통 사람들은 이해하기 힘들다.

"중용"에서는 사람에게는 이런 자질의 차이가 있는 것을 인정하나 노력을 통하여 해결할 수 있다고 보았다. "중용" 제20장에는 "어떤 사람은 태어나면서 알고, 어떤 사람은 배워서 알고, 어떤 사람은 어렵게 알게 되지만, 알게 되면 모두가 하나일 뿐이다.(惑生而知之, 惑學而知之, 惑困而知之, 及其知之 一也.)"라 하여 사람은 배워서 아는 것에 최선을 다해야 한다고 하였다. 매년 말 발표하는 노벨과학 분야 상을 받는 사람을 보면, 연구과제를 선택하여 평생 동안 한 주제에 깊이 연구한 사람들이다. 이런 꾸준한 노력이 새로운 지식을 낳는다.

아는 것을 온전하게 하는 데는 알려고 하는 자세와 노력이 필요하다. "중용" 제20장에서는 "넓게 배우고, 자세히 묻고, 신중하게 생각하고, 명확하게 분별하고, 도탑게 행하여야 한다.(博學之 審問之, 愼思之, 明辨之, 篤行之.)"라 하였다. 사람이 하는 일은 여러 분야에 관련되어 있다. 댐이나 도로 등 큰 토목시설을 건설하려면 고려하여야 할 사항이 많다. 관련된 모든 분야를 고려하여야 옳은 결정을 할 수 있다. 그래서 먼저 넓게 알아야 한다고 하였다. 또 아는 것에 조금이라도 의문이 있으면 질문하고 또 질문하여 온전히 알고자 해야 한다. 이때 전문가의 의견을 구하는 것이 좋다. 또한 배운 것을 완전히 자기 것으로 하기 위하여 때때로 익히고 생각하여 그 의미를 파악하여야 하고, 얻은 지식을 잘 활용할 수 있어야 한다. 사람이 하는 일은 한 분야에만 관련되어 있지 않고 여러 분야에 관련되어 있을 뿐만 아니라, 그 일을 추진하는 방법도 여러 대안이 있을 수 있다. 여러 대안의 차이를 분명히 알아서 설정 기준에 가장 적합한 대안을 선택해야 한다. 비록 최적의 대안을 선택하였다고 할지라도 그대로 실행되는 경우도 있지만 예상하지 못한 방향으로 흘러갈 수도 있다. 이때는 최적이라고 생각한 대안이 참으로 최적 대안인지 여부를 다시 검토하고, 만일 최적 대안인데도 담당한 사람들이 소극적이거나 반대가 심하여 실행 과정에서 제대로 추진되지 않았다면, 그 원인에 맞는 대책을 수립하여 시행하여야 한다. 이런 과정을 거쳐야 자기 지식을 완전하게 할 수 있고, 학문과 과학을 지속적으로 발전시킬 수 있다. 너무 안다고 자만하지 말고 항상 이런 태도를 가져야 한다.

사람이 배워서 알고자 하는 것은 결국 사람들이 더불어 평화롭게 잘 살아가도록 하는데 있다. 그래서 "중용" 제20장에서는 "배우는 것을 좋아하는 것은 아는 것에 가깝고, 애써서 행하는 것은 어진 것에 가깝고, 부끄러움을 아는 것은 용감한 것에 가깝다.(好學 近乎知, 力行 近乎仁, 知恥 近乎勇.)"고 하고, "자신을 닦는 방법을 알면, 사람을 다스리는 방법을 알고, 사람을 다스리는 방법을 알면, 세상, 나라와 집안을 다스리는 방법을 알 수 있다.(知所以修身則知所以治人, 知所以治人則知所以治天下國家矣.)"고 하였다.

따라서 군자는 어떤 어려운 환경에 처하더라도 당면하는 문제를 해결하여 더 나은 결과를 만들어내는 능력이 있으므로 "중용" 제14장에서는 "훌륭한 사람인 군자는, 어떤 상황에 들어가든 스스로 얻지 않는 것이 없다.(君子, 無入而不自得焉.)" 하였다. 그렇다고 하여 사람과 관련된 문제에 있어서는 자기가 알고 있는 이상을 실현하려고 현실과 동떨어진 것을 추구하여서는 안 된다고 하였다. 관련된 사람이나 자기 주위에 있는 사람들의 의견을 들어 현실에 맞는 방안을 택하여 추진해야 한다고 하여, "중용" 제4장에서는 "도道가 행하여지지 않는 까닭을 알겠다. 안다고 하는 사람은 지나치고, 어리석은 사람은 미치지 못하기 때문이다.(道之不行也, 我知之矣 知者 過之, 愚者 不及也.)"고 하였다.

4. 가르침이 배움이다

　울산 반구대 암각화를 왜 바위에 새겼을까? 자신들이 한 일을 자랑하기 위하여? 자기들의 생활과 직결되는 고래를 많이 잡히기를 바라는 마음에서 그런 그림을 그렸을까? 아니면 후손들에게 고래의 종류와 고래 잡는 방법을 가르쳐 주기 위하여 그린 것인가? 여러 설명이 있을 수 있지만, 하나 분명한 것은 우리에게 많은 것을 알려주는 그림이라는 것이다. 즉 훌륭한 교재다. 이 그림을 통하여 우리나라 동해안에는 옛날부터 여러 종류의 고래가 살았다는 것과, 울산이 고래잡이의 주요 거점이었다는 것을 알려준다. 암각화를 조각한 사람이 의도하였든, 그러하지 않았든 우리에게 많은 것을 알려주는 기록인 것은 분명하다. 일종의 간단한 역사책이고 지리 교과서라 하겠다.

　씨족 공동마을이든, 부족 공동마을이든 원시시대의 부락에는, 작은 개별 움집이 여기저기 널려 있을 뿐만 아니라 규모가 큰 움집도 있다. 그 큰 움집은 마을 사람들이 모두 모여 의논하는 자리일 수도 있고, 잔치 등 공동행사를 치르는 장소로 활용되었을 것이다. 마을 사람이 모이게 되면 자연히 살아가는 것에 대하여 의견을 나누기도 하였을 것이다. 이때 주로 경험이 많은 어른이 짐승은 어떻게 해서 잡는 것이 안전하고 쉽다는 것을 알려주고, 채집하는 열매는 어디서, 언제 따야 가장 맛이 있다는 것을 알려주었을 것이다. 이래서 큰 움집은 자연히 가르치고 배우는 터가 되었다. 배움터를 나타내는 교校라는 글자는 바로 이런 큰 움집을 나타내는 것이라고 볼 수 있다. 교校는 나무 울타리에 큰집이 있고, 많은 사람들이 들락날락하여 의견을 나누고 사귀는 것을 형상화한 글자이다. 그러므로 배움과 가르침은 원시시대부터 있었다고 하겠으며, 하夏, 은殷, 주周 삼대의 통치 기록인 "서경"에서는 가르치는 것을 중시하여 '열명'편에서는 "집안에는 글방이 있고, 마을에는 서당이 있으며, 지역에는 작은 학교가, 서울에는 태학이 있었다.(家有塾, 黨有庠, 術有序, 國有學.)"고 하였다.

우리나라에도 최고 교육기관이 삼국시대부터 있었다. 고구려에는 태학太學, 신라에는 국학國學, 고려에는 국자감國子監, 조선에는 성균관成均館이 최고 교육기관이었다. 조선시대에는 최고 교육기관인 성균관을 서울에 두고, 지방에는 향교를 설치하여 유학을 가르쳤다. 이런 교육기관은 나라에서 지은 것이고, 훌륭한 학자를 중심으로 서원과 서당이 설립되었다. 서당은 마을마다 있는 규모가 작고, 기초적인 것을 가르치는 배움터이고, 서원은 한 학파를 이룰 정도로 훌륭한 대학자를 중심으로 계를 모집하여 설립된 사설 교육기관이다. 사설 교육기관인 서원이나 서당에는 특별한 연령 제한이 없으나 성균관 및 향교에 입학하려면 연령이나 자격 제한이 있었다.

성균관과 향교에는 공자 등 성현을 모시고 추모하는 공간인 대성전과 강학 장소인 명륜당과 학생들이 기숙하는 재사로 구성되어 있다. 성균관을 제외한 교육기관에서는 거주하며 공부하는 것이 아니라, 집에서 통학하거나 집에서 학습하다가 모르는 것이 있거나 새로운 것을 배우기 위하여 갔다. 학생이 몇 명 안 되는 서당에서는 훈장이 학생을 직접 가르쳤으나, 서원이나 향교에서는 학력 수준이 비슷한 사람들이 모여 같이 학습하여 서로 가르쳐주고 배우게 하였고, 일정 수준이 넘으면 선생과 직접 대화하여 아는 것을 깊게 하였다.

따르고 배우고자 하는 대학자가 있으면, 관련 서당이나 서원에 들어가게 되는데, 이를 입문入門이라 하고, 앞서 배운 학생들이 갓 들어온 사람을 가르친다. 입문하여 어느 정도 아는 것이 쌓이면 강학 장소에 올라가 스승의 가르침을 옆에서 들을 수 있다. 이것을 승당昇堂이라 한다. 이때 스승의 가르침을 들을 수는 있지만 직접 대화할 수 없고, 선생과 수준 높은 제자들 간의 대화를 들을 수 있을 뿐이다.

여기서 발전하면 스승이 계신 방에 들어가 스승의 가르침을 직접 들을 수 있는데, 이것을 입실入室이라 한다. 이때도 선생에게 직접 질문을 할 수 없고, 스승과 수준 높은 제자 간의 대화를 가까이서 들을 수 있을 뿐이다. 학문이 발전하여 제자들 가운데 우뚝 뛰어나야 스승과 직접 대화하여 가르침을 받을 수 있다. 이것을 여언與言이라 한다.

입문에서 여언까지 각 과정에서는 같은 수준의 동급생들이 배운 것에 대한 의견을 주고받아서 아는 것을 두텁게 할 수 있다. 선생으로부터 배우는 것도 중요하지만, 같은 수준의 학생들끼리 배운 것에 대하여 의견을 주고받는 것도 아는 것을 온전하게 하는데 크게 도움이 된다. 우리나라 교육 방법은 선생님이 학생들의 수준은 고려하지 않고 한 반의 학생들을 일방적으로 가르치는 것이었는데, 지금은 그 방법을 많이 달리하고 있다고 한다. 학생들의 참여를 가능한 한 많게 하고, 때때로 학생들로 조를 편성하여 다 함께 공동과제를 풀도록 하여 배운 것을 터득하도록 한다고 한다. 같은 수준의 학생일지라도 잘하는 분야와 보고 생각하는 것이 달라서, 서로 이야기하다 보면 그 차이를 알게 되어 배우는 것에 많은 도움이 된다.

배우는 사람은 모르거나 의심이 나는 것이 있으면 묻는 것을 주저 없이 해야 하는데, 이런 학습 풍토를 만들기는 쉬운 것이 아니다. 먼저 한 학급에 많은 학생들이 함께 공부하여 질문할 기회를 가질 수 없는 것도 있지만, 질문하는 것이 자신이 모른다는 것을 나타내는 것이고, 그것은 부끄러운 것이라 하여 질문 자체를 하지 않으려는 학생도 있다. 학습방법과 분위기를 바꾸는 것은 단기간 내 이루는 것은 어려운 일이므로 계획을 세워 차근차근 해나가야 할 것이다.

가르치다 보면 상대방이 무엇을 모르고 있다는 것을 알 뿐만 아니라, 자신이 아는 것에도 모자라는 부분이 있어서 상대방이 쉽게 이해할 수 있도록 조리 있게 설명하지 못하고 있다는 것을 깨달을 때도 있다. 한 부문에 깊이 알게 되면, 학생이 왜 모르는지, 모르는 것을 알게 하려면 어떻게 설명해야 하는지를 알 수 있다. 그래서 가르치는 것은 배우는 것이라고 하였다. 이를 "서경" '열명'편에서는 "남을 가르치는 일은 자기 학습의 반을 차지한다(효학반斅學半)."고 하였다. 이것은 가르치는 일의 절반이 자기 공부임을 가르쳐주는 말이고, 가르치다 보면 자신이 미처 알지 못하는 부분이 적지 않다는 것을 알게 된다. 그리하여 "예기" '학기'편에서는 "가르치는 일과 배우는 일은 모두 자신의 학업을 성장시킨다.(교학상장教學相長.)"고 하였다.

배우고 가르치는 데 있어 가장 논란이 되고 있는 것이 체벌이다. 배울 때는 체벌을 가하는 것이 좋은 것이냐, 아니야 하는 것이 논란이다. 교육은 학생들이 많이 알게끔 가르치는 것도 중요하지만 그에 못지않게 인격을 닦는 것도 주요 목적이므로 인격을 무시하는 체벌은 하지 않아야 한다. 이에 대한 논란은 한이 없을 것이다. 그러나 사람은 살아가면서 자신을 절제해야 할 때가 많이 있다. 절제하는 것은 스스로 할 수도 있지만, 두렵고 무서운 것이 있어 그것을 피하려고 하여 절제하는 경우도 있다. 청소년 때는 아직 인격이 형성되지 않아 스스로 절제를 잘하지 못한다. 이때 좀 더 스스로 절제하도록 하게 하는 것이 체벌이 아닌가 생각한다. 체벌이 단순히 학습 진도를 높이기 위한 방법으로 쓰이는 것은 바람직하지 않지만, 마땅히 해야 할 일을 하지 않았을 때, 그에 상응하는 제재가 있다는 것을 알게 함으로 절제하는 자세를 갖도록 가르쳐준다는 의미를 추가할 때는 인격이 형성되기 전에는 어느 정도 체벌도 교육의 한 방편이지 않느냐 하는 생각이 든다. 교육은 지식을 쌓는 것만 아니라 인격형성도 함께한다는 것을 염두에 두고, 체벌을 인정하더라도 체벌의 장, 단점, 체벌의 효과적인 시기, 체벌을 인정하되 체벌의 정도 등에 관한 충분한 논의와 실증적인 연구 결과가 있은 뒤에 시행해야 할 것이다.

스승의 가장 큰 기쁨은 제자들이 훌륭하게 자라 각 분야에서 두각을 나타내는 것이라 한다. 후진들이 선배들보다 젊고 기력이 좋아 학문 닦음에 따라 큰 인물이 될 수 있으므로 가히 두렵다고 할 것이 아니라 기뻐하여야 한다. 그래서 "논어" '자한'편에서는 "젊은 후학들이 두려워할 만하다. (후생가외後生可畏.)"라 하였다.

가르치는 목적은 사람이 제 할 일을 제대로 하여 사람대접받으며 사람답게 살아가게 하는 데 있다. 직업에 관한 것은 각 분야의 특성에 따라 가르치거나 숙련시켜야 하지만, 사람이면 모두 갖춰야 하는 것은 사람의 도리를 알아서 그 도리를 힘이 들더라도 제대로 하도록 하는 것이다. 사람의 행동을 일일이 간섭하기보다는 세계관 또는 인간관이 확립되게 하여, 그에 따라 스스로 살아가도록 하는 것이 좋다. 조금도 본성이나 법칙에서 벗어나지 않고 그대로 하는 것을 성실하다고 하며, 사람을 제외한 만물은 그 본성에 따라 성실하게 행동하여 불분명한 것이 없다. 그러나 사람은 사람마다 바라고 하고 싶은 것이 있어서 그 행동이 불분명하다. 그러나 사람의 도리를 명확히 알고, 그에 따라 행동하지 않으면 어떤 결과가 나온다는 것을 정확하게 알게 되면, 사람의 도리를 하지 않을 수 없을 것이다.

그래서 "중용" 제21장에서는 "만물은 행동하는데 조금도 어긋나지 않는 것이 있는데, 그것이 본성이고, 사람은 그 도리를 명확히 알면, 그 도리에 따라 행동하게 되는데, 이렇게 되도록 하게 하는 것이 가르침이다. (自誠明, 謂之性, 自明誠, 謂之教.)"고 하였다.

5. 늘 배우고 익혀야 한다

우리나라는 약 반세기 동안 크게 발전하였다. 세계에서 우리나라같이 발전한 나라는 없다. 오히려 발전하기보다는 후퇴한 나라가 더러 있다. 제2차 세계대전 이후 세계 5대 부국이었던 아르헨티나가 세계은행으로부터 구제 금융을 여러 차례 받는 나라로 전락하였고, 1970년대 석유파동으로 고유가가 지속될 때 석유 수출로 벌어들인 막대한 외화로 최고의 복지국가가 되었던 베네수엘라가 그 국민들이 자기 나라가 빈궁하고 불안한 나라여서 살지 못하겠다고 하며 외국으로 탈출한다. 이런 나라들과 비교하면, 빈번한 자원도 없는 우리나라가 이렇게 발전한 것은 거의 기적에 가깝다고 하겠다. 우리나라의 발전을 "한강의 기적"이라고 한 것은 조금도 과장된 것이 아니다.

우리나라가 어떻게 하여 이렇게 발전할 수 있게 되었는가? 그것은 바로 배움을 중시한 국가 정책과 사회 분위기 때문이다. 이것은 앎과 배움을 중요한 덕목으로 하는 유학의 가르침에 바탕을 두고 있다. 1980년대까지는 번듯하고 큰 건물은 관공서가 아니면 학교였다. 그만큼 교육에 투자를 많이 하였다. 국가의 존망이 불확실한 6.25전쟁이라는 그 위기의 순간에도, 피난지에서 임시 학교를 개설하고 운영하였다. 국민들도 자녀 교육을 최우선으로 하였다. 먹기 위해서는 아니하지만 자녀를 교육시키기 위해서는 재산을 처분하였다. 농촌에서 가장 귀한 자산인 소를 팔아서라도 자식의 대학등록금을 마련하는 농가가 많아서 대학교를 우골탑 牛骨塔이라고 했다. 정부에서 앞서고 국민들이 따르니 모든 국민이 각급 학교에 다녀서 문맹률은 1%가령 밖에 안 된다. 세계 최고 수준이다. 문맹률이 낮고 학력 수준이 높은 것은 국가와 국민들의 노력도 있었지만, 소리글자이고 쉽게 배우고 익힐 수 있는 한글이 있었기 때문이다. 한글은 바로 우리 문명을 일으킨 바탕이요, 도구라 하겠다.

나라 발전과 함께 발전하여 온 우리나라 교육이 새로운 문제에 당면하고 있다. 가장 심각한 것이 학생 수의 감소다. 과거에는 너무 많은 학생이 있어 교육 여건과 환경이 나쁘다고 하였으나, 지금은 학생이 너무 적어서 여러 문제를 일으킨다. 학급당 학생 수가 적정 수준 이하로 떨어지는 것이 문제가 아니라 학생 수가 너무 적어 문을 닫아야 하는 학교가 생겨나고 있다. 그 속도가 점점 빨라지고 있다. 농촌에는 이 문제가 더 심각하다. 학생 수가 일정 수준 되어야 과목당 담당 선생님을 둘 수 있는데, 그렇지 못한 실정이고, 여러 학생이 조를 편성하여 함께 공부해야 하는 때가 있는데, 이런 것이 거의 불가능하다. 일부에서는 선생님과 학생이 직접 대화하며 배우니, 배우는 환경은 더 좋은 것이 아닌가? 하는 주장도 있지만, 같이 자라고 배울 때는 동급생들끼리 주고받는 배움도 선생님으로부터 받는 배움보다 중요하지 않는 것은 아니다. 그런 기회를 전혀 가질 수 없다.

어떻게 보면 우리는 지금까지 질적보다는 양적 성장을 하여 왔다고 할 수 있다. 교육에도 같은 문제를 안고 있다. 우리가 국민들이 만족하게 살아갈 수 있도록 하고, 인류 문명이나 문화의 발전에 이바지하기 위해서는 새로운 지식이 필요하다. 과학기술은 기업의 사활과 직결되는 문제이므로 기업에서 전력을 다하여 개발하고 있다. 그러나 정신문화는 물질문명 못지않게 중요하지만 경제 성장 위주의 정부 정책을 시행하여 정부에서는 정신문화를 발전시키는 것을 등한시하였다는 느낌이 든다. 지금 우리나라나 세계는 인간의 가치를 분명히 밝히고, 그것을 높이기 위하여 노력하는가? 명확하게 답할 수 있다. 아니다.

우리는 지금까지 서양의 물질문명과 개인주의적 사고를 무조건 좋은 것이라 생각하고, 무제한적으로 그대로 받아들여서 좋은 우리의 전통 정신문화가 완전히 사라져가고 있다. 왜 사회적 갈등이 일어나고 자살률이 세계에서 가장 높은 나라가 되었는가? 정신문화가 충만하지 않기 때문이다. 사람에게 정신문화가 없으면, 삶이 의미와 그 만족을 느낄 수 없다. 지금부터라도 미미하게 남아 있는 우리 전통의 정신문화를 발전시켜 나가도록 하여야 한다. 우리가 이상으로 생각하였던 서구문화가 현재 인류가 당면한 문제를 해결하여 줄 수 있을까? 미국이나 유럽에서 일어나는 바람직하지 못한 사태를 보면 서구문화도 문제를 해결할 수 없다고 본다. 이런 지역에서 큰 시위가 일어나면 상점을 약탈하거나 방화하는 일이 빈번히 일어난다. 우리나라에는 아직 그런 일이 일어나지 않고 있다. 왜 그럴까? 개인도 중요하지만 사람과의 관계도 중요하며, 사람은 자신의 이익을 추구하지만 동시에 도덕적인 행위를 해야 한다는 유학의 가르침이 희미하게나마 마음의 밑바탕에 깔려있기 때문이다. 빨리 밑바탕에 조금 남아 있는 도덕심을 일으켜 세워야 한다. 지금이라도 늦지 않다. 정신문화를 높이 받드는 정책이 수립되어 추진되어야 한다. 지금까지 내려온 유학을 그대로 따를 것이 아니라 사람을 중시하고 사람과의 관계를 중요하게 여기는 그 근본정신은 이어받되, 적용은 현실에 맞게 재해석하여 적용하여야 한다. 근본정신을 제외하고는 모든 것을 확 바꾼다는 자세로 해야 할 것이다.

우리나라 산업 기술은 아직 해외에서 도입된 기술에 의존하는 경향이 있다. 그럼에도 불구하고 주요 내구소비재인 전자제품, 자동차 등을 수출할 뿐만 아니라 일부 품목은 세계시장을 석권하고 있다. 일부 품목은 우리 기업이 세계 5대 기업에 들고 있고, 게다가 반도체 분야에서는 비록 일부 품목이지만 우리 기업들이 거의 독과점하고 있다. 얼마나 대단한가! 그러나 한 단계 더 높은 산업 단계로 도약하기 위해서는 기초 이론과 기술이 있어야 한다. 따라서 응용 기술도 개발해야 하지만 그에 못지않게 새로운 과학 이론과 기술을 개발해야 한다. 정신문화 개발에 기업이 투자하려고 하지 않듯이 기초과학기술 개발에 역시 투자하려고 하지 않을 것이다. 정부에서 직접 투자하거나 기업이 투자하도록 여건을 조성하여야 한다.

앎, 그리고 배움과 가르침에서 가장 앞서나가야 할 곳이 대학이다. 우리나라 대학이 이런 역할을 하고 있다고 생각하는가? 부정적인 답이 나올 가능성이 높다. 대학도 교육기관이니 학생들이 중요하다. 그러나 다른 교육기관과 달리 우리나라, 더 나아가 세계가 나아가야 할 방향에 대하여 탐구하고 연구하는 것, 그것이 인문 분야든, 사회 분야든, 과학과 기술 분야든 개척해 나가는 것이 대학의 중요한 역할이다. 우리나라 대학이 그런 역할을 하고 있다고 보는가? 교육계도 다른 분야와 같이 기득권을 누리는 세력이 개혁을 방해하고 있다.

전지전능한 신의 세상이 아니고 사람들이 사는 세상이다 보니, 모든 것이 순리대로 되지 않는 경우가 있다. 새로운 방향으로 나가는데 가장 큰 걸림돌이 바람직하지 않는 기득권에 집착하는 권력자요, 부자요, 지식인들이다. 기득권 세력들은 지금 누리는 것보다 더 큰 것을 얻을 수 있도록 혁신해야 한다. 권력자는 더 큰 권력을, 부자는 더 큰 부를, 지식인은 더 큰 명예를 얻도록 해야 한다. 우리나라 라면이 세계시장을 누리고 있다. 좁은 국내 시장만 아니라 세계 또는 전 인류를 대상으로 한다면 할 일이 너무나 많은 것이다. 의료계 분쟁도 이런 시각에서 본다면 다툴 필요가 없다.

앞선 사상이나 진리를 주장하는 사람이 박해를 받는 경우가 역사상 많이 있었다. 그러나 진정으로 진리를 아는 공자 같은 성인은 세상이 알아주지 않아도 성내지 않고, 자기의 주장을 널리 퍼지게 하기 위하여 제자를 양성하였고, 유행에 따르지 않고 진리를 주장하였으므로 현재까지 약 2500년 동안 인류의 스승으로 존중받고 있다. 한때의 제왕이 될 것인가, 아니면 영원한 인류의 스승이 될 것인가?

"논어" '학이'편에서 "사람들이 알아주지 않아도 성내지 않으니, 역시 군자가 아닌가!(人不知而不慍, 不亦君子乎!)"라 하였다. 학문이 깊고 덕행이 높은 대학자 또는 과학자는 시대를 초월하여 존경받으니, 진정한 큰 인물이 되도록 힘써야 할 것이다.

그래서 "중용" 제29장에서는 다음과 같이 칭송하였다. "훌륭한 사람은 그가 가진 사상과 이념은 오랫동안 세상의 기본 또는 근본이념이 되고, 하는 행동은 오랫동안 세상의 규범이 되고, 말은 오랫동안 세상의 본보기가 되어, 멀리 있으면 보고 싶고, 가까이 있어도 싫지가 않네.(君子, 動而世爲天下道, 行而世爲天下法, 言而世爲天下則, 遠之則有望, 近之則不厭.)"

권학문

송 진종의 권학문

> 송나라 제3대 황제인 진종眞宗(재위 998~1022)의 이름은 조항趙恒이며, 나라를 다스리는 데 있어 학문을 중시하였으며, 백성들에게 학문을 권한다는 뜻으로 이 글을 지었다. 유학의 부흥에 힘쓰고, 유학의 중요 경전에 대하여 시험을 치는 과거제도를 정착시켰다. 치세 중 문치에 노력한 황제다.

집을 부유하게 하려고 좋은 논밭을 사지 마라!
책 속에 저절로 많은 곡식이 있다.
편안히 살려고 높고 좋은 집을 짓지 마라!
책 속에 저절로 황금으로 꾸민 집이 있다.
나갈 때 따르는 사람이 없다고 서러워 마라!
책 속에 수레와 말이 무리로 있다.

아내를 고를 때 좋은 중매쟁이가 없는 것을 원망하지 마라!

책 속에 옥같이 고운 여인이 있다.

사나이가 되어 일평생 뜻을 이루고자 하면

창 앞에서 좋은 책을 부지런히 익혀라!

富家不用買良田　書中自有千鍾粟
부가불용매량전　서중자유천종속

安居不用架高堂　書中自有黃金屋
안거불용가고당　서중자유황금옥

出門莫恨無人隨　書中車馬多如簇
출문막한무인수　서중차마다여족

娶妻莫恨無良媒　書中有女顏如玉
취처막한무량매　서중유녀안여옥

男兒欲遂平生志　六經勤向窓前讀
남아욕수평생지　육경근향창전독

○ 천종속千鍾粟　천종이 되는 곡식. 녹봉을 말하는데, 1종은 '여섯 섬 너 말'.

○ 족簇　무리.

○ 육경六經　유교의 여섯 경전. 대개 시경, 서경, 악경, 역경, 예기, 춘추. 악경은 진나라 때 불에 타 없어짐.

왕안석의 권학문

> 왕안석王安石(1021~1086)은 송나라 때 문장가이자 개혁 정치가이다. 나라의 각종 제도를 개선하고, 기반 시설을 정리, 확충하고, 학교 교육을 확대 실시하는 등 혁혁한 공을 쌓았다. 이 글은 비록 지나치게 입신출세立身出世를 내세운듯한 감이 있는 글이지만 백성들이 배움의 목적을 알기 쉽도록 지은 글이다.

책 읽는 것은 큰돈을 들이지 않고, 만 배의 이로움을 얻을 수 있다.

책은 사람의 재주를 드러나게 하고, 훌륭한 사람에게 지혜를 더하여 준다.

재력이 있으면 서재를 세우고, 재력이 없으면 책 상자를 마련해라!

창 앞에서 옛날의 좋은 책을 보고, 등불 아래서 글의 참 뜻을 찾아라!

가난한 사람은 책을 통해 부자가 되고, 부유한 사람은

책을 통해 귀하게 된다.

   어리석은 사람은 책을 통해 똑똑하게 되고, 현명한 사람은 책을 통해 이롭게 된다.

   책을 읽어 영화로워진 것은 보았으나, 실패의 늪에 떨어지는 것은 보지 못했다.

   황금을 팔아 책을 사서 읽어라! 책을 읽으면 황금을 사기가 쉽다.

   좋은 책은 끝내 만나기가 어렵고, 그 뜻을 알기도 참으로 어렵다.

   책을 읽는 사람에게 받들어 권하니, 좋은 책은 마음에 담아 두어라!

讀書不破費	讀書萬倍利	書顯官人才	書添君子智
독서불파비	독서만배리	서현관인재	서첨군자지
有即起書樓	無即致書櫃	窓前看古書	燈下尋書義
유즉기서루	무즉치서궤	창전간고서	등하심서의
貧者因書富	富者因書貴	愚者得書賢	賢者因書利
빈자인서부	부자인서귀	우자득서현	현자인서리
只見讀書榮	不見讀書墜	賣金買書讀	讀書買金易
지견독서영	불견독서추	매금매서독	독서매금이
好書卒難逢	好書眞難致	奉勸讀書人	好書在心記
호서졸난봉	호서진난치	봉권독서인	호서재심기

○ 파비破費 비용이 든다.

○ 궤櫃 물건을 담아두는 작은 상자.

○ 봉권奉勸 받들어 권하다.

이황의 권학 글

이황李滉(1502~1571)은 호가 퇴계退溪이며, 조선 중기의 유학자이자 사상가이다. 조선의 성리학性理學을 심학心學으로 발전시킨 유학자다.

아래 글은 퇴계집退溪集에 있는 글귀다.

지성으로 힘써 공부하라!
게으르지 마라, 흐트러지지도 말아다오!
천 번 만 번 부탁한다, 흔들리지 마라!
다시 더 분발하고 힘을 더해라!
생각하고, 생각하고, 다시 또 생각하라!

勉學至望　毋怠毋荒
면 학 지 망　무 태 무 황

千萬毋忽　更加奮勵
천 만 무 홀　갱 가 분 려

思之思之 更思之
사 지 사 지　갱 사 지

　자기를 버리고 남을 따르지 못하는 것은 배우는 사람의 큰 병이다.
　세상의 의리義理에는 끝이 없는데,
　어찌 자기만 옳고 남은 그르다고 할 수 있겠는가?

不能舍己從人　學者之大病
불 능 사 기 종 인　학 자 지 대 병

天下之義理無窮　豈可是己而非人
천 하 지 의 리 무 궁　기 가 시 기 이 비 인

예기 학기

> "예기禮記"는 유학에서 중시하는 오경五經의 하나로 사람에 관한 중요한 주제에 대하여 논한 글을 모은 것이다. 여기에 '대학大學'과 '중용中庸'이 각각 한 편으로 있을 뿐만 아니라 배움과 가르침에 대하여도 전반적으로 말하고 있는 '학기學記'도 실려 있다. 이 글은 배우고, 가르치는 사람이 마음에 새겨두어야 하는 글이다.

사려 깊게 생각하여 좋은 규범을 마련하고, 착하고 어진 사람을 찾아 등용하면, 좋은 소문을 듣기에 충분하나 백성의 마음을 움직이기에 부족하며, 가까이 있는 현명한 사람의 말을 따르고, 멀리 있는 현명한 사람과도 마음이 같으면, 백성의 마음을 움직이기에 충분하나 백성을 교화시키기에는 부족하다. 임금이 백성을 교화하고, 풍속을 바로 세우는 길은 학문과 교육에 있다.

옥은 다듬어지지 않으면 보배가 될 수 없고, 사람은 배우지 않으면 도道를 알 수 없다. 옛날의 훌륭한 임금은 나라를 세우고 백성을 다스릴 때, 배움과 가르침을 최우선 과제로 삼았다. "서경書經" '열명說命'에서 "시종일관 배우는 것을 생각하여야 한다(念終始典于學)."라고 한 것은 바로 이것을 말한 것이다.

아무리 좋은 음식도 먹어보지 않으면 그 맛을 알 수 없고, 아무리 지극한 도道라도 배우지 않으면 그 훌륭함을 알 수 없다. 그러므로 배운 뒤에야 아는 것이 부족하다는 것을 깨달으며, 가르쳐 본 뒤에야 그 어려움을 안다. 부족함을 안 뒤에야 스스로 반성할 수 있고, 어려움을 안 뒤에야 스스로 능력을 보강할 수 있다. 그러므로 가르치는 것과 배우는 것은 서로 성장하게 한다.(敎學相長.) '열명'에서 "가르치는 일의 반은 배우는 일이다.(斅學半.)"라고 한 것은 바로 이것을 말한 것이다.

옛날의 교육제도는 집안에는 글방(숙塾)이 있고, 마을에는 초급학교(상庠)가 있고, 지방에는 중급학교(서序)가 있고, 나라에는 태학(학學)이 있었다.

해마다 나이(8세)에 맞추어 입학하고, 2년마다 학업성취도를 평가하였다. 입학한 첫해에는 경서經書를 읽고, 그 뜻을 말할 수 있는

지를 시험하며, 셋째 해에는 학문을 공경하고, 사람들과 어울리는 것을 좋아하는 지를 시험하며, 다섯째 해에는 폭넓게 배우고, 스승과 친하게 지내는 지를 시험하며, 일곱째 해에는 학문의 깊은 뜻을 논의하고, 좋은 친구를 골라 사귀는지를 시험한다. 여기까지를 '소성小成'의 과정이라 한다. 아홉째 해에는 여러 분야의 이치를 통달하고, 그 뜻을 세움이 굳건하여 흔들림이 없는지를 시험한다. 이것이 '대성大成'의 단계라 한다. 대체로 대성을 이루면 백성을 교화하고, 풍속을 바로잡는 일에 부족함이 없게 되며, 가까이 있는 사람은 기꺼이 복종하고, 멀리 있는 사람은 그 덕을 사모한다. 이것이 대학의 길이다. 옛날 해설서에서 "어린 새끼는 흙을 물어 나르는 방법을 쉬지 않고 연습한다."고 한 것은 바로 이것을 말한 것이다.

태학에서 수업을 시작할 때, 관을 쓰고 나물을 올려 제사 지내는 것은 도道에 대한 공경심을 나타내는 것이고, "시경" '소아'의 세 편의 시를 익혀 노래하는 것은 다스림의 시작임을 가르치는 것이다. 등교하면 북을 울리고, 그 소리에 맞추어 상자에서 책을 꺼내게 하는 것은 책과 공부에 대하여 겸손한 태도를 갖게 하는 것이다. 회초리와 매, 두 가지를 준비하는 것은 학문의 권위를 드러나게 하기 위한 것이다. 임금이 하늘에 제사를 지내는 날을 점칠 때까지 태학을 시찰하지 않는 것은 학생들이 마음 놓고 공부하게 하기 위한 것이다. 학생들을 끊임없이 살피되, 그들과 더불어 말하지 않는 것은 마음을 가다듬어 공부하도록 하기 위한 것이다. 어린 학생에게는 강의를 듣게 할 뿐 질문을 하지 못하게 하는 것은, 배우는 데에는 순서가 있어 건너뛸 수 없음을 보이기 위한 것이다. 이 일곱 가지는 태학 교육의 주요 절목節目이다. 해설서에서 "무릇 배운다는 것은 공적으로는 나라의 일을 먼저 익히고, 개인적으로는 먼저 자기의 마음과 뜻을 닦는다는 것이다."고 한 것은 바로 이것을 말한 것이다.

태학 교육은 학교에서의 계절별 정규 교과의 학습과 퇴교하여, 휴식하며 익히는 집에서의 학습으로 이루어진다.

합주하는 것을 배우지 않으면 악기의 줄을 제대로 맞출 수 없고, 비유법을 배우지 않으면 시의 감흥을 제대로 느낄 수 없고, 다양한 복식을 배우지 않으면 예절에 맞는 복식의 의미를 알 수 없고, 육예에 익숙할 정도로 직접 해보지 않고 배움의 기쁨을 즐길 수 없다.

군자는 배울 때, 첫째로 세상의 번잡한 일에서 떠나야 하며, 둘째로 열심히 공부하여야 하며, 셋째로 혼자 있어도 정신을 가다듬어 생각을 깊게 하여야 하며, 넷째로 같이 배우는 벗들과 배움의 기쁨을 나누어야 한다. 이렇게 하면 배우는 것이 안정되어 스승과 친밀할 수 있고, 친우들과 즐기면서 배운 것을 같이 믿을 수 있다. 스승과 친우의 곁을 떠나더라도 배운 것에 어긋나게 행동하지 않는다. '열명'에서 "스승을 공경하는 마음과 겸손한 태도를 가지고 꾸준히 학문에 힘쓰면, 마침내 틀림없이 배운 성과를 거두게 될 것이다."라고 한 것은 바로 이것을 말한 것이다.

오늘날의 교육은 진도 나가는 데 급급하며, 말만 자주 하여 진도는 나가지만, 안정적으로 배우는 것은 고려하지 않는다. 사람이 남을 부리면서 그 사람으로 하여금 자신의 정성을 다하게 하지 못하게 하는 것은, 스승이 가르치면서 배우는 사람으로 하여금 자신의 재능을 다하게 하지 못하게 하는 것과 같다. 그러면 스승의 가르침은 도道에 어긋나고, 학생들도 얻고자 하는 것을 얻지 못한다. 그런 까닭으로 학생은 공부를 싫어하여, 숨기고 피하여 스승을 걱정시키며 공부의 어려움에 시달릴 뿐 그 좋은 점을 알지 못한다. 비록 학업을 마친다고 하더라도 배운 것을 곧 잊어버리고 만다. 오늘날 가르침이 바로 서지 않는 것은 이런 이유 때문이다.

대학 교육에는 '예豫', '시時', '손孫', '마摩'의 네 가지가 원칙이 있다. '예豫'라는 것은 사태가 발생하기 전에 미리 막는 것이고, '시時'라는 것은 학생이 배울 준비가 되어 있을 때, 그때를 놓치지 않고 가르치는 것이고, '손孫'이라는 것은 학생에게 전달해야 할 내용을 건너뛰지 않고 차근차근 전달하는 것이고, '마摩'라는 것은 학생들로 하여금 서로 북돋우고 견주면서 좋은 영향을 서로 주고받는 것이다. 이 네 가지는 가르침의 효과가 잘 나타나게 하는 근본원칙이다.

사태가 일어나면 온 힘을 다하여도 막을 수 없고, 배울 때가 지나면 힘들어 노력하더라도 이루기가 어렵고, 이것저것 순서 없이 가르치면 학습 단계가 무너져 혼란이 생기면서 아무것도 배우지 못한다. 혼자 공부하여 견주어 볼 친구가 없으면 세상물정에 어둡고 식견이 좁아진다. 친구와 막연히 잘 지내면 스승을 거스를 수 있고, 즐기는 것에 너무 빠지면 배운 것을 버릴 수 있다. 이 여섯 가지는 가르침이 실패하는 근본 원인이다.

군자는 가르치는 것을 효과 있게 하는 원칙이 무엇이고, 가르치는 것의 실패하는 원인이 무엇인가를 미리 알고 있어야 한다. 이것을 아는 사람이라야 비로소 사람의 스승이 될 수 있다. 그리하여 군자는 가르쳐서 배우는 사람들이 깨닫게 하되 힘들게 끌어당기지 않으며, 세게 다그치되 짓눌리지 않게 하며, 문을 열어주되 끝까지 데리고 가지 않는다. 이끌되 끌어당기지 않으니 부딪침이 없고, 다그치되 짓누르지 않으니 어려움이 없고, 열어주되 끝까지 데리고 가지 않으니 스스로 사고하지 않을 수 없다. 부딪침이 없이 조화롭고, 평안하게, 스스로 사고하도록 이끄는 것, 이것이야말로 훌륭한 가르침이요, 깨우치게 하는 것이라 할 수 있다.

배우는 사람이 잘못을 저지르는 경우에는 네 가지가 있으며, 가르치는 사람은 각각에 관하여 잘 알지 않으면 안 된다. 배우는 데 있어 어떤 사람은 아는 것이 너무 많은 데서 잘못을 저지르고, 어떤 사람은 너무 적은 데서 잘못을 저지른다. 또 어떤 사람은 공부를 너무 쉽게 생각하여 배움을 그르치고, 어떤 사람은 도중에서 배움을 그만두어 배움을 그르친다. 이 네 가지의 잘못은 배우는 사람의 마음이 제각기 다른 데서 생기는 것이니만큼, 그 각각의 마음을 잘 알아야 그 잘못을 고칠 수 있다. 가르친다는 것은 잘하는 것을 더욱 잘하도록 도와주고, 잘못하는 것은 바로잡아 주는 것이다.

노래를 잘 부르는 사람은 듣는 사람으로 하여금 그 노래를 이어가게 하듯이, 훌륭한 스승은 배우는 사람으로 하여금 저절로 그 뜻을 이어가게 만든다. 그의 설명은 간결하지만, 그 뜻은 넓고 풍부하며, 평범한 말 속에 깊은 뜻을 감추고 있으며, 말을 드물게 하지만 깨우쳐준다. 이런 스승이야말로 배우는 사람으로 하여금 그의 뜻을 이어나가도록 하게 할 수 있다.

군자는 사람에 따라서 학문에 쉽게 이르는 사람이 있는가 하면, 어렵게 이르는 사람이 있다는 것, 자질이 뛰어난 사람이 있는가 하면, 그렇지 못한 사람이 있다는 것을 알아야 한다. 이것을 알아야 비로소 배우는 사람에 맞추어 가르칠 수 있으며, 이러한 능력을 갖춘 사람이어야 비로소 훌륭한 스승이 될 수 있다. 스승이 될 만한 사람이어야 한 무리의 우두머리가 될 수 있고, 한 무리의 우두머리가 될 만한 사람이어야 한 나라의 임금이 될 수 있다. 그러므로 스승이 된다는 것은, 곧 임금이 되는 것을 배우는 것이다. 따라서 스승을 선택하여 모시는 일에는 신중하지 않을 수 없다. 해설서에서 "삼왕과 사대가 빛난 것은 오직 훌륭한 스승이 있었기 때문이다."라 한 것은 바로 이것을 말한다.

학문의 도道는 스승의 위엄을 갖추는 일을 어렵게 여기는 데 있다. 스승이 위엄이 있어야 도가 존중되며, 도가 존중되어야 학생이 학문을 공경할 줄 알게 된다. 임금이 그의 신하를 신하로 대하지 않는 경우가 두 가지이며, 일하지 않는 신하와 가르침을 주는 스승이다. 일은 하지 않고 국록을 축내는 신하를 마땅히 신하로 여기지 않으나, 스승으로 존경하여야 하는 분도 역시 신하로 여기지 않는다. 대학의 예의에서 스승은 천자를 알현하는 경우에도 북면하지 않도록 되어 있는 것은 스승에 대한 공경을 나타내는 것이다.

잘 배우는 사람은 스승이 힘써 노력하지 않아도 두 배의 성과를 얻고, 또한 스승을 따르고 배운 것을 평소에 실천한다. 그러나 잘 배우지 못하는 사람은 스승이 힘써 노력하더라도 절반의 성과 밖에 얻지 못하고, 비록 스승을 따르기는 하지만 부족한 것을 스승의 탓으로 돌린다. 질문을 잘하는 사람은 마치 단단한 나무를 다듬을 때, 먼저 쉬운 부분부터 시작하여 점차 세부의 어려운 마디로 나아가듯이 하고, 오랜 시간이 걸릴지라도 서로 말을 주고받으면서 어려운 부분을 이해하게 된다. 그러나 질문을 잘하지 못하는 사람은 이와는 반대로 한다. 질문에 잘 대답하는 사람은 마치 종을 치는 것처럼 한다. 작은 것으로 두드리면 작게 울리고, 큰 것으로 두드리면 크게 울리며, 종의 울림을 조용히 기다리면 종은 낼 수 있는 가장 아름다운 소리를 낸다. 그러나 질문에 잘 대답하지 못하는 사람은 이와는 반대로 한다. 이 모든 것이 학문을 진전시키는 올바른 길이다.

옛 글을 읽고 외우게 하는 것만으로는 다른 사람의 스승이 되기에 부족하다. 스승은 반드시 배우는 사람이 하는 말을 귀담아 들어야 한다. 말이나 묻는 것을 제대로 못할 때, 비로소 그가 배워야 할 내용을 말해주며, 배워야 할 내용을 말해주어도 알지 못하면, 잠시 쉬는 것도 하나의 좋은 방법이다.

훌륭한 대장장이의 아들은 가죽옷 만드는 법을 반드시 배우고, 훌륭한 궁장장이의 아들은 키 만드는 법을 반드시 배운다. 말로 수레를 이끌려고 하는 사람은 반대로 그 말을 수레 뒤편에 매달아 수레 뒤를 따라다니게 한다. 군자는 이 세 가지를 잘 살펴야 학문에 그 뜻을 잘 세울 수 있다.

   옛날 사람들이 공부한 것을 보면, 사물을 비교하고 유추하여 근본을 찾는 일에 힘을 기울였다. 북소리는 다섯 가지 소리에 어느 하나에도 해당하지 않지만, 북소리가 없으면 그 소리들은 조화를 이룰 수 없고, 물은 다섯 가지 물체에 어느 하나에도 해당하지 않지만, 물이 없으면 다섯 가지 물체들이 그 빛을 발할 수 없고, 학문은 다섯 가지 감각기관의 어느 하나에도 해당하지 않지만, 배움이 없으면 다섯 감각기관의 일이 올바로 다스려지지 않는다. 스승은 계급이 있는 관리는 아니지만 관리들이 친밀하게 지내어 화합하는 데 없어서는 안 된다.

   군자가 말하기를, "대덕大德은 특정한 관직에 구애되지 않고, 대도大道는 특정한 기능에 구애되지 않으며, 대신大信은 특정한 약속에 구애되지 않고, 대시大時는 특정한 규정에 구애되지 않는다."고 하였다. 배우는 사람은 이 말의 뜻을 잘 살펴서 근본을 세우는 일에 힘써야 한다. 삼왕이 하천에 제사 지낼 때, 먼저 강에 제사 지내고, 그 다음에 바다에 제사 지낸 것은 강이 바다의 근원이고, 바다는 강의 말단이기 때문이다. 이것은 곧 근본에 힘써야 한다는 것을 말한 것이다.

영조대왕 서문

> 영조英祖(1694~1776)는 조선의 제21대 임금으로 치세(1724~1776) 중 학문을 중시하여 각종 서적을 간행하였으며, 1758년 주희의 대학장구大學章句를 발간하고, 그 서문을 작성하여 실었다.

무릇 중국 고대 하夏, 은殷, 주周나라가 성할 때, 교육기관인 상庠, 서序, 학學을 설치하여 사람을 가르쳤는데, 이는 바로 "예기禮記"에서 말하는 "집안에는 글방(숙塾)이 있고, 고을에는 작은 지방학교(상庠)가 있고, 지역에는 큰 지방학교(서序)가 있고, 나라에는 태학(학學)이 있었다."는 것이다.

그러므로 사람이 태어나서 여덟 살이 되면 모두 소학에 들어가고, 태학에는 천자의 맏아들과 그 외의 아들, 신분이 높은 사람과 일반 관리의 적자와 일반 백성들 중에서 뛰어난 사람은 열다섯 살이 되면 모두 입학하니, 가히 중대하지 아니한가!

"대학"에는 3가지 강령이 있으니, 이것들은 밝은 덕을 밝히는 것(명명덕明明德), 백성과 친밀히 지내는 것(친민親民), 항상 지극히 좋은 상태에 머무르는 것(지어지선止於至善)이며, 8가지 조목이 있으니, 이것들은 사물의 이치를 연구하는 것(격물格物), 아는 것을 완전하게 하는 것(치지致知), 자기 뜻을 성실히 하는 것(성의誠意), 마음을 바르게 하는 것(정심正心), 자신의 몸과 마음을 닦는 것(수신修身), 집안을 가지런히 하는 것(제가齊家), 나라를 잘 다스리는 것(치국治國)과 세상을 평화롭게 하는 것(평천하平天下)이다.

"대학"은 그 차례의 순서가 정연하고, 주장하는 학설의 조리가 반듯반듯하며, 그 학문의 도道는 자양에 사는 주희朱熹의 서문에 상세히 갖추었으니, 나의 낮은 지식으로써 어찌 감히 한마디 말을 더하겠는가? 그러나 이 책은 "중용中庸"과 더불어 서로 겉과 속이 되어서, 차례의 순서와 일을 하여 가는 도리가 이와 같이 분명한데, 배우는 사람이 오히려 글을 글대로 나는 나대로라는 자세로 글을 읽고는 있으니, 어찌 탄식하지 않을 수 있겠는가!

아! 슬프도다. 밝은 덕이 어디에 있는가? 곧 나의 한 마음에 있으며, 밝은 덕을 밝히는 노력하는 힘은 어디에 있는가? 또한 나의

한 마음에 있으니, 만약 실제로 공부해서 잘할 것 같으면, 안회顔回(B.C. 521~481)가 말한 대로 "순임금은 어떤 사람이며, 나는 어떤 사람인가?"와 같이 될 것이다. 삼대 이후로 스승이 마땅히 지켜야 할 도리가 땅에 떨어지고, 학교가 잘 운영되지 못하여, 어릴 때 배우는 것인 쓸고 닦는 것을 잘 배우지 못하였다. 그러므로 힘줄과 뼈가 굳어지고, 이익을 탐내는 욕심이 마음속에 자리 잡아 나에게 있는 명덕을 스스로 밝히지 못하였다. 이미 사물의 이치를 탐구하여 나의 지식을 완전하게 하지 못하였으니, 어찌 나의 뜻을 성실히 하고, 마음을 바로잡고 수신할 수 있겠는가? 사물이나 현상 속에 있는 이치를 탐구하여 나의 지식이 완전하게 하지 못하고, 나의 뜻을 성실하게 하지 못하고 마음을 바르게 하지 못하면서, 어찌 집안을 가지런히 하고 나라를 다스리는 것을 바라겠는가?

내가 19세에 비로소 "대학"을 읽고, 29세에 성균관에 입학하여, 또 이 책을 강론講論하였는데, 스스로 돌아보니, 또한 글은 글대로 나는 나대로 글을 읽어 마음이 항상 부끄럽더니, 63세에 명륜당에 거동하여 유생들이 공부 상황을 돌아볼 때, 먼저 주희가 쓴 서문을 읽고, 시강관과 유생들로 하여금 차례로 강의하게 하니, 그날이 곧 갑자일이라 주희가 서문을 지은 날과 우연히 일치하였다. 비록 그 날짜는 서로 일치하나, 공들인 보람은 점점 멀어지니 부끄럽고 무안한 마음은 더욱더 간절하다.

70세를 바라보는 나이에 선현들을 추모하여 아침, 낮, 저녁으로 삼강三講을 행하고, 간략하게 하고자 "중용"과 번갈아가며 강의하였다. 경연관이 주청하여, 이 책 "대학"을 이어서 강의하게 되었다. 이때부터 "중용"과 "대학"을 번갈아가며 강의하게 되었다. 젊었을 때 "대학"을 공부할 때도 그 효력을 보지 못하였는데, 늘그막에 익힌다고 한들 어찌 효력을 바라겠는가? 더욱 원통한 것은 주희의 서문에도 어찌 말하지 않았는가?

한 사람이라도 그 성품을 다하는 사람이 있으면, 하늘은 반드시 명하여 수많은 백성의 임금과 스승을 삼는다 하시거늘, 내가 나이가 들어 늦게야 배워서 덕이 모자라고, 나의 뜻을 성실하게 하고, 나의 마음을 바르게 하는 노력도 없고, 몸과 마음을 닦아 수양하거나, 집안을 가지런히 하는 데도 효력이 없으면서 머리가 허옇게 세고, 기운이 쇠퇴하여 줄어드는데도, 이 책에 대하여 하루 3회 강독하니, 어찌 스스로 부끄럽지 않겠는가?

그러나 성인이신 공자께서 말씀하시기를, "옛것을 익히고 그것을 미루어서 새것을 안다(온고이지신溫故而知新)."라고 했으니, 만약 이로 인하여 새로운 것을 알게 된다면, 나에게 어찌 크게 유익하지 않으리오! 이에 서문을 지어 마음으로 스스로 힘쓰노라!

무인년(1758, 영조 34년) 10월 갑인에 서문을 짓노라.

주희 서문

주희朱熹(1130~1200)는 전해오는 유학사상을 우주의 원리인 이기理氣 이론에 근거하여 다시 해석하여 신유학新儒學, 정주학程朱學, 주자학朱子學, 성리학性理學 등으로 불리는 새로운 학문을 세웠으며, "논어"와 "맹자"는 그때까지 내려오는 주석과 해설을 집대성하여 "논어집주論語集註"와 "맹자집주孟子集註"를 편찬하고, "대학"과 "중용"은 원문을 장과 절로 다시 구분하여 "대학장구大學章句"와 "중용장구中庸章句"를 편찬하였다. 그때까지 유학에서 "삼경" 또는 "오경"을 중시하였으나, 이 이후 "논어", "맹자", "대학", "중용"인 "사서四書"를 중요하게 여겼다.

"대학大學"이란 책은 옛날 최고 교육기관인 태학大學에서 사람을 가르치는 근본 방법에 관하여 논술한 책이다. 하늘로부터 백성이 태어나면, 이미 인의예지仁義禮智의 본성을 받지 않은 사람은 없으나, 물려받은 기질氣質이 때로는 사람마다 같지 아니하여 갖고 있는 본성을 알고 그대로 온전하게 다할 수 없다. 한 사람이라도 총명하고 지혜로워서 그 본성을 다할 수 있는 사람이 세상에 나오면, 하늘은 반드시 그에게 명하여 수많은 사람의 임금과 스승이 되게 하여, 그로 하여금 다스리게 하고 가르치게 하여 사람들이 그 본성을 회복하게 할 것이다. 이것이 복희, 신농, 황제, 요, 순임금이 하늘의 뜻을 계승하여 높은 규범을 세워서 교육하는 직책과 법령과 예악을 맡는 벼슬을 설치한 이유이다.

하, 은, 주 삼대가 융성하였을 때, 그 규범이 점차 갖추어진 이후 왕궁과 수도로부터 시골 마을에 이르기까지 학교가 있지 않은 곳이 없었다. 사람은 태어나 8세가 되면 임금과 제후 이하로부터 서인의 자제에 이르기까지 모두 소학에 들어가 물 뿌리고, 쓸기(쇄소灑掃), 말과 행동으로 사람을 맞이하는 방법(응대應對), 참여하거나 물러나는 법(진퇴進退)의 예절과 몸가짐(예禮), 시와 음악(악樂), 활쏘기(사射), 말타기(어御), 글쓰기(서書), 셈하기(수數)의 육예六藝를 배웠다. 15세가 되면 임금의 맏아들과 그 외의 아들, 제후와 경대부 및 낮은 관리의 적자와 모든 백성들 중에서 뛰어난 사람들이 모두 태학에 들어가 근본원리를 탐구하는 것(궁리窮理), 마음을 바르게 하는 것(정심正心), 몸과 마음을 닦는 것(수신修身), 사람을 다스리는 방법(치인治人)의 근본 법칙을 배웠다. 이것이 또한 각급 학교마다의 가르침과 큰 배움인 대학과 처음 익히는 소학의 절차를 나눈 이유이다.

무릇 학교가 이와 같이 널리 세워졌고, 그 가르치는 방법에서는 이와 같이 그 차례와 절목節目이 상세하였다. 가르치는 방법 또한 임금이 몸소 실천하고, 마음으로 얻은 여유로움을 근본으로 하였으므로, 백성들이 일상생활하는데, 사람으로서 떳떳하게 지녀야 할 도리를 밖에서 구하였고, 배운 사람은 자기만 가지는 품성과 자기 신분에 맞고 마땅히 해야 할 역할을 알지 못하는 사람이 없었고, 모두가 아는 것을 실천하기 위하여 부지런하게 온 힘을 다하였다. 이것이 옛날 융성할 때 정치가 위에서 두텁게 이루어지고, 풍속이 아래에서 아름다웠던 이유이며, 후세에는 미칠 수 없는 까닭이다.

주나라가 쇠퇴하자 어질고 성스러운 임금이 나오지 않고, 학교의 운영이 제대로 되지 않아 교화가 점차 쇠퇴하고, 풍속이 무너지고 문란해졌다. 이때 공자孔子와 같은 성인이 있었지만, 임금과 스승의 지위를 얻지 못하여 좋은 정치와 가르침을 행할 수 없었다. 이에 홀로 선왕의 좋은 규범을 골라서 외우고 전하여 후세에 가르침을 주었다. "예기禮記"의 '곡례曲禮', '소의昭儀', '내칙內則', '제자弟子'편은 실제로 소학의 지류이거나 그 후속이지만, 이

'대학大學'편은 소학의 성공을 바탕으로 큰 배움의 밝은 법을 나타낸 것이다. 밖으로는 그 규모의 큼을 다하고, 안으로는 그 절목의 상세함을 다한 것이라 할 수 있다. 공자의 삼 천 문도門徒들은 대개 그 말씀을 듣지 않은 사람이 없었지만, 오직 증자曾子가 전하는 것만이 그 종통宗統을 얻었다. 이에 "대학"을 지어 그 뜻을 밝혔다. 맹자가 죽은 후 그 전함이 끊어지자 그 책은 비록 남아 있었지만 그 뜻을 제대로 아는 사람이 적었다.

이로부터 세속의 선비들이 글을 읽고 외우며, 글을 쓰고 시를 짓는 것을 익히는데, 그 노력이 소학을 배울 때보다 배가 되었지만 쓸모가 없었다. 이단異端인 도가道家의 허무虛無나 불가佛家의 적멸寂滅의 가르침이 "대학"보다 지나치게 높게 평가되었지만 실속이 없었다. 그 밖에도 목적을 달성하기 위하여 수단과 방법을 가리지 않는 모략이나 술수에 관한 주장, 오직 온갖 공적과 명예를 쫓는 주장과 여러 잔재주를 가진 무리의 주장들이 세상을 어지럽게 하고 백성을 속였다. 또한 어진 것과 의로운 것을 막거나 해치는 사람들이 자주 세상에 섞이어 모르게 나와서, 불행하게도 훌륭한 임금으로 하여금 대도大道의 크고 중요한 것을 얻어듣지 못하게 하고, 그 순진한 백성으로 하여금 불행히 훌륭한 정치의 혜택을 받지 못하게 하였다. 어두워서 보이지 않고, 꽉 막히고, 바로잡기 어려운 나쁜 버릇이 반복되는 다섯 왕조가 일어났다 없어지는 말세인 오계五季가 되었으며, 세상을 무너뜨려 어지럽게 하는 것이 그 끝에 이르렀다.

자연의 변화는 순환하고 가면 돌아오지 않는 것이 없듯이, 송나라의 덕이 융성하여 정치와 교육이 훌륭하여졌다. 이에 하남의 정씨 두 선생(정호程顥와 정이程頤)께서 태어나시어 맹자의 전함을 이어받았다. 두 선생께서 참으로 이 "대학"편을 높게 받들고, 믿어서 드러나게 밝히시고, 또한 그 내용의 순서를 정리하고, 그 근본 뜻에 이르게 되는 취지를 밝히시었다. 그렇게 된 이후에 옛날의 태학에서 사람을 가르치는 법과 성현의 말씀(성경聖經)과 현인의 해설(현전賢傳)의 가르침이 다시 세상에 찬란하게 밝아졌다.

내가 비록 슬기롭고 재빠르지 못하고 직접 가르침을 받지는 못하였지만, 마음으로 존중하여 그 이론을 따르고 익혀서 함께 들은 것 같다. 그러나 그 책을 살펴보면, 없어지고 잘못된 것이 많아서 나의 속 좁은 것은 잊고, 앞선 훌륭한 분들의 학설을 뽑아 모으고, 그 사이에 나의 의견을 슬며시 덧붙여 빠진 부분을 보충하였으니, 후세의 훌륭한 사람의 비판을 기다린다. 매우 분수에 넘치고 죄를 피할 수 없음을 잘 알지만, 백성을 교화하고 풍속을 바르게 하라는 나라의 뜻과 자신을 닦아서 사람을 다스리고

자 하는 배우는 사람의 학습 방법에 작은 도움이 없지는 않을 것이다.

순희 기유(1189년) 2월 갑자에 신안의 주희朱熹가 머리말을 씀.

원도

> 당나라 때 문장가이며 유학자인 한유韓愈(768~824)는 당시 성행하였던 도가道家와 불교의 사상을 비판하여 유학을 부흥시키고자 하였다. 그래서 유학을 도가사상과 불교의 교리를 비교하여 그의 우수성을 알리기 위하여 이 글 '원도原道'을 지었다.

 널리 사랑하는 것을 일러 인仁이라 하고, 인을 행하여 당당한 것을 일러 의義라 한다. 인의仁義를 행하여 좋은 것에 이르는 것을 도道라 하고, 그리하여 자기가 만족하고 다른 사람이 더 바랄 것이 없는 것을 일러 덕德이라 한다. 인仁과 의義는 정해진 이름, 즉 구체적이나 도道와 덕德은 공허한 자리, 즉 추상적이다. 그러므로 도道는 그 사람의 인격에 달려 있으므로 군자와 소인이 있고, 사람이 덕을 베푼다고 하지만 덕德에는 좋은 것과 나쁜 것이 있다.

노자老子(B.C. 571~471)가 인의를 가볍게 여긴 것은 그것을 훼손하려고 한 것이 아니고, 그의 견해가 좁았기 때문이다. 우물 안에 앉아 하늘을 보고 "하늘이 작다"라 하는 데, 하늘이 작은 것이 아니다. 노자는 조그마한 은혜를 인仁이라 여기고 작은 지조를 의義라 여겼으니, 그가 인의를 가볍게 여기는 것은 자연스러운 것이다. 그가 이른바 도道라고 한 것은 그가 도道라 생각한 것을 도道라고 한 것이고, 우리가 이른바 도道라고 하는 것이 아니다. 그가 이른바 덕德이라 한 것은 그가 덕德이라 여긴 것을 덕德으로 삼은 것이지, 우리가 이른바 덕德이라고 하는 것이 아니다. 무릇 내가 이른바 도덕道德을 말한 것은 인仁과 의義를 합해서 말하는 것이니, 천하가 받아들이는 바르고 옳은 말, 즉 공언公言이다. 노자가 이른바 도덕道德이라고 말하는 것은 인仁과 의義를 버리고 말한 것이니, 한 사람의 사사로운 말일 뿐이다.

주나라의 도道가 쇠퇴하고, 공자가 돌아가신 후 진시황 때는 경전이 불탔으며, 한나라 때는 황제黃帝와 노자의 무위에 의한 통치 사상이 유행했으며, 한나라가 멸망한 후 수나라 때까지 있었던 여러 나라에서 불교가 성행하였다. 도덕과 인의를 말하는 사람들이 양주학파楊朱學派에 들어가지 않으면 묵적학파墨翟學派에 들어갔고, 도가에 들어가지 않으면 불가에 들어갔다. 한쪽 학파에 들어가면 다른 학파를 경시하였다. 들어간 사람들을 들어간

학파를 주인, 즉 귀하게 여기고, 반대 학파에 대해서는 노예, 즉 천하게 여기고, 입문한 사람들은 자기 학파를 따르고 반대 학파를 모욕하였다. 아! 후세 사람들이 비록 그 인의와 도덕의 학설을 듣고자 하여도 누구를 좇아 그것을 듣겠는가?

노자를 따르는 사람들은 "공자는 우리 스승의 제자다."라 말하고, 불교를 믿는 사람들도 "공자는 우리 스승의 제자다."라 말한다. 공자를 따르는 사람들도 그들의 학설을 들어 익히고, 그 허황됨을 좋아하여 스스로 자기 학설을 가볍게 여기며, 또한 "우리 스승 또한 일찍이 그랬다."고 하며, 그것을 입으로 근거하여 말할 뿐만 아니라 또한 자기들의 책에도 적었다. 아! 후세 사람들이 인의도덕의 학설을 듣고자 하더라도 그 누구를 좇아 구하겠는가. 심하구나, 사람들이 괴이한 것을 좋아하구나! 인의도덕의 실마리를 구하지 않고, 그 결과를 고찰하지 않으면서 오직 황당한 말만 들으려고 한다.

옛날에는 백성된 사람들은 넷 부류가 있었는데, 지금은 여섯 부류가 있다. 옛날에는 가르침이란 것은 하나에 근거했는데, 지금은 세 가지에 근거한다. 농사짓는 집은 하나인데 곡식을 먹는 집은 여섯이고, 장인의 집은 하나인데 기물을 쓰는 집은 여섯이다. 장사하는 집은 하나인데 재물을 사용하는 집은 여섯이니, 어찌하여 백성들이 곤궁하고 또 도둑질하지 않겠는가? 옛날에는 사람에게 미치는 재해가 많았는데, 성인이 일어선 이후에 함께 살아가며 보살피는 도리를 가르쳤다. 그리하여 임금이 되고 스승이 되어 벌레와 뱀, 짐승들을 몰아내어 중원에 살게 해주었다. 추워진 뒤에는 옷을 만들고, 굶주린 뒤에는 밥을 만들며, 나무에서 살다 떨어지고 땅굴에서 살다 병들었으니, 그런 뒤에 집을 짓게 하였다. 기물을 만들어 그릇과 용품을 넉넉케 하고, 장사를 하여 있고 없는 것을 유통하게 하였다. 의약을 만들게 하여 일찍 죽는 것을 구제하였고, 장례와 제사를 만들어 그 은혜와 사랑을 자라게 하였다. 예절을 만들어 선후가 있게 하고, 음악을 만들어 답답한 것을 풀게 하였다. 정치를 하여 게으른 사람들을 이끌고, 형벌을 만들어 포악한 사람들을 제거하였다. 말을 지키지 않고 부피나 무게를 서로 속이니, 도장, 말 되, 저울을 만들어 믿게 했다. 서로 빼앗으니 성곽을 쌓고, 갑옷, 병장기를 만들어 지키게 하였고, 재난이 발생하는 것에 대비하고, 우환이 생기는 것을 방비하게 하였다. 지금 도가들은 "성인이 죽지 않으면 큰 도둑이 그치지 않고, 되를 쪼개고, 저울을 꺾어야 백성들이 다투지 않는다."고 말한다. 아! 이 또한 생각하지 못한 것일 뿐이다.

만약에 옛날에 성인이 없었다면, 인류가 멸망한 지 오래되었을 것이다. 어째서인가? 추위와 더위에 적응할 깃과 털, 비늘과 껍질이 없고, 먹이를 빼앗을 발톱과 이빨이 없기 때문이다. 그러므로 임금이 된 사람은 명령을 내는 사람이고, 신하 된 사람은 임금의 명령을 실행하여 백성에게 이르게 하는 사람이다. 백성이 된 사람은 곡식과 옷감을 생산하고, 그릇과 도구를 만들고 재화를 유통하여 그 윗사람을 섬기는 사람이다. 임금이 명령을 내리지 않으면 그 임금이 된 까닭을 잃고, 신하가 임금의 명령을 실행하지 않아서 그것이 백성에 이르지 않으면 그 신하된 까닭을 잃고, 백성이 곡식과 옷감을 생산하지 않고, 그릇과 도구를 만들지 않고, 재화를 유통하지 않아서 그 위를 섬기지 못한다면 징벌을 받는다.

지금 불가의 법에는 "반드시 임금과 신하의 관계를 버리고, 아버지와 아들의 관계를 끊으며, 서로 살려주고 서로 길러주는 도리를 금하여, 이른바 청정적멸淸淨寂滅이란 것을 구해야 한다."고 한다. 아! 그들은 또한 다행히 삼대의 뒤에 나와서 우왕과 탕왕, 문왕과 무왕, 주공과 공자에게 배척을 당하지 않았고, 또한 불행히도 삼대의 전에 태어나지 않아 우왕과 탕왕, 문왕, 무왕, 주공과 공자에게 바로잡아지지 않았다. 오제와 삼왕은 그 호칭이 달랐으나 그들이 성인이 된 이유는 하나이다. 여름에는 베옷을 입고, 겨울에는 털가죽 옷을 입으며, 목마르면 물 마시고, 배고프면 먹으니, 그 일이 비록 다르나 그것이 사람의 지혜라는 점에서는 같다.

지금 도가들이 말하기로는, "어찌하여 태고의 무위의 도를 행하지 않는가?"라 하는데, 이것은 또한 겨울에 털가죽 옷을 입은 사람을 꾸짖어 말하기를, "어찌하여 베옷을 입는 간편함을 실행하지 않는가?"라 하며, 배고파서 먹는 사람을 꾸짖으며 말하기를, "어찌하여 물을 마시는 간편함을 실행하지 않는가?"라 하는 것과 같다.

"대학"에 이르기를, "옛날에 명덕을 천하에 밝히고자 하는 사람은 먼저 그 나라를 다스렸고, 그 나라를 다스리고자 하는 사람은 먼저 그 집안을 가지런히 했고, 그 집안을 가지런히 하고자 하는 사람은 먼저 그 자신을 닦았고, 그 자신을 닦고자 하는 사람은 먼저 그 마음을 바로잡았고, 그 마음을 바로잡고자 하는 사람은 그 뜻을 성실히 하였다."고 한다. 그렇다면 옛날에 이른바 마음을 바로잡고, 뜻을 성실히 한다는 것은 장차 할 것이 있기 때문이었다. 지금 그 마음을 다스리고자 하면서 천하와 국가를 도외시하는 것은 하늘의 도를 멸절하여 자식임에도 아버지를 아버지로 여기지 않으며, 신하임에도 그 임금을 임금으로 여기지 않으며, 백성임에도 자기 일을 하지 않는 것이다.

공자가 춘추를 지을 때, 제후들이 오랑캐의 풍습을 따르면, 그들을 오랑캐로 여기고, 오랑캐라도 중국의 예절에 나아간다면, 중국 사람이라 여겼다. "논어"에 이르기를, "오랑캐에게 임금이 있을

지라도 중국의 여러 나라에 임금이 없는 것만 못하다." 하였고, "시경"에 이르기를, "미개한 오랑캐는 무찌르고, 무례한 형나라와 서나라는 징계했다."고 하였다. 이제 오랑캐의 법을 받들어 선왕의 가르침 위에 놓아 높이 받드니, 어찌 오랑캐가 되지 않겠는가?

이른바 선왕의 가르침이란 무엇인가? 널리 사랑하는 것을 일러 인仁이라 하고, 인을 행하여 당당한 것을 일러 의義라 한다. 인의를 행하여 좋은 것에 이르는 것을 도道라 하고, 그리하여 자기가 만족하고, 다른 사람이 더 바랄 것이 없는 것을 일러 덕德이라 한다. 그것에 관한 글은 시, 서, 역, 춘추에 있고, 그 주요 내용은 예절, 음악, 형벌과 정치에 관한 것이다. 백성의 생업에 따른 구분은 선비와 농부, 장인, 장사꾼이요. 그 신분은 군신, 부자, 스승과 벗, 객과 주인, 형제, 부부의 관계다. 그 옷은 삼베와 면사요, 그 거처는 집이요, 그 음식은 곡식과 채소, 과일, 물고기와 고기다. 그 도를 실행하기 쉽고 명백하며, 그 도를 가르치는 것도 쉽게 할 수 있다. 이런 까닭으로 그것으로 자신을 다스리면 순조롭고 상서롭게 되며, 그것으로 다른 사람을 다스리면 사랑하고 공정하게 되며, 그것으로 마음을 다스리면 조화롭고 평화로우며, 그것으로 천하와 국가를 다스리면 처리하는 것마다 마땅하지 않음이 없을 것이다. 그러므로 살아서는 친분을 얻고, 죽어서는 사람의 도리를 다한다. 하늘에 제사를 지내면 천신이 내려오고, 사당에 제사를 지내면 선조들의 영령이 흠향한다.

훌륭한 도道라고 말하는 것은 어떤 도道인가? 우리가 이른바 도道라고 말하는 것은 지난번에 이른바 노자와 불가의 도가 아니다. 요임금이 이것을 순임금에게 전하고, 순임금이 이것을 우임금에게 전하고, 우임금이 이것을 탕왕에게 전하고, 탕왕이 이것을 문왕, 무왕, 주공에게 전하고, 문왕, 무왕, 주공은 이것을 공자에게 전하고, 공자는 이것을 맹자에게 전하였으나 맹자가 죽자 그것을 전할 사람이 없어졌다. 순자荀子(B.C. 298~238)와 양웅揚雄(B.C. 53~A.D. 18)은 이 도를 선택하였으나 정밀하지 못하고, 이 도에 관해 설명하였으나 상세하지 못하였다. 주공 이상은 윗자리에 올라 임금이 되었으므로 그 일이 행해졌고, 주공 이하는 아랫자리에 있는 사람은 신하가 되었으므로 그 학설이 널리 퍼지게 되었다.

그렇다면 유가에서는 어떻게 해야 옳겠는가? 도가와 불가를 막지 않으면 유학이 유행하지 못하고, 저들을 제지하지 못하면 유가의 도는 행해지지 못할 것이다. 도사와 승려를 사람답게 만들고 그들의 책을 불태우며, 그들의 거처를 백성을 위한 집으로 만들고 선왕의 도를 밝혀 그들을 인도한다면, 홀아비와 과부, 고아와 병든 사람들이 봉양을 받을 수 있을 것이다. 그렇게 된다면 또한 거의 옳고, 좋은 것에 가까울 것이다.

대학
大學

삼강령三綱領

명명덕明明德

친민親民

지어지선止於至善

팔조목八條目

격물格物

치지致知

성의誠意

정심正心

수신修身

제가齊家

치국治國

평천하平天下

經1章

큰 배움의 목적은?

자연은 광활하고 위대하다. 그 속에 만물이 있고, 만물은 성장, 발전하고 있다. 만물은 그 나름의 속성을 갖고 있고, 그 속성屬性에 따라 움직이고 변화한다. 자기 혼자만 변할 수 있고, 다른 것과 서로 영향을 주고받으며 함께 변하기도 한다. 모든 것은 변하며, 변하지 않는 것은 없다. 대자연은 위대할 뿐만 아니라 신비롭다.

이 위대하고 신비한 자연 속에 생명체가 살며, 모든 생명체는 자신을 보존하려 하고, 또 영원한 삶을 누리고자 후손을 낳아 기른다. 생존을 위해 먹어야 하고, 먹기 위해서 서로 도우며 공생하는 것이 있는가 하면, 치열하게 다투는 것도 있다. 이 모든 것이 자연의 조화이고 법칙이다.

사람도 나름의 속성과 속성 중 중요한 것인 본성本性을 갖고 있다. 즉 사람다운 성품이 있다. 맞다 틀리다, 옳다 그르다를 판단할 수 있는 생각하는 힘과 좋다 싫다, 기쁘다 슬프다를 느끼는 감정을 갖고 있으며, 이것이 사람과 다른 생명체, 동물과 다른 점이다. 사람만이 갖고 있는 이 특성을 활용하는 것이 사람답게 행동하는 것이고, 사람답게 사는 것이다.

동물은 본능에 따라 행동하지만 사람은 자기가 하고 싶은 것, 하려고 하는 것 중에서 자기 마음대로 골라서 행동할 수 있다. 본능에 따라 행동하는 동물은 그 행동을 미리 짐작할 수 있지만, 사람은 사람마다 좋아하고 기뻐하는 것이 달라서 그 마음과 행동을 잘 알 수 없다. 사람이 사는 곳인 자연의 그 변화 원리를 알고, 사람을 알고, 자신을 알면, 자신이 무엇을 어떻게 해야 하는 것을 알 수 있다. 아는 것을 그대로 하는 것이 사람다운 것이다. 사람은 눈앞의 작은 이익을 좇아 생각하고 행동하기 쉬운데, 아는 것이 깊을수록 더 큰 이득을 구하려고 한다. 재물보다는 사람을, 세상을 얻는 것이 더 큰 이득이 된다.

사람이 아무리 뛰어난 지능을 갖고 있지만 모든 것을 알 수 있는 신과 같은 존재는 아니다. 그러나 자신의 능력을 최대한 발휘하여 큰 이득을 얻도록 해야 한다. 아는 것이 완전하면, 아는 것에 따라 행동하지 않을 수 없다. 아는 것에 따라 행동하는 것이 진정으로 자신을 위하는 길이다. 그러나 사람은 자신이 알고, 좋다는 것을 따라 하지 않을 때가 흔히 있다. 왜 그럴까?

마음먹은 것이 힘들고 어려운 것일 수도 있고, 자신의 능력에 벗어난 것일 수도 있다. 어렵고 힘들더라도 자신이 생각한 것을 하려고 노력하는 것이 자신의 몸과 마음을 닦는 것이다. 수신을 완벽하게 하면, 말하지 않아도 자연히 밖으로 드러나서 사람들이 따르게 되고, 집안을, 나라를, 온 세상을 이끌 수 있다. 사람을 다스리는 데 있어서도 사람을 이끄는 것이 아니라 사람들이 스스로 따라오게 해야 한다. 그렇게 하면 갈등이나 다툼이 없고 다함께 어울려 화목하게 살아갈 수 있다. 이것이 바로 덕치德治요, 그 결과 세상은 대동사회大同社會가 된다.

그래서 "중용" 제1장에서는 "만물은 그 본성에 따라 어김없이 행동하므로 그 행동이 따르는 것을 본성이라 하지만, 사람은 자연의 이치와 사람의 도리를 분명히 알아야 그에 따라 행동하여야 하며, 이것이 사람의 도리다. 이치와 도리를 알아, 그렇게 행동하게 하는 것을 가르침이다.(天命之謂性, 率性之謂道, 修道之謂敎.)"고 하였다.

덕치를 하려는 사람이 반드시 지켜야 할 세 가지 행동 원칙을 삼강령三綱領이라 하고, 명명덕明明德, 친민親民과 지어지선止於至善이 그것이고, 그렇게 되는 과정을 8개 과정으로 구분하였는데,

격물格物, 치지致知, 성의誠意, 정심正心, 수신修身, 제가齊家, 치국治國과 평천하平天下이며, 이를 팔조목八條目이라 한다.

　이 장은 "대학"의 내용을 아주 집약적으로 나타내었다. 이 뒤의 글들은 이 장의 내용을 해설한 것이다. 주희가 "고본 대학"을 재편집하면서, 이 장은 성인이신 공자孔子(B.C. 551~479)의 말씀을 증자曾子(B.C. 505~435)가 서술한 것으로 경經이라 하고, 뒤이어 나오는 장은 경經을 해설한 것으로, 현인인 증자의 말씀을 그의 제자들이 서술한 것이라 하여 전傳이라 한다. 이 책 "대학"은 성인의 말씀인 경經과 현인의 말씀인 전傳으로 하는 성경현전聖經賢傳 체제를 갖추고 있다.

제1절

　자연과 사람을 아는 데는 자기 스스로 관찰하여 그 원리와 원인을 파악할 수 있다. 사람이라면 항상 이런 자세로 살아야 한다. 그러나 모든 사람이 처음부터 다시 알기 시작한다면 인류 문명은 이렇게 발전하지 않았을 것이다. 그렇게 하는 것은 너무나 비효율적이다. 이미 다른 사람이 탐구하고, 연구한 것을 배워서 그것에 자기가 새롭게 알게 된 것을 더한다면 좀 더 궁극적인 원리에 쉽게 다가갈 수 있을 것이다. 이것이 바로 배움이다.

　배움에는 이미 널리 알려진 것을 배워서 익히는 단계와 더 궁극적인 것을 탐구, 연구하는 단계로 구분할 수 있으며, 배우는 것을 시작하는 청소년들은 이미 있는 이론을 익히는 것을 하고, 이 단계를 거치면 자연의 궁극적인 원리와 사람의 근본 도리를 탐구하거나 연구하는 단계에 들어갈 수 있다. 앞의 것을 소학小學이라 하고, 뒤의 것을 "대학大學"이라 한다.

　배움의 목적이 사람의 호기심을 충족시키는 것일 수도 있지만 사람이 사람답게 사는 세상을 만드는 것이다. 이것이 생각하는 힘을 가진 사람이 해야 하는 것이고, 그에 따라 행동하는 것이 사람답게 사는 것이다. 이런 세상에서는 모든 사람이 자기가 해야 할 일을 분명히 알고, 그에 따라 행동하며, 그리하여 모든 사람이 사이좋게 가깝게 지낼 수 있다. 이런 상태가 한때만이 아닌 지속되는 것이 바람직하지만, 사리사욕에 빠진 사람들이 나라를 다스리면, 사치와 방탕한 생활을 하게 되고, 그에 필요한 재물을 거둬들이기 위하여 백성들로부터 가혹하게 세금을 거둬들인다. 이런 임금이 되지 않도록, 이런 임금이 나오지 않도록 해야 한다. 자연을 알고, 사람을 아는 훌륭한 성군聖君께서 세상에 나오셔서 나라를, 세상을 다스려야 한다. 이것은 모든 사람이 바라는 것이다.

이 절의 문장 중 친민親民을 신민新民으로 해야 하는 주장이 있다. 신민도 모든 사람이 어울려 사는 세상을 만들기 위해 새로운 정치이념에 따르도록 하는 것이고, 이상 사회를 만들고자 하여, 큰 배움을 한 임금이 해야 할 행동지침이지만, 궁극적인 이상 사회는 모든 사람이 어울려 가깝게 지내는 사회인 것을 생각할 때, 오히려 친민으로 그냥 두는 것이 타당하다고 생각한다. 그러나 임금은 사치와 방종에 빠지지 않도록 늘 새롭게 해야 한다. 이것이 탕임금이 후손에게 내린 제일 중요한 말씀이다.

덕치를 지속적으로 시행하여 백성들과 친히 지내면 지선至善의 상태가 지속될 것이다.

(자연의 근본 이치와 사람이 최선의 도리를 찾고자 하는 것을 큰 배움, 즉 대학大學이라 하고) 대학이 추구하는 도道, (즉 가장 높은 가치)는 밝고 훌륭한 덕德을 명확히 알아 밝히는 데 있고, (알게 된 훌륭한 덕을 베풀어) 백성들과 친밀하게 지내는 데 있고, 세상을 항상 지선至善, (즉 최고의 덕이 베풀어지는 상태)에 머물게 하는 데 있다.

0-1 大學之道 在明明德 在親民 在止於至善
　　　대 학 지 도 　재 명 명 덕 　재 친 민 　재 지 어 지 선

대학大學 자연의 이치와 사람의 도리를 궁극적으로 파악하거나 연구하는 것을 말하며, 이에 대해 소학小學은 배우는 것을 처음 하는 청소년들이 이미 알려진 지식을 배우거나 널리 받아지고 있는 행동 규범을 따라 익히는 것을 말함. 유학은 실천하는 것을 전제로 하여 배우는 것을 추구하므로, 지금의 윤리학적 의미가 많이 있다고 하겠음.

도道 다니는 길을 뜻하였으나 추상적으로 의미가 확장되어 방법, 법칙, 도

리, 궁극적인 가치를 의미하기도 함.

덕德 사람이 여럿이 어울려 화목하게 살아가려면 사람들이 해야 하는 행위를 통틀어서 나타내는 단어. 영향이 크고 효과가 큰 대덕大德이 있고, 일상에서 다른 사람에게 편의나 기쁨을 주는 소덕小德으로 구분하지만 그 기준은 없음. 도道와 덕德은 상대적 개념으로 도에 따르는 구체적 행위가 덕德이고, 구체적 행동의 공통점을 모아 추상화한 것이 도道임. 도는 머리로 하고 덕은 행동으로 나타낸다고 할 수 있음. 명덕明德은 덕이 베풀어지면 사회가 밝아지고 살기 좋아지므로 밝다는 형용사를 덧붙인 단어.

친민親民 임금이 백성을 자식과 같이 사랑하여 사이좋게 지내는 것을 의미. 친민親民을 신민新民으로 하여야 한다는 주장이 있으나 "대학"의 궁극적인 목표가 이룩된 상태를 의미하는 구절로 보아 친민으로 그대로 하는 것이 마땅함.

지止 지止는 그치다, 멈추다, 일정한 곳에 있다 등을 뜻하는데, 여기서는 하는 행동을 멈추지 않고 계속하는 것, 일정한 상태가 계속 유지되는 것으로 해석함. 이와 같은 의미로 쓰이는 한자는 한곳에 살다, 거주하다 등을 뜻하는 거居가 있음. 거경居敬과 지어경止於敬은 같은 의미.

지선至善 사람이 바라는 최고의 상태로 바르고 옳고 좋은 것만 있고, 남을 시기하거나 남과 다툼이 없는 살기 좋은 상태. 지어지선止於至善은 지선의 상태에 항상 머무른다는 것을 의미함.

○ 아는 것이 사람다움의 시작이다

사람도 역시 동물이다. 그러나 다른 동물과 다르다. 사람은 생각하는 힘이 있고, 느끼는 감정이 있다. 그래서 사람은 만물의 영장靈長이라 한다. 사람은 사람만이 갖고 있는 이 특성을 잘 활용하는 것이 사람다운 것이다.

사람이 오늘날과 같이 찬란한 문명과 문화를 이룬 것은 긴 세월 동안 진화, 발전한 결과이다. 원시인은 동물과 거의 같은 생활을 하였다. 사자, 호랑이 등 육식하는 사나운 동물보다도 그 생존력은 오히려 떨어졌다. 그런데도 이렇게 발전하게 된 것은 생각하는 힘과 두 발로 걸어 두 손을 마음대로 사용할 수 있었기 때문이다. 생각하는 힘이 있으니 말을 만들어 사용하여 남과 의견과 경험을 나눌 수 있게 되었고, 그리하여 불을 사용하고 도구를 만들어 쓸 수 있게 되었다. 불을 사용하여 날 것으로 먹지 않고 조리하여 먹게 되니, 영양 섭취가 좋아져서 뇌가 발달하게 되고, 그 결과로 문명을 더욱더 발전시킬 수 있었다.

원시사회에서도 사냥과 채집을 잘하려면, 그 방법에 대하여 의견을 교환하여 좋은 방법을 선택해야 하는 것을 알았다. 자연히 경험이 많은 사람이 존중되었다. 모여서 의견을 교환하는 장소는 학교의 시초가 되고, 어른은 가르치는 역할을 하게 되었다. 이것이 배우고 가르치는 교육의 원시 형태다.

처음에는 아주 단순한 것, 즉 열매 채집과 사냥 방법 등에 관한 것에 대하여 말하고, 점점 사람이 사는 방법, 사람이 해야 하는 행동 등에 관하여 의견을 교환하게 되었을 것이다. 이것이 문명과 문화가 발달하게 된 계기다. 알고자 하는 대상이 단순한 생활 방법에서 주위의 환경과 사람의 문제로 확대되고, 알고자 하는 것에 대한 궁극적인 원리나 근본 이치를 추구하려고도 하였다. 단순한 생활 방법은 청소년들이 익히는 것이고, 기초적인 것을 배우고 깨우쳐서 지적 능력이 있으면, 궁극적인 원리를 찾는 것을 배울 수 있을 것이다.

우리나라 교육 기본법 제2조는 "홍익인간의 이념 아래 모든 국민으로 하여금 인격을 도야하고 자주적 생활능력과 민주시민으로서 필요한 자질을 갖추게 함으로써 인간다운 삶을 영위하게 하고 민주국가의 발전과 인류공영의 이상을 실현하는 데에 이바지하게 함을 목적으로 한다."고 규정하였다.

○ 사람이 함께 살려면 해야 할 행동이 있다

동물은 먹이를 두고 치열하게 다툰다. 힘이 센 놈이 모든 것을 차지한다. 그러나 동물의 그런 짓을 비난하지 않는다. 그 이유는 동물은 단지 그 본능에 따라 그렇게 할 뿐이지, 그렇게 하는 것이 좋은지 나쁜지를 판단한 뒤 선택하여 그렇게 하는 것은 아니기 때문이다. 그러나 사람은 다르다. 사람은 생각하는 힘이 있다. 다른 동물은 좋고 나쁜 것을 모른다. 사람은 좋은 것과 나쁜 것을 안다. 그만큼 귀한 존재이다. 세상에는 사람만큼 귀한 존재는 없다. 아무리 귀한 보석이 있지만 그것은 하나의 물질일 뿐이고, 사람이 가치를 부여하지 않으면 아무 가치가 없다. 사람과 같이 본원적 가치를 갖고 있지 않다.

사람은 모두 자신을 세상의 어떤 귀한 것과도 바꾸려 하지 않는다. 자신을 세상에서 가장 귀한 존재로 여긴다. 자신을 귀하다고 생각하면 남도 역시 귀하다는 것을 느끼고 알아야 한다. 사람은 각자가 모두가 귀하다는 것을 알아서 서로 존중해야 한다. 사람은 모두 귀한 존재이므로 모두 존중받아야 한다. 귀한 존재인 사람이 함께 살려면 서로 존중하는 행동을 해야 한다. 이런 행동을 사람은 생각하는 힘을 활용하여 찾아야 한다.

동물은 먹이를 두고 다투며, 이긴 놈이 모든 것을 본능에 따라 처리한다. 이렇게 하는 것이 좋은가? 아니면 싸우지 않고 일정 규칙에 따라 나누고, 만일 모자라면 모두 힘을 합쳐 먹이를 더 구하여 모두 넉넉하게 먹는 것이 좋은가? 동물은 이런 생각을 하지 못하지만 사람은 생각하는 힘으로 이런 좋은 방법을 찾을 수 있다.

좋은 방법을 찾아 모두가 넉넉하고 평화롭게 사는 것이 사람답게 사는 것이다. 먹이를 잡을 때는 자기가 해야 할 역할을 성실히 하고, 먹이를 나눌 때는 자기에게 돌아온 몫에 만족하면 된다. 다른 모든 일에도 이런 원칙이나 규칙을 확대하여 적용할 수 있을 것이다. 사람이 함께 살면서 다투지 않고 화목하게 살아가려면 각자가 해야 할 행동이 있다. 이것이 사람이 해야 할 도리이고 덕德이다. 덕에 대한 개념을 추상적으로 더 확대할 수 있지만 근본적인 개념은 바로 이것이다.

동물은 본능에 따라 행동하므로 하는 짓이 분명하다. 그러나 생각하는 힘과 느끼는 감정을 갖춘 사람은 그 근본에 있어서는 같지만, 그 정도에 있어서는 다양하다. 사람마다 좋아하거나 싫어하는 것이 다르고, 하고 싶은 것과 바라는 것에 차이가 있다. 그러므로 특정한 일에 대하여 생각하는 것이 다르고, 느끼는 감정도 다르다.

이런 다양한 생각과 감정을 가진 사람들을 모두 아울러서 이끌어가는 것은 쉬운 일이 아니며, 이때 무엇보다도 중요한 것은 백성들이 나라를 다스리는 임금을 믿고 따르는 것이다. 임금이 결정한 것이 자기가 생각한 것과 다르더라도, 임금이 현명하게 결정한 것이 결국 자기에게 이득이 되어 돌아온다는 것을 알게 될 때 믿고 따른다. 무조건 따라오라고 하기보다는 시급한 일은 이 것이니, 먼저 이것을 처리하고, 그러면 이런 변화가 있게 되고, 그 영향으로 모든 사람이 평화롭고 넉넉하게 살게 되니, 지금은 직접적인 혜택은 없지만 이렇게 하는 것이 옳으니 같이 그 길을 가자고 설득해야 한다. 이런 사례가 많이 쌓이면 임금이 무슨 일을 하더라도 백성들이 임금을 따르니, 임금이 뜻하는 일이 되지 않는 것이 없을 것이다. 임금이 하시는 일은 항상 자신보다 백성을 위하는 것이라고 생각할 때 백성들이 따라가지 않을 이유가 없다. 자기를 희생하고 백성을 위하여 일한다면, 백성들이 오히려 자발적으로 정원을 잘 꾸며서 즐기도록 할 것이고, 그 업적을 두고두고 칭송할 것이다. 이것이 덕치德治이고, 사람들이 해야 하는 것을 명백히 밝히는데 있다.

사람이면 제자리에서 자기 할 일을 제대로 해야 한다는 것을 "논어" '안연'편에서는 "임금은 임금답게 임금 노릇하고, 신하는 신하답게 신하 노릇하고, 아버지는 아버지답게 아버지 노릇하고, 자식은 자식답게 자식 노릇하여야 한다.(君君, 臣臣, 父父, 子子.)"라고 하였다.

○ 어울러 화목하게 사는 것이 사람답게 사는 세상이다

생명체들이 자기 생명을 보존하기 위해 다양한 형태로 살아가고 있다. 대체로 힘이 센 놈들은 자기 혼자나 자기 새끼들과 함께 살아가지만 약한 동물은 무리를 지어 산다. 작은 물고기는 떼를 이루어 산다. 일부 희생이 있더라도 종족을 보존하기 위하여 많은 개체들이 무리 지어 산다. 같은 종류의 동물만이 함께 사는 것이 아니라 다른 종류의 동물과 함께 살기도 한다. 이때 서로 도움을 주는 관계도 있고, 한쪽은 이롭지만 다른 쪽은 해만 입을 수도 있고, 아무런 해도 없는 관계일 수도 있다. 만물이 살아가는 방법은 정말 신기하다.

사람은 함께 살면 많은 이점이 있다는 것을 안다. 그래서 모여 사는데 그 규모가 점점 커졌다. 씨족사회가 부족사회로, 부족사회가 부족연맹 또는 국가로 발전하였으며, 그 규모가 커짐에 따라 이점도 많이 있지만, 다양한 사람들이 모여 삶으로 서로의 이해가 다른 만큼 다툼이 일어날 수도 있다. 다툼을 동물과 같이 치열하게 싸워서 해결하기보다는, 어떤 규칙에 따라 해결하는 것이 좋다는 것을 알아서 그렇게 문제를 해결하려고 한다. 다툼이 있더라도 치열하게 싸우지 않고 서로 도우며 살아가는 것이 동물과 다른 존재인 사람이 살아가는 방법이다. 사람은 그렇게 하여 살아가도록 노력하였다.

　사람의 모임인 공동체를 이끄는 사람은, 그렇게 되도록 공동체 구성원들을 알려주고 가르쳐 주어서 이끌어야 한다. 이 과정에서 다른 사람의 의견이나 감정을 무시하고 무조건 다스리려고 하는 경향이 있는데, 사람들과 어울려 모두 함께 잘 살아가는 것이 잘 다스리는 것이다. 그렇게 하면 서로 다투지 않을 뿐만 아니라 서로 도우며 살갑게 대하게 된다. 역할이나 지위에 관계없이 모두 어울려 즐겁게 사는 것이 사람들이 바라는 세상이다. 임금은 이것을 항상 염두에 두고 다스려야 한다.

○ 항상 되돌아보며 개선해 나가야 한다

　나라와 제국의 흥망성쇠를 보면, 사람은 귀한 존재이므로 모든 사람은 행복해야 한다는 생각을 갖고 진정으로 세상이 그렇게 되도록 하려고 하면, 그 생각에 공감하는 사람이 많아지고 점점 세력화하여 마침내 나라를 세울 수 있거나 이미 있는 나라의 권력을 잡게 된다. 새로운 세력이 권력을 장악할 때는, 자기들이 갖고 이루고자 하는 이념에 따라 나라를 다스린다. 그러다가 간혹 훌륭하지 못한 임금이 나와서 사치나 방종에 빠져 백성을 못살게 하는 경우가 있다. 그렇게 되면 새로운 세력이 나오게 되어 역시 나라는 멸망의 길로 들어선다. 이것이 역사의 흐름이다.

　이런 흐름에 빠지지 않게 하기 위해서는 임금은 자신을 수양하여 덕치를 하여, 늘 백성들이 넉넉하고 평화롭게 살아가게 해야 한다. 이때 가장 경계해야 하는 것이 권력을 잡은 세력이 법과 제도를 들어 재물을 모으거나 백성들의 재물을 빼앗는 일이 일어나지 않도록 하는 것이다. 나라는 재난이나 흉년이 들더라도 백성들이 생계를 유지할 수 있는 최저 생활은 보장되도록 해야 하고, 권력자나 부자들이 이런 어려운 때를 이용하여 재산을 늘리는 일은 없도록 해야 한다. 역사를 되돌아보면, 흉년이 들어 백성이 어려울 때, 권력가 또는 재력가들이 백성의 재산을 헐값으로 끌어모으기 때문에 빈부격차가 크게 벌어지게 되었다. 빈부격차가 심해지면 사회가 불안해지고, 사회가 불안하면 새로운 세력이 일어나고, 또 그 힘이 뭉쳐져서 나라를 위태롭게 하였다. 그러므로 사회의 변화에 따라 백성을 위한 새로운 방법이나 제도를 만들어 시행하는 덕치를 하여 항상 평화롭고 여유 있는 사회가 지속되도록 해야 한다.

제2절

"흔히 처신을 잘하여야 한다"라는 말을 쓴다. 이 말은 자기가 있는 위치에서 그에 맞는 행동을 해야 한다는 것을 뜻한다. 사람은 태어나면서 신분을 갖고, 능력에 따라 지위를 가지게 된다. 사람이 있는 곳이면, 어느 때, 어느 곳이나 가장 알맞은 행동이 있다. 그것은 보이지 않고 들리지 않지만, 사람은 그것을 찾아서 그에 따라 행동해야 한다.

이것을 "중용中庸"이라 한다.

사람이 해야 할 행동을 정하기 전에는, 무엇을 하는 것이 제일 좋을지 몰라 마음으로 갈등을 겪는다. 선택할 수 있는 여러 가지 중 최선이라고 생각되는 행동을 정하게 되면, 갈등이 없어지고 마음이 편안해진다. 이때 자신은 최선을 다했다는 확신을 가져야 하며, 그렇게 되기 위해서는 배우고 익혀서 알아야 한다.

머물 곳과 그곳에서 해야 할 일을 배워 깨달은(지지知止) 이후에 무엇을 할 것인지 마음에 정해지고(유정有定), 마음에 정해진 후에 의심이나 의혹이 없어져 마음이 고요하게 되고(능정能靜), 마음이 고요하게 된 이후에 마음이 평안해지고(능안能安), 마음이 평안해진 이후 두루 깊이 살펴볼 수 있고(능려能慮), 두루 살펴본 후에 세상의 근본 원리, 즉 사물의 이치와 사람의 도리를 터득하게 된다(능득能得).

0-2 知止而后 有定 定而后 能靜 靜而后 能安 安而后 能慮
_{지 지 이 후 유 정 정 이 후 능 정 정 이 후 능 안 안 이 후 능 려}
慮而后 能得
_{려 이 후 능 득}

지지知止 글자 그대로 머물 곳을 안다로 풀이할 수 있지만, 그런 단순한 의미 이상을 품고 있음. "작은 새도 머물 곳을 안다"고 하였는데, 단순히 머무르는 곳만 아는 것이 아니라 "머무르는 곳에서 사는 방법도 알아서 환경에 적응하여 살아가고 있다"로 보면, 지지知止는 사람이 그가 사는 곳의 풍습이나 도리를 알아 자기가 해야 할 행동도 아는 것으로 해석할 수 있음.

유정有定 마음에 해야 할 것을 결정함으로 해석할 수 있으며, 그 장소에서 어떻게 행동해야 할 것을 알고 있으면서 그때, 그 장소에서 할 구체적 행동을 결정하는 것을 의미함.

능정能靜 행동이 결정되기 전에는 어떻게 해야 하는지를 몰라 갈등이 일어나지만, 결정되면 의심이나 의혹이 없어져 마음이 고요하게 되는 것을 의미함.

능안能安 자기가 무엇을 해야 하는지를 알고, 알고 있는 것을 그대로 할 때, 자신감이 생겨서 마음이 평온해지는 것을 의미함.

능려能慮 자신감이 있어 미래에 대한 불안이 없어지면, 마음에 여유가 생겨서 앞뒤 좌우를 둘러보는 여유가 있게 되고, 깊게 생각하게 되는 것을 의미함. 능정, 능안, 능려는 순차적으로 일어나기보다는 거의 동시에 일어날 수 있음.

능득能得 깨달아 이치나 근본원리를 알게 되는 것을 의미함. 아는 것이 지극한 데까지 이른 단계.

○ 사람마다 자기가 해야 하는 것을 알아야 한다

자기가 있는 위치에서 할 수 있는 것은 여러 가지 있으며, 그중에서 가장 좋다고 생각하는 것을 하기로 결정하고, 그것이 최선이라고 생각하면 마음이 편안하여지고, 그것이 그대로 실현되어 좋은 결과를 얻을 것으로 예상되면, 마음에 여유가 생기고 잘못되는 일은 없을 것이니, 그때, 그곳에서 자기는 자기가 해야 할 도리를 다하였다고 할 수 있을 것이다.

앎의 단계에 따라 느끼는 마음의 자세는 다르며, 자기가 아는 것의 깊이는 객관식 문제를 풀어보면 알 수 있다. 객관식 문제는 4개 또는 5개 중에서 하나의 정답을 고르는 것이다. 객관식 문제의 설문은 아주 엉터리인 것, 그럴듯한 것, 애매한 것과 정답으로 구성되어 있다. 자기가 그 문제에 관한 지식을 충분히 가지고 있으면 바로 정답을 고를 수 있고, 이 문제는 무엇을 아는지를 알아보기 위한 문제라는 것도 눈치챌 수 있고, 애매한 것을 선택하는 것은 정답과의 차이를 알지 못하여, 그런 함정에 빠질 수 있다는 것도 알 수 있다. 충분한 지식을 가지고 있지 않더라도 아주 엉터리인 것은 쉽게 골라낼 수 있지만, 그럴듯한 것은 속아내기는 조금 주저하고, 애매한 것과 정답 간에는 고민한다.

그러나 설문을 자세히 읽어보면, 애매한 것과 정답 간의 차이를 밝혀내어 정답이 아닌 것을 골라낼 수 있다. 가장 어려운 것은 정답과 애매한 것을 구분하는 것이다. 여러 번 이것인가? 저것인가? 고민하다가 하나를 고르게 되는데, 이것은 아직 자기가 그 문제에 관한 지식이 완전하지 않다는 것을 나타낸다. 만일 완전히 알면, 애매한 것을 고르는 것은 어떤 함정에 빠져서 그렇게 된다는 것을 알고 함정을 피하여 정답으로 바로 간다. 정답을 바로 선택할 수 있을뿐만 아니라 그와 비슷한 유형의 문제도 만들 수 있다. 이것이 그 문제에 관하여 온전하게 아는 것이고, 여기서 말하는 능득能得의 단계에 이르렀다고 하겠다.

사람이 살아가면서 해결해야 할 문제를 풀기 위해 결정하는 것도 시험 문제 푸는 것과 비슷하다. 자기의 위치에서 해야 할 것을 완전히 안다면, 주저 없이 바른 결정을 할 수 있고, 또 결정한 것을 실행하는데 조금도 주저하지 않게 된다. 그러므로 사람은 자기 위치에서 해야 할 것을 명확히 알도록 많이 배우고 경험하여야 한다. 자신을, 사람을, 자연을 모두 알아야 한다. 그러면 마음에는 갈등이 없고 평안할 것이다.

○ 아는 것이 깊을수록 세상을 훤히 볼 수 있다

동물은 본능에 따라 행동함으로 행동을 예측하기가 어렵지 않다. 그러나 사람은 다르다. 사람마다 아는 정도가 다르고, 감정도 사람마다 다르게 변한다. 사람에게는 큰 줄기에서는 같을지 몰라도 미묘한 차이를 정말 이해하고 받아들이기 쉽지 않다. 게다가 지역이나 문화가 다르면 더욱 알기가 힘들다. 사람은 자기의 어려운 처지를 말하기를 싫어한다. 모처럼 만난 사람이 자기의 어려운 처지를 말하면, 단순히 하소연이 아니라 도움을 청하는 것을 알아야 한다. 또 자신의 의견을 바로 말하는 사람이 있지만, 어떤 사람은 자기의 의견을 빙빙 둘러말하여 상대방이 먼저 알아서 도와줄 것을 제안하기 바란다. 그러니 사람의 마음을 알기는 힘들다. 사람마다 지적 수준과 느끼는 감정이 다르다는 것을 알고 모두를 품는 방법을 찾아내야 한다. 그렇게 해야 많은 사람을 이끌 수 있다. 그래서 "중용" 제6장에서는 "순임금은 묻기를 좋아하고, 하찮은 말도 살핀다.(舜好問而好察邇言.)"고 하였다.

 훌륭한 임금은, 평소에 백성을 잘 살피고 어떻게 해야 한다는 것을 알아서 그대로 하여 모든 백성이 따라오게 되어, 하려고 하는 일이 순조롭게 되어가고, 이런 일이 거듭하게 되면 백성들이 모두 서로 믿고 스스럼없이 일에 참여하게 된다. 성군은 말씀하지 않아도 모든 관리와 백성이 임금의 마음을 알아서 임금이 뜻하는 일을 스스로 하려고 한다. 나라는 이렇게 다스려야 한다. "중용" 제33장에서는 "군자는 오직 지극히 공손할 뿐인데 온 세상이 평화롭다.(君子篤恭而天下平.)"라고 하였다.

∙∙∙
제3절

　모든 사상과 종교는 나름대로 세상이 어떻게 있게 되었으며, 사람은 어떤 존재인가를 설명하거나 주장하고 있다. 유학에서는 주역周易이 그런 내용을 담고 있다. 주역은 오랜 세월 동안 여러 사람이 만든 것이고, 주나라 문왕文王이 중요한 의미를 함축적으로 나타내었다고 한다. 그래서 주나라의 역경易經, 즉 주역周易이라는 이름이 붙여졌다고 한다. 그러나 그 내용이 너무 함축적이고 현학적이라 보통 사람은 알기가 어려워 공자가 쉽게 풀이했다고 하지만 여전히 어렵다. 비록 주역이 어려워서 완전히 이해하기야 힘들지만, 유가사상을 이해하기 위해서는 그 대강이라도 알아야 한다.

　세상에는 사람을 비롯한 만물이 있고, 만물은 항상 변화하며, 그 변화는 조그마한 힘에서 시작하여 점점 성숙하고, 성숙하면 그 정점에 이르고, 그 이후 쇠퇴하여 침체에 빠지고, 침체하면 새로운 기운이 일어나 다시 성장, 발전하게 된다고 하였다. 즉 변화는 순환적이고, 주기적이라고 하였다. 다만 그 순환에서의 현재가 위치하는 지점과 순환의 주기를 알기가 힘들다. 모든 것은 내부 모순에 의하여 대립하다가, 대립을 해결함으로써 더 높은 차원으로 발전한다는 변증법과 유사한 점이 있다.

한편, 변화하는 대자연에 살고 있는 사람은, 신과 같이 모든 것을 알 수 있고, 모든 것을 할 수 있는 존재가 아니기 때문에 하고 싶은 것을 다하고 살 수는 없다. 그러므로 사람은 해야 할 것과 하지 말아야 할 것을 우선 정하고, 해야 할 것도 먼저 해야 할 것과 나중에 해야 할 것을 정해야 한다. 그렇게 하면 진리에 다가갈 수 있다.

자연의 광활함과 사람의 능력을 알아야 한다. 이 절은 유학의 세계관과 인간관을 담고 있다고 보고 해석하는 것이 "대학" 또는 유학 경전을 더 깊이 있게 이해할 수 있을 것이다.

만물에는 그 속성 중 중요한 것과 그렇지 아니한 것이 있고, 모든 일이나 변화에는 처음이 있으면 끝이 있다. 따라서 중요하여 먼저 해

야 할 것과 나중에 할 것을 알게 되면 도道에 가까이 가게 된다.

0-3 物有本末 事有終始 知所先後 則近道矣
물 유 본 말 사 유 종 시 지 소 선 후 즉 근 도 의

물유본말物有本末 유가의 세계관, 물질관을 함축적으로 나타낸 단어. 암석에는 여러 종류가 있지만, 특정 암석은 그것만이 가지는 특성이 있으며, 그 특성이 그 암석의 본本, 즉 중요한 것이고, 무겁다 또는 단단하다는 것은 다른 암석과 공통으로 가지므로 말末, 즉 덜 중요한 것으로 볼 수 있음. 물物은 객관적으로 존재하는 모든 것을 포함하는 단어이나 추상적인 것까지 포함함.

사유종시事有終始 세상은 항상 변한다는 유가의 세계관을 나타낸 단어. 세상은 끊임없이 변화하고 있으며, 어떤 계기로 변화가 시작되면 반드시 끝이 있다는 것을 의미함.

○ 세상에는 만물이 있고, 만물은 항상 변한다

원시인들이 지금의 세상을 보면 어떻게 생각할까? 어떻게 생각할지 상상이 되지 않는다. 세상은 다양하고 그 속에 만물이 있는데, 이 한마디 말로는 조금 미흡한 느낌이 든다. 정말 세상은 넓고 신비하다. 과학 문명이 이렇게 발달하였는데도 아직 알려지지 않은 동, 식물이 있고, 미생물의 세계로 들어가면, 아직도 모

르는 것이 더 많다고 한다. 눈을 돌려 하늘을 보면 우주는 광활하여 그 크기를 광속으로 나타내어도 너무나 큰 수치라서 상상하기도, 감을 잡기도 힘들다. 우주는 138억 년 전 대폭발, 즉 빅뱅으로 있게 되었고, 그 이후 꾸준히 팽창하고 있다고 한다. 더구나 아직도 그 존재 자체가 불분명하고, 알 수 없는 암흑에너지와 암흑물질이 우주에서 큰 부분을 차지하고 있다고 한다. 하나 분명한 것은 우주에 있는 모든 것은 움직인다는 것이다. 그것도 상상할 수 없는 속도로 운동하지만 사람이 느끼지 못할 뿐이다. 지구는 적도 기준으로 시속 1,660Km 자전하고, 태양 주위를 시속 약 110,000Km로 공전하고 있다. 우리는 그것을 느끼지 못하고 있을 뿐이다.

세상의 범위도 시대마다 다르다. 원시시대와 지금은 엄청나게 차이가 있다. 사람의 왕래가 없었던 시대에는 몇백 리가 세상이 다인 것으로 알았을 것이고, 지금은 세상하면 지구 전체를 의미하고, 천문학에서는 넓고 넓은 우주 전체를 뜻한다. 정말 사람이 생각하고 알고자 하는 범위가 무한히 넓어졌다. 그러나 일상에서 세상이라고 하면, 한 나라 또는 한 대륙을 의미하는 경우가 많고, 인류 차원에서 말할 때는 지구 전체를 의미한다고 하겠다.

이 지구상에는 살아있는 것과 그렇지 않은 것이 있고, 살아있는 것에는 식물과 동물이 있고, 동물에도 초식, 육식, 잡식 동물들이 있다. 생명이 없는 것은 돌과 같이 단단한 것, 흙과 같이 부드러운 것, 물과 같이 담는 그릇에 따라 모양이 변하는 것과 없는 것 같지만 분명히 있는 것인 공기와 같은 것 등 다양하다.

화학에 관한 책을 보면, 물질은 그 종류가 거의 무한하며, 그 변화 또한 신비롭다. 무생물체는 아무런 변화가 없이 그 자리에 그대로 있는 것처럼 보이지만, 스스로 변하던, 다른 것과 상호작용하여 변하던 늘 변한다. 자연법칙에 따라 변한다. 살아있는 것은 태어나서 성장하여 후손을 남기고는 사라진다. 역시 변한다. 동물은 식물보다 더 잘 살기 위하여 이곳저곳으로 옮기며 살아간다. 먹는 것을 얻는 것도, 새끼를 낳아 기르는 것도 본능에 따라 한다. 그러나 식물이든, 동물이든, 생명의 법칙에 따라 살아간다. 그러나 사람은 다르다. 사람은 생명체에서, 동물로, 포유류로, 영장류로, 인류로 점점 세부적으로 분류되지만, 사람 이외의 생물하고는 생명체가 가지는 본성은 공유하기도 하지만 생각하는 힘과 느끼는 감정은 혼자 갖고 있다.

원시인이 지상에 태어나서 거의 동물과 같은 생활을 하기 시작하던 시기가 약 700만 년 전이고, 지금 인류의 조상이라고 여기는 현생인류는 30만 년 전에 원시인류에서 진화하여 태어났다. 비록 현생인류가 생겨났지만 정착하여 농경생활을 하기 전에는 비록 불을 사용하고 간단한 도구를 사용하였지만 생존하기에 급급하였다.

사람은 생존하고 후손을 남기려는 생명체가 갖는 본능을 공통으로 갖고 있지만, 거기에다 생각하는 힘과 느끼는 마음을 유일하게 갖고 있다. 따라서 사람이 사람다우려면, 사람이 유일하게 갖고 있는 생각하는 힘과 느끼는 마음을 잘 활용하는 것이다. 사람이 사는 세상에는 만물이 있고, 만물은 하늘이 준 속성을 갖고 있으며, 속성 중에는 중요한 것과 그렇지 않는 것이 있다. 또한 만물은 혼자 또는 다른 것과 상호작용하여 변하고 있다. 그 변화는 반드시 시작이 있고, 그 끝이 있다. 만물을 품고 있는 자연의 변화를 알아야 사람이 편하고 넉넉하게 살아갈 수 있다.

유교 문화권에는 세상의 변화를 설명한 경전인 주역이 있다. 주역은 이 세상의 생성원리와 변화 법칙을 설명한 것으로, 사람이 세상의 변화 원리를 알아서 그에 따라 행동해야 한다고 하였다. 자연만 아니라 사람의 일에는 절대적인 것은 없고, 모든 것은 변하며, 그 변화에 순응하여야 한다. 그 변화는 순환하며, 성장이 있으면 폐망이 있고, 전성기가 있으면 침체기가 있다. 그러므로 침체기에 있다고 포기할 일도 아니고, 전성기 또는 호황기에 있다고 너무 자만할 일도 아니다. 항상 지금 어디에 있는지를 알아서 그에 맞게 대응해야 한다.

○ 사람은 아는 것, 할 수 있는 것에 한계가 있다

　사람이 다른 동물과 달리 생각하는 힘을 갖고 있어 문명을 이루어 살고 있지만 모든 것을 할 수 있고, 모든 것을 알 수 있는 신과 같은 존재는 아니다. 화산 폭발이나 가뭄과 홍수 같은 자연재해는 미리 알 수 없고, 완벽하게 미리 방비할 수도 없다. 다만 모든 사람이 힘을 합쳐 대응하면, 그 피해를 줄이거나 복구를 빨리 할 수 있다. 그러므로 사람은 자연의 섭리를 존중하고, 자신의 능력에 한계가 있다는 것을 알고, 그 한계 내에서 먼저 할 일과 나중에 할 일을 정하여 행동해야 한다. 이것이 위대한 자연과 어울려 살아가는 방법이다.

제4절

건물을 지을 때, 기초공사를 하고 그 위에 기둥을 세우고 그 다음 지붕을 덮듯이, 모든 일에는 순서 또는 단계가 있다. 세상을 이끌거나 다스리려고 하는 큰 포부를 가진 사람은, 작은 공동체에서 사람을 다스리는 방법을 배우고 사람이 스스로 따라오도록 해야 하지, 힘으로 이끌려고 하면 사람이 다스려지지 않는다는 것을 명심해야 한다. 사람이 사는 대자연에 대하여 알고 사람의 마음을 이해하다면, 자신이 해야 할 일을 알게 되고, 자기가 해야 할 일을 때에 맞춰하면, 모든 사람이 우러러보고 따라하려고 한다.

이런 경지에 이르면, 사람을 다스리는 것이 아니라 모두 스스로 따라오려고 하며, 한마음, 한 몸이 되어 어울려 살아간다. 이렇게 집안이나 나라나 세상을 이끌도록 해야 한다.

이런 정치 지도자가 우리나라 또는 세계에 있는가?

옛날에 밝고 훌륭한 덕을 온 세상에 밝히고자(평천하平天下) 했던 사람은 먼저 그 나라를 잘 다스려야 했고(치국治國), 그 나라를 다스리고자 하는 사람은 먼저 그 집안을 반듯하게 해야 했고(제가齊家), 그 집안을 반듯하게 하고자 하는 사람은 먼저 자신의 몸과 마음을 닦아야 했고(수신修身), 자신의 몸과 마음을 닦고자 하는 사람은 먼저 그 마음을 바르게 해야 했고(정심正心), 마음을 바르게 하고자 하는 사람은 자기의 뜻을 바르고 정성스럽게 해야 했고(성의誠意), 자기 뜻을 바르고 정성스럽게 하고자 하는 사람은 먼저 아는 것을 완전한 데 이르게 해야 했다(치지致知). 아는 것을 완전한 데 이르게 하는 것은 만물의 그 본성과 변화를 제대로 파악하는 것이다(격물格物). 만물의 그 본성과 변화를 제대로 파악한(물격物格) 후에 아는 것이 완전한 데 이르고, 아는 것이 완전한 데 이르고 난(지지知至) 후에 자기 뜻을 바르고 정성스럽게 할 수 있고, 자기 뜻을 바르고 정성스럽게 한(의성意誠) 후에 자기 마음을 바르게 할 수 있고, 자기 마음을 바르게 한(심정心正) 후에 자기 몸과 마음을 닦을 수 있고, 자기 몸과 마음을 닦은(신수身修) 후에 자기 집안을 반듯하게 할 수 있고, 자기 집안을 반듯하게 한(가제家齊) 후에 자기 나라를 다스릴 수 있고, 자기 나라를 다스린(국치國治) 후에 온 세상을 평안하게 할 수 있다(천하평天下平).

0-4 古之欲明明德於天下者 先治其國 欲治其國者
고지욕명명덕어천하자 선치기국 욕치기국자

先齊其家 欲齊其家者 先修其身 欲修其身者 先正其心
선제기가 욕제기가자 선수기신 욕수기신자 선정기심

欲正其心者 先誠其意 欲誠其意者 先致其知致知 在格物
욕정기심자 선성기의 욕성기의자 선치기지치지 재격물

物格而后 知至知至而后 意誠意誠而后 心正心正而后 身修
물격이후 지지지지이후 의성의성이후 심정심정이후 신수

身修而后 家齊家齊而后 國治國治而后 天下平
신수이후 가제가제이후 국치국치이후 천하평

치지致知 완벽하게 아는 것, 즉 자연의 궁극 원리와 사람의 근본 도리를 아는 것.

격물格物 물物의 본성이나 변화 원리를 궁극적으로 파악하여 규정하는 것. 물物은 유형의 모든 물체뿐만 아니라 일이나 사건을 포함한다고 볼 수 있으며, 이때는 일이나 사건의 그 원인이나 발전 과정을 파악하여 규정하는 것도 포함됨.

성의誠意 뜻을 성실히 한다고 해석할 수 있으나 여러 의미를 내포하고 있음. 그 사회가 바르고, 옳고, 좋고, 가치 있다고 생각하는 것을 하겠다고 다짐하는 마음을 갖는 것으로 봄.

정심正心 마음을 바르게 한다고 단순하게 해석하기보다는 정하여진 뜻, 도덕적 행위를 틀림없이 해나가겠다고 마음을 다잡는 것으로 보아야 함.

수신修身 몸만 아니라 마음도 닦는다고 보아야 함. 해야 할 것을 알고, 그것을 하겠다는 마음을 가지고, 꼭 그대로 실천하려고 하는 것.

제가齊家 제齊는 가지런하게 하다는 뜻으로 보아 제가를 집안 가족들을 차별 없이 대하는 것으로 해석할 수도 있고, 그 참뜻을 살려 집안을 반듯하게 하다로 해석할 수도 있음.

치국治國 고대 중국은 봉건제를 채택하여, 서울과 그 인근 지역은 천자가 직접 통치하고, 그 밖의 지역은 왕족이나 통일에 공이 큰 신하들에게 봉토로 지급하여 다스리게 하였음.

평천하平天下 온 세상을 평화롭게 한다고 해석할 수 있지만, 평화롭게 지내기를 바란다고 풀이할 수 있음. 명명덕어천하明明德於天下라고 하여 덕을 베풀어 사이좋게 지내지만 다른 적극적 통치 행위는 하지 않는 것. 즉 온 세상 사람들이 같은 윤리사상이나 이념을 가지고 평화롭게 사는 것을 뜻함.

○ 아는 것이 완전해야 마음을 굳게 할 수 있다

생명체 중에서 자기가 사는 환경을 바꿔 자기에게 적합하게 할 수 있는 것은 유일하게 사람뿐이다. 그러므로 사람이 지구에서 가장 널리 분포하여 살고 있다. 이것은 사람이 생각하는 힘을 갖추고 있고, 두 발로 걸어 두 손을 마음대로 사용할 수 있어서 가능하다. 사람이 구체적으로 행동하기 전에 무엇을 어떻게 할 것인가를 생각하고 결정한다. 다른 동물은 본능에 따라 행동하지만, 사람은 자기가 하려고 결정한 것을 한다. 사람이 행동하려고 할 때 결정하는 기준은 자기에게 유리하거나, 그렇지 않으면 자기가 바라는 것, 즉 자기의 가치에 부합하는지 여부이다. 추구하는 가치는 자기에게 득이 되는가? 다른 사람을 이롭게 할 수 있느냐? 공동체의 안정과 발전에 기여할 수 있는가?

사람이 자기가 할 일을 결정할 때, 여러 가지를 고려한다. 첫째 자기가 그것을 할 수 있는지 여부를 검토한다. 여기서 소극적으로 행동하는 사람이 있는데, 가능한 한 자기가 전심전력을 다하면 불가능은 없다는 적극적인 자세를 가지고 검토해야 한다. 삶의 의의는 희망을 갖는 대서 나온다. 둘째, 때가 적합하고 환경이 적합한가를 둘러보아야 한다. 너무 일찍 해도 실패할 수 있고, 너무 늦게 하여 시기를 놓칠 수도 있다. 그러므로 관련된 사항에 대하여 알고, 그때와 환경을 알아야 하는 일에 대하여 완전하게 알았다고 할 수 있다.

아는 것이 완벽하게 되면, 마음은 저절로 정하여진다. 하고자 하는 일이 자기가 생각하는 기준에 맞고, 시기와 환경에도 적합하여 순조롭게 추진될 것으로 예상되는데 주저하는 사람이 있겠는가? 그리하여 격물格物 → 치지致知 → 성의誠意 → 정심正心은 살아가는데 가장 기본적인 행동 규범이라 하겠고, 수신의 시발점이라 하겠다.

○ 자신을 믿고 마음에 흔들림이 없어야 큰일을 할 수 있다

　큰일을 하려면 오랜 기간 동안 깊게 생각하고, 여러모로 검토한 후 그 시행을 결정하여야 한다. 결정한 이후에도 예상대로 될까? 하고 염려하는 마음이 일어나기도 하는데, 결정하기 전에 충분히 검토하였고, 지난날의 비슷한 사례를 보아도 계획대로 추진될 것으로 충분히 예상되고, 환경과 시기도 적절하여 원활히 추진되도록 도울 것이라는 신념을 확실히 가져야 한다. 전지전능하지 않는 사람은 실수할 수도 있다. 실수를 두려워하는 것은 인간의 본능이다. 그러나 생각하는 힘을 가진 사람은 그 굳은 의지로 해결할 수 있다.

　이때 항상 검토해야 하는 것은 자기가 하는 일이 당당한지를 생각하는 것이다. 당당하다고 생각하면 더욱더 자신감이 생긴다. 사욕을 취하지 않고 공동체의 성장, 발전에 온 힘을 다한다고 생각한다면 당당한 자세와 신념을 가질 수 있다.

○ 훌륭하면 사람들이 스스로 따라온다

　사람을 이끌고 다스리는 데는 믿음이 중요하다. 믿음이 없으면 사람을 다스릴 수 없다. 임금이 백성들로부터 믿음을 얻는 방법

은 임금이 하는 일이 합리적이고 당당하면, 간혹 사람들이 자기에게 이롭지 않았다고 생각하는 것도 나중에 결국 이롭게 된다는 것을 알게 될 때 믿음이 생기는 것이다. 그러므로 사람을 다스리려고 하는 사람은 배우고 익혀서 아는 것을 넓고 깊게 하여야 하고, 하는 일이 모든 사람에게 이롭게 되도록 최선을 다하겠다는 마음가짐을 가져야 한다.

사람의 마음은 비록 차이는 있지만, 자기를 존중하고 베풀어주면 좋아한다는 것은 세상의 이치다. 가장 작은 공동체를 잘 다스리면 나라를 자연히 잘 다스릴 수 있고, 집안과 나라를 잘 다스린다는 소문이 나면 세상 사람들 모두가 따르려고 하여 저절로 다스려지고 세상은 평화로워진다.

제5절

　사람은 사회적 동물이다. 여러 사람이 모여 살면 여러 이점이 있다. 혼자서는 할 수 없는 일도 할 수 있고, 각자가 잘하는 것을 하면 생산력도 높아진다. 또 위험이나 재해에 효과적으로 대처할 수 있고, 어려운 일을 당하여도 모두가 힘을 합쳐 복구하니 쉽게 해결할 수 있다. 그래서 사람은 모여 산다.

　사람이 모여 살면 생산력이 높아지는 등 이점도 많지만, 그만큼 갈등이나 다툼이 일어날 소지도 있다. 공동체의 규모가 커질수록 생각이 다르고, 자질이 다른 사람과 함께 살아야 하므로 갈등이나 다툼이 일어날 가능성이 있으므로 갈등이나 다툼이 발생하지 않도록 해야 하고, 일어나더라도 원만하게 해결되도록 해야 한다. 이런 역할을 할 사람이 필요하다. 자연히 공동체를 이끌어가는 사람이 생겨난다.

　사람이 사는 공동체는 씨족에서 부족으로, 부족에서 부족연맹, 부족연맹에서 국가로 발전하였다. 그에 따라 신분이 생겨났다. 초기 공동체에서는 집단을 이끄는 사람에게 그 역할은 자연히 주어졌지만, 거기에 따른 권력은 있지 않았다. 공동체 규모가 부족연맹이나 고대 국가로 확대됨에 따라 지도자는 그 지위에 따라 권력을 갖게 되었고, 그에 따른 물질적 혜택을 누리게 되었다. 이 과정에서 사람의 욕심이 결부되어 자리와 권력이 세습화되었다. 비록 신분과 계급이 생겼지만, 이것은 공동체를 잘 이끌기 위한 제도일 뿐이다. 이런 진실을 알고 공동체의 지도자는 자기가 해야 할 일을 알고 성실히 해 나간다면, 공동체는 발전해 나갈 것이다.

신분과 지위에 따라 공동체에 미치는 영향이 다르고, 위에 있을수록 그 영향은 크다. 그 영향의 크기와 성취한 성과에 따라 합리적 기준에 따라 차등하게 대하면 공동체는 잘 운영되지만, 만일 합리적 기준 없이 차별적으로 대하면 공동체는 분열되어 함께 더불어 살아가는 이점을 잃게 되고 오히려 억압받는 사회가 될 것이다. 공동체를 이끄는 사람은 구성원이 자기 역할을 다하도록 이끌고 지도해야지, 차별하고 사리사욕을 채우면 공동체는 무너질 것이다.

그래서 "중용" 제20장에서는 "혈육의 멀고 가까운 정도와, 훌륭하고 현명한데 등급이 있는 것이, 예질이 생기게 된 까닭이다.(親親之殺, 尊賢之等, 禮所生也.)"라 하였다.

앞의 경0-3은 사람과 자연과의 관계 원리를 설명하고, 지금의 경0-5는 사람과의 관계를 설명한 것이다.

위로는 임금으로부터 아래로는 백성에 이르기까지 모두가 하나같이 자신을 닦는 것, 즉 수신을 근본으로 삼아야 한다. 그 근본이 혼란스러운데 말단이나 끝이 잘 다스려지는 법은 없다. (즉 임금이 덕을 베풀지 않는데 백성이 서로 덕을 베푸는 사례는 없다.) 중요하게 여겨 두텁게 대해야 할 사람을 박하게 대하면서, 가볍게 여겨 박하게 대해야 할 사람을 두텁게 대하는 사례는 아직 없다. (즉 사리에 맞지 않게 하면 아무것도 제대로 되지 않는다.)

0-5 自天子以至於庶人 壹是皆以修身爲本 其本亂 而末治
자천자이지어서인 일시개이수신위본 기본란 이말치

者否矣 其所厚者薄 而其所薄者厚 未之有也
자부의 기소후자박 이기소박자후 미지유야

천자天子 통일 중국을 다스리는 임금. 하늘로부터 명命을 받아 임금이 되었다고 하여 천자라고 함. 천자 밑에는 왕족 또는 공신의 후손으로 봉토를 지급받아 그 지역을 다스리는 제후諸侯가 있고, 천자와 제후를 도와 나라를 다스리는 대신大臣이 있고, 대신의 명을 받아 백성과 접촉하여 나랏일을 하는 관리, 즉 사士가 있고, 그 밑에 일반 백성인 서인庶人이 있음. 전쟁 포로나 범죄자인 천민이 있었으나 사람으로 대접을 받지 못하였고 재산으로 취급당하였음. 전쟁 포로 중 훌륭한 사람은 발탁되어 활용된 경우도 있음.

자自~이지어以至於~ ~에서 시작하여 ~에 까지.

후박厚薄 근본적인 것은 중요하게 여겨 두텁게 대접하고, 그렇지 않은 것, 즉 말단은 가볍게 보고 박하게 대하는 것. 친족 간에 혈연의 가깝기에 따라 신하는 공이 있는 것에 따라 합리적 이유에서 차등을 두는 것은 예禮에 맞으나, 합리적 기준 없이 차별하는 것은 갈등의 요소가 됨. 나라가 잘 다스려지지 않으면 후하게 해야 할 사람을 박하게 대하고, 박하게 대할 사람은 더 박하게 대하게 되는 것이 일반적임.

부좀 불不과 같은 의미.

○ 신분과 계급은 단지 필요한 제도일 뿐이다

두 사람이 힘을 합하면 한 사람이 할 수 없는 것을 할 수 있고, 사람이 증가하면 사람마다 그 개성을 살려 그 사람에게 알맞은 일을 맡길 수 있으므로 생산성이 높아진다.

원시 씨족사회에서는 온 가족이 하루 종일 먹을 것을 구하러 돌아다녔다. 경험 많은 어른이 앞서고 자식들이 따랐다. 그래도 충분한 식량을 구하지 못하였다. 공동체가 씨족에서 부족으로, 부족 연맹체로 발전함에 따라 사람 수도 증가하였고 지능과 자질도 다양해졌다. 많은 사람들이 효과적으로 일하려면, 각자가 잘하는 일을 맡아서 열심히 하도록 이끄는 사람이 필요하다. 이렇게 하면 공동체의 생산력이 높아져서 체계적으로 관리하지 않은 지난날보다 더 넉넉하게 살 수 있었다.

그러나 사람마다 하고 싶은 것이 있지만, 완벽하게 자질에 따라 일을 배분할 수 없는 경우가 많다. 이때는 조정이 필요하다. 이런 일을 조정하는 사람이 자연히 생겨나게 되었고, 조정하는 사람은 아는 것이 많고, 남을 이해하고 배려하는 마음이 있으면 조정을 훌륭히 할 수 있다. 이런 관습이 지속되면, 조정하는 사람은 실제로 일을 하기보다는 공동체를 총괄, 조정하는 것이 더 공동체를 위하는 것이라는 것을 알게 되고, 이것이 거듭되니 자연히 역할이 생기고 신분이 생겨나게 되었다.

씨족사회나 부족사회에서는 공동체를 이끄는 사람은 자연히 정하여졌고, 그에 따른 특별한 혜택이나 권력이라고 할 힘도 주어지지 않았지만, 부족연맹이나 고대 국가로 발전하는 과정에서 권력과 그에 따른 혜택이 주어졌고, 또한 그 역할이 능력 있는 사람으로 자연히 옮겨지는 것이 아니고 세습화되었다. 요임금과 순임금은 앞의 역할을 한 분들이고, 우임금은 다스리는 체제인 국가를 세우고, 그 자리를 아들에게 물려주었다. 이렇게 하여 신분이 생기게 되었다.

이와 같이 신분과 지위는 공동체를 좀 더 효율적으로 관리, 운영하는 것이 그 근본 목적이지, 그 신분과 지위를 갖고 사적으로 특혜를 받거나 권력을 누리고 남용하라는 것은 아니다. 임금이나 고위 관리는 그 신분과 자리에 맞는 역할을 충실히 하는 것이 그 책무이고, 이것이 덕치의 기본이라는 것을 알아야 한다. 덕치를 하면 모든 것을 자연히 얻을 수 있다. 그래서 "중용" 제17장에서는 성군이신 순임금은 사람이 가지기를 원하는 것을 다 가지게 되었다고 하여 "인품으로는 성인이시고, 높기로는 임금이시고, 부유하기로는 온 세상을 다 가졌고, 죽은 뒤에는 종묘에서 받들어졌고, 자손들은 잘 보전하였다. (德爲聖人, 尊位天子, 富有四海之內, 宗廟饗之, 子孫保之.)"고 하였다. 명예, 재산 등을 가지려고 하기보다는 먼저 스스로 들어오게 행동해야 하는 것을 뜻한다.

○ 자기 할 일을 제대로 하는 것이 수신이다

　사람은 동물과 달리 생각하는 힘이 있다. 비록 생각하는 힘의 차이에 따라 그 자질에 차이가 있을 수 있으나 자기 나름대로 자기가 해야 할 일을 안다. 배우고 익혀서 아는 것을 더 깊이 하면 할수록, 거기에 동조하는 사람이 많아져서 공동체가 가져야 하는 이념이 될 수 있다.

　그러나 사람은 자기가 해야 할 것을 알지만 그대로 하지 않는 경우가 흔히 있다. 자기가 생각한 것을 그대로 하기에는 힘이나 재력이 딸려서 못하는 경우도 있지만, 게을러서 또는 하더라도 자기가 생각한 결과가 나올지 의심하여 생각과 달리 행동한다. 생각을 바르게 하고, 그것을 그대로 하는 것이 수신이다.

　모든 사람이 자기 할 일을 바르게 알고 그것을 실천한다면, 그 공동체는 사람이 살고 싶어 하는 그런 사회가 될 것이고, 자연히 서로 도우며 살아가게 된다.

○ 윗사람이 바르면 아랫사람은 스스로 본받는다

　두 사람 이상 모이면 사람마다 역할이 주어진다. 비록 두 사람이 있을지라도 이끄는 사람이 있고, 따라가는 사람이 있다. 이끄는 사람이 바르게 이끌고 얻어진 혜택을 먼저 나누어주면, 더욱더 잘 따를 것이다. 사람의 수가 많으면 많을수록 이해관계가 복잡하여져 한마음으로 공동체를 이끌고 가기가 어려워진다. 아무리 이끄는 것이 어렵더라도 이끄는 사람이 공감하고 배려하고 사랑한다면, 사람을 이끄는 데 큰 어려움은 없을 것이다. 겉으로는 공감하고 베푸는 척하고, 실제로는 그와 반대되는 행동을 하면 사람들은 그것을 바로 느낄 수 있다. 그렇게 되면 공동체의 구성원들은 서로 불신하고 다투게 된다. 어떤 공동체라도 진심과 투명함이 있어야 한다.

○ 차별은 갈등과 분쟁의 원인이다

사람이 많으면 많을수록 해야 하는 일과 그에 따른 성과를 나누는 것이 어렵다. 이런 때는 일의 배분과 성과의 분배를 합리적이고 타당한 기준에 따라야 한다. 일은 그 사람의 자질과 능력에 따라야 하고, 성과는 그 역할과 성취도에 따라야 하지만, 그렇게 하는 것이 반드시 옳은 것은 아니다. 그 이유는 사람이 사는 사회이기 때문이다.

분배하는 방법에는 평균과 형평이 있다. 평균은 아무런 고려

없이 사람 수에 따라 나누어 그 몫을 주는 것이고, 형평은 달리 감안하여야 할 사항을 고려하여 나누는 것이다. 감안하여야 할 사항으로는 나이, 성별, 필요 정도 등을 들 수 있지만, 공동체의 목적이나 성격에 따라 달리 적용될 수도 있다.

사람이 사는 사회에서는 중요하게 여겨 두텁게 대하여야 하는 사람은 두텁게 대하고, 가볍게 대하여도 될 사람은 가볍고 적게 대해야 한다고 하는데, 이런 의미로 "중용" 제20장에서는 "집안에서는 혈연이 멀어지는 정도와 사람이 현명한 정도의 차이에 따라 합리적 기준에 따라 분배하는 것이 예의가 생겨나는 까닭이다.(親親之殺, 尊賢之等, 禮所生也.)"라 하였다.

유학에서는 이상 사회로 대동사회大同社會를 말한다. 대동大同은 위로 임금부터 아래로 서민에 이르기까지 한마음을 갖는 것이고, 대동사회는 공동체의 구성원 모두가 한마음을 갖고, 제 할 일을 제대로 다하여 모두가 넉넉하고 평화롭게 사는 세상을 뜻한다. 공동체, 집안이든, 나라든 또는 세상이든, 그것을 다스리는 사람은 먼저 공동체 구성원들의 의견이 일치하도록 이끌어야 한다.

임금이 나라 안의 사람 모두의 의견을 일치시키는 방법에 대하여 '서경' '홍범洪範'편에 함축적으로 표현되어 있다. '홍범'은 무력으로 은나라를 물리치고 주나라로 통일한 무왕이 은나라의 버

림받은 왕족이고, 충신인 기자箕子(생몰 년대 미상)에게 나라를 다스리는 법을 물어서 기자가 답한 내용이다.

기자는 임금이 나라의 중요 정책을 결정하는 과정으로 먼저 임금이 아는 것을 완벽하게 해야 하며, 조금이라도 의심스러운 점이 있으면 자신에게 다시 물어보고, 그 다음 신하에게, 백성들에게 물어보아야 하며, 그래도 의심이 풀리지 않으면 점을 치라고 하였다. 그리하여 "자신도 따르고, 점괘도 따르고, 신하들도 따르고, 백성들도 따른다면, 이것이 완전한 일치인 대동이다.(汝則從, 龜從, 筮從, 鄕士從, 庶民從, 言之謂大同.)"라 하였다.

대동에 의하여 나라를 다스리면 대동사회가 이루어지는데, 그런 세상에는 임금부터 서민까지 한마음을 갖고 살아가며, 모든 사람은 평등하고, 기회는 균등하게 주어지며, 사람마다 할 일이 있고, 가정을 꾸려 화목하게 살며, 도움이 필요한 사람에게는 적절한 도움이 이루어지는 사회이다.

"예기禮記" '예운禮運'편에서는 대동사회를 다음과 같이 설명하였다. "큰 도가 행하여지는 세상에서는 천하가 공평무사하게 된다. 어진 사람을 등용하고, 재주 있는 사람은 정치에 참여하여 신의를 가르치고 화목함이 이루어지기 때문에 사람들은 자기 부모만을 섬기지 않고, 자기 아들만을 귀여워하지 않는다. 나이 든 사람들이 그 삶을 편안히 마치고, 젊은이들은 쓰이는 곳이 있으며, 어린이들은 안전하게 자랄 수 있고, 홀아비, 과부, 고아, 자식 없는 노인, 병든 사람들은 모두 보살펴지고, 남자는 모두 일정한 직분이 있고, 여자는 모두 시집갈 곳이 있다. 또한 땅바닥에 떨어진 남의 재물을 반드시 자기가 가지려고 하지 않는다. 사회적으로 책임져야 할 일들은 자기가 하려고 하지만, 꼭 자기만이 할 수 있다고 생각하지 않는다. 이 때문에 간사한 모의가 끊어져 일어나지 않고 도둑이나 폭력배들이 생기지 않는다. 그러므로 문을 열어 놓고 닫지 않으니, 이를 대동사회라 한다."

傳1章

훌륭한 덕德과 빛나는 천명天命을 알아야

유가사상은 농업사회에서 일어난 사상이다. 고대에는 농업사회이든 유목사회이든 하늘을 숭상하였다. 하늘은 위에 있으면서 내려다보고, 눈, 비를 만들어 내려서 모든 생물이 성장하게 하고, 만물을 변화시킨다고 보고, 외경畏敬하고 숭배하였다. 하늘을 신과 같은 존재로 보고 숭배하는 것은 지역에 관계없이 인류 사회의 공통적인 현상이었다. 그러나 다른 어느 사회보다 농경사회는 유난히 하늘을 존중하고 숭배하였다. 임금의 자리에 오르는 것도 하늘의 명命에 따르는 것이고, 하늘의 명을 어기면 임금 자리를 잃는다고 하였다.

요임금, 탕임금과 주나라 문왕은 하늘의 뜻에 따라 덕치를 하였으므로 왕위에 오를 수 있었고, 그 업적이 훌륭하여 후세에도 높이 칭송받고 있다. 왕의 자리나 제후의 자리에 있어 나라를 다스리는 사람은 성군을 본받아 그렇게 해야 한다.

덕德은 바람직한 사람다운 행동라고 설명할 수 있지만, 사람의 마음은 선천적으로 선하므로 마음에서 자연적으로 우러나는 행위라고 보는 주장도 있다.

제1절

　임금은 하늘이 내려주신 밝고 훌륭한 가르침이며, 명령인 천명天命을 받아, 그에 따라 하여 항상 덕을 베풀어서 사람들이 평화롭게 살아가는 태평성대太平聖代를 이룩한 옛날 성군을 본받아야 한다.

　강고에서는 "(문왕은) 덕을 잘 밝혔다"라 하였고, 태갑에서는 "(탕임금은) 위대한 하늘의 밝은 명命을 되돌아보았다"라 하였고, 제전에서는 "(요임금은) 크고 훌륭한 덕을 잘 밝혔다"라고 하였다. 모든 것이 밝히는 것에서부터 시작한다.

1-1 康誥 曰克明德 太甲 曰顧諟天之明命 帝典 曰克明峻德
　　　강고 왈극명덕 태갑 왈고시천지명명 제전 왈극명준덕

皆自明也
개 자 명 야

경經　중국 고대의 근본이나 중요한 사항을 담은 책을 경經이라 하고 "시詩", "서書", "역易"을 삼경三經이라 하고, 여기에 "예기禮記", "악기樂記", "춘추春秋"를 더하여 육경六經이라 함. "시詩"는 민요나 궁중 노래를 모은 것이고, "서書"는 요임금, 순임금, 우임금, 탕임금, 문왕, 무왕, 주공, 즉 유가에서 말하는 훌륭한 임금들의 말씀이나 신하와 주고받은 대화나 글이고, "역易"은 세상이나 일이 변화, 발전하는 유형을 64형태로 분류하고, 이를 해설한 책. 공자는 "시", "서", "예기", "악기"를 수집, 편집하였고, "역"에는 주석을 달았고, 노나라의 역사책인 "춘추"는 저술하였음. 유학에서는 송나라 주희가 "논어論語", "맹자孟子", "대학大學", "중용中庸"을 "사서四書"라 하여 중시하기 전에는 경經이 주요 경전으로 취급되었음.

서書　"상서尙書" 또는 "서경書經"이라고도 하며, 요, 순, 우 시대와 상(은)나라, 주나라 3편으로 되어 있고, '강고康誥'는 "서경"의 편명으로 주나라 때 성왕이 삼촌인 강숙康叔을 은나라 유민이 사는 위衛나라 제후로 봉하면서 나라를 잘 다스리도록 경계하여 일러준 말. '태갑太甲'은 "서경"의 편명으로 상나라의 정승 이윤伊尹이 왕인 태갑이 훌륭한 임금이 되도록 간한 말. '제전帝典'은 '요전堯典'이며, 요임금의 치세를 칭송한 말.

고顧　되돌아보다. 늘 되새겨서 잊지 않음.

시諟　"이것"을 가리키는 지시대명사. 시是와 같음.

천天　하늘. 중국 고대 세계관은 "시경" '대아大雅'편 증민蒸民이라는 시에 잘 나타나 있음. 하늘은 사람을 비롯한 만물을 낳았고, 모든 것에는 본성과 근본 원리가 있다(천생증민天生蒸民 유물유칙有物有則).

명命　"하라"고 하는 명령어 또는 할 것을 알려주고 그렇게 하도록 이끌어 주는 것을 의미함. 공자는 "시경"을 인용하여 하늘이 만물을 낳고 자라게 한다는 천명天命사상을 설명하고, 하늘을 다른 종교에서 말하는 신으로 여기는 만큼 두려워하고 받들어야 한다고 하였음. 천명을 받들어야 임금이 되고 훌륭한 정치를 할 수 있다고 함.

명明 밝다, 밝히다, 똑똑하다, 분명히 알다 등을 의미하며, 좋고 훌륭한 것을 의미하기도 함.

○ 사람마다 해야 할 행동을 명확하게 해야 한다

사람이 어울러 함께 평화롭게 살아가려면 사람마다 해야 할 행동이 있다. 우선 넉넉히 먹고 살기 위하여 사람마다 맡은 일을 부지런히 해야 한다. 그 일이 농사를 짓는 것이든, 농기구를 만드는 것이든, 집을 짓는 것이든, 공동체가 물질적으로 넉넉하게 지낼 수 있게 하기 위해서는 각자가 맡은 일을 성실히 해야 하고, 모든 사람이 이런 생각을 갖고 노력해야 한다.

먹고 사는 것은 사람이 아닌 다른 동물도 다 잘 알아서 한다. 사람을 사람답게 하는 것은 생각하는 힘을 활용하여, 서로 도우며 화목하게 사는 방법을 찾아서 그대로 실천하는 것이다. 사람이 평화롭게 사는데 사람이 해야 할 행동을 덕德이라 한다. 덕은 사람들이 어울려 넉넉하고 화목하게 살아가는데 사람이 해야 하는 필요한 행동이다. 그 의미가 확대되고 일반화되거나 추상화되어 여러 말로 나타내고, 또 그 뜻을 여러 의미로 해석한다. 그 이유는 사람의 관계는 다양하고, 사람마다 중요하게 취급해야 할 것이 있기 때문이다. 게다가 사람마다 추구하는 가치가 다르다 보니 행동의 가치 평가도 달라서 쉽게 말할 수 없다.

덕德과 함께 자주 사용되는 단어는 도道가 있다. 흔히 도덕道德이라는 말을 사용하는데, 도道는 구체적인 덕德을 모두 포함하는 추상적인 말이고, 덕德은 도道보다는 좀 더 구체적인 행동을 뜻한다고 하지만 상대적이다. 사람의 도리道理라고 하면 도道를 의미하여 가장 넓은 의미로 사람이 해야 할 추상적인 최고 가치를 나타내고, 덕德은 도道에 맞는 구체적 행동이라 하겠으며, 사랑하다, 겸손하다, 존경하다 등을 뜻한다. 존경에도 그 마음을 나타내는 행동이 있다. 인사를 잘하는 것도 존경이고, 존경하는 분의 뜻을 받는 것도 존경이다. 인사하는 것과 뜻을 받는 것은 덕德일 것이고, 존경은 도道라고 하겠다. 도道와 덕德, 존경과 인사 등의 관계에서 보듯이 보다 포괄적인 상위 개념이 도道이고, 구체적이고 하위 개념인 행동이 덕德이다.

도덕의 관계가 상대적이듯이 사람의 행동도 그 평가에 있어서 상대적일 경우가 있다. 그리하여 모든 사람이 따라야 할 구체적인 행동인 덕德과 그보다 상위 개념인 도道를 명확하게 해야 사람들이 헷갈리지 않고 그것을 하려고 할 것이다. 이것을 좋고 훌륭한 행동을 명확히 하다(명명덕明明德)라고 한다. 사람이 덕을 명확히 알지 못하는 것은 사람의 지혜에 한계가 있는데도 그 원인이 있지만 생명을 가진 사람이기 때문에 사라사욕에 빠져서 올바른 것을 보지 못한데도 그 원인이 있다.

사람은 본성에 있어서 바르고 착하므로 그 본성에 따라 행동하면 되는데, 그 본성이 사리사욕에 가려지고 바르지 못한 지식으로 헷갈려하는데 본래의 본성을 찾아내어 그에 따라 행하는 것을 덕德이라고도 하고, 그렇게 하는 것을 수양한다고 한다.

○ 하늘의 뜻은 위대하다

"하늘을 무서워하라", "하늘이 두렵지 않느냐?" 등의 말을 흔히 사용한다. 이것은 과학문명이 발달하였지만 여전히 사람의 마음에는 하늘을 숭배하는 감정이 남아있는 것을 의미한다. 지금과 달리 원시인은 하늘을 절대적으로 숭배하였다.

하늘은 위에 있으면서 비와 눈을 내리게 하고 간혹 천둥과 번개를 일으켜 사람을 두렵게 한다. 원시인들은 하늘에서 비가 내려 만물이 성상하는 것을 보고, 하늘이 만물을 낳고 성장하게 할 뿐만 아니라 없어지게 하거나 사라지게 한다고 여겼다. 하늘을 지극히 숭배하였다. 하늘 숭배는 어떤 특정 국가나 지역에서만 있는 것이 아니라 원시사회에서는 지역을 막론하고 모든 곳에 있었다.

지금은 과학기술이 발달하여 하늘은 지구 위에 있는 넓은 공간이고, 하늘은 단지 하늘일 뿐이라고 생각하는 사람이 있지만, 하늘에 있는 해와 달이 지상에 지대한 영향을 미치고 있고, 그 위력은 태풍이나 해일로 알 수 있듯이 대단하다. 농경사회에서는 농업이 기후나 날씨에 크게 영향을 받는데, 그것들에 크게 영향을 주는 하늘을 다른 지역보다 더 숭배하였다. 하늘을 하늘이라고 하여 천天이라고 하지만 절대적 존재인 상천上天, 천제天帝로도 보았다. "시경"에 "하늘이 모든 것을 낳았다(天生蒸民)."고 하는데, 여기서 민民은 사람으로만 해석하지 않고 만물이라고 해석해야 한다.

하늘을 절대자이고 주재자이고 전지전능한 신으로 보았기 때문에 세상의 만사를 있게 하고 변화하게 한다고 믿는 경천敬天사상으로 발전하였다. 여기서 하늘을 단지 물리적 공간인 하늘로 보거나 절대자인 상천, 천제로 볼 수 있지만 대자연으로 확대 해석할 수 있다. 사람은 하늘이 만물을 만들고 그 운명을 정한다고 보고 하늘을 숭배하였고, 그 잔재는 아직 사람의 의식 속에 남아 있다.

"중용"의 첫 구절은 "하늘이 만물에게 내려준 것을 본성이다.(天命之謂性.)"라고 하여 세상의 존재와 변화가 하늘에 달려 있다고 하였다. '논어' '팔일'편에서는 "하늘에 지은 죄는 빌 곳이 없다.(獲罪於天, 無所禱也.)"고 하여 하늘의 명命인 자연의 이치와 사람의 마음을 알아서 그에 따라 살아가라고 하였다.

○ 세상은 투명해야 한다

세상은 거짓과 기만이 난무하고 있다. 지금만 이런 것이 아니라 사람 사는 세상은 옛날이나 지금이나 똑같은 것 같다. 그러니 모든 종교는 "거짓말하지 말라!"고 하는 것을 큰 계율로 삼는다.

사람이 거짓말하는 것에는 사실과 진실의 혼란과 사사로운 마음에서 생겨난다. 사실은 있는 그대로를 말하는 것이고, 자연에서 일어난 현상을 그대로 말하면 된다. 그러나 사람과 관련될 때는 사실만으로는 현상을 제대로 파악할 수 없다. 사실이 일어나게 된 이유와 그 의도를 함께 생각해야 한다. 이때 사실과 관련된 마음까지 제대로 파악하는 것이 진실이다. 아버지가 회초리로 자식을 때렸다고 하는 것은 사실이다. 사실 그 자체만으로는 그 행위를 평가할 수 없다. 극단적으로 폭력을 비난하는 사람은 사실 그 자체를 비난할 수 있다. 그러나 아버지가 자식을 회초리질 한 이유를 알게 되면 극단적인 사람도 조금은 비난의 정도가 너그러워질 것이다. 아버지는 자식이 거짓말하는 버릇이 있어 그 버릇을 고치고자 하여 거짓말할 때 적절히 회초리를 드는 것이 좋다고 생각하여 모처럼 회초리질을 하였다. 이러면 회초리질에 대한 평가는 복잡해진다. 이것을 진실을 두고 평가하는 것이다.

사람의 일은 먼저 사실적 관계를 명확히 하고, 그 바탕 위에 사람의 마음을 고려한 현상인 진실을 가지고 평가하고 비판하여야 한다. 지금은 사실 자체도 왜곡시키고, 게다가 사람의 마음은 더욱 제대로 파악할 수 없으니, 실제로는 그 반대의 마음을 가지고 있었지만 자기에게 유리하게 거짓말을 한다. 정책토론회를 보면, 사실 자체를 과소 또는 과대하게 하여 무리하게 주장하는 사람이 많다. 한 단면만 보고 그것이 전체인 양 찬성하거나 비난한다. 사람의 일은 여러 분야와 관련되어 있다. 댐 건설과 산업단지 조성과 같은 환경을 변화시키는 사업을 할 때, 먼저 각 분야에 미치는 영향을 사실에 근거하여 명확히 하고, 그것을 바탕으로 사람 또는 환경에 미치는 영향의 득실을 계산하여 최종 결론을 내려야 한다. 그렇게 되지 않고 있다.

특히 우리나라에서는 정부에 대한 불신이 깊고 크다. 약 반세기 만에 이와 같이 크게 성장, 발전할 수 있었던 것은 정부가 나름대로 정책을 바로 세우고 착실히 수행하였기 때문이다. 이 과정에서 반대하는 국민들을 설득시키려고 하는 노력이 부족하였다는 느낌도 있고, 간혹 실패한 정책이나 추진 과정에 일어난 부정부패를 얼버무리거나 적극적으로 숨기려고도 하였다. 국민들이 정부를 믿고 따르게 하는 데는 무엇보다도 투명한 것이 우선이고, 국민들이 조금이라도 의심하면 적극적으로 홍보하여 이해하도록 해야 한다.

지금은 통신방송기술의 발달로 순식간에 정보가 광범위하게 퍼져나가고 있다. 허위 거짓 정보와 선전선동의 말이 세상을 온통 뒤집고 있다. 몇 마디의 말로 사람의 감성을 자극하여 제대로 판단하지 못하게 하는 현상도 많이 있다. 늑대소년이 되지 않기 위해서는 사실과 진실을 모두 제대로 밝혀야 한다. 이것이 세상을 다스리는 가장 기본이다. 백성이 믿지 않으면 나라가 설 수 없다는 것을 위정자는 분명히 알고, 그런 마음에서 나라를 다스려야 한다.

"논어" '안연' 편에서는 "백성이 믿지 않으면 나라가 설 수 없다.(民無信不立.)"라고 하였다.

傳2章

항상 새롭게 하는 것은

중국 역사상 최초로 무력으로 왕권을 장악한 탕임금, 주나라가 천하를 통일하였지만, 옛 은나라의 반항 세력은 아직 남아 있어 어수선한 나라를 삼촌인 주공周公의 도움으로 안정시킨 성왕, 은나라 변방 서쪽 지역의 일개 제후에 불과하였지만, 덕치를 하여 많은 제후들이 동조하여 통일 기반을 마련하였어도 무력에 의한 통일을 자제하고, 그 대업을 아들인 무왕에게 넘겨주어 통일을 이룩하게 하여, 주나라 시조로 추존된 문왕, 세 임금의 치적을 들어 임금은 백성들이 평안하고 넉넉하게 살 수 있도록 항상 생각해야 하고, 지난날의 나쁜 제도와 관행을 없애고 새로운 좋은 정책을 찾아서 실시하는 등 최선을 다해야 한다.

●●●
제1절

　새로 나라를 세운 임금은 무엇보다도 먼저 나라의 기풍을 새롭게 해야 하고, 망한 나라의 백성들이 새로운 나라의 통치 이념에 순응하도록 해야 하며, 이에 조금도 소홀함이 없도록 최선을 다해야 한다.

　여기 전2장에 작신민作新民이 있다고 하여 경0-1의 친민親民을 신민新民으로 해야 한다는 주장이 있지만, 경0-1장은 모든 나라가 추구해야 하는 이상적인 상태를 의미하여, 신생국만 아니라 오래된 나라에도 적용되어야 하는 것이므로, 친민親民으로 그대로 두는 것이 좋을 뿐만 아니라 합리적이다.

- -

　탕왕의 세숫대야에는 "참으로 매일 새롭게 하려면, 매일매일 새롭게 하고, 또 매일 새롭게 하라!"는 경계하는 말이 새겨져 있고, 강고에서는 "(나라 잃은 은나라) 백성들이 새롭게 되도록 북돋우어라!"라고 하였고, "시경"에서는 "주나라는 비록 오래된 나라이지만 하늘로부터 받은 그 명이 오직 새로웠네!"라 하였다. 그러므로 군자는 자기 힘을 다 쓰지 않을 때가 없다. (즉 항상 최선을 다한다.)

2-1 湯之盤銘 曰苟日新 日日新 又日新 康誥 曰作新民 詩曰
탕지반명 왈구일신 일일신 우일신 강고 왈작신민 시왈
周誰舊邦 其命維新 是故 君子 無所不用其極
주수구방 기명유신 시고 군자 무소불용기극

탕湯 하나라의 걸왕을 물리치고 상(은)나라를 세운 임금. 중국 최초로 혁명하여 무력으로 통일하였으나, 무력으로 통일한 것을 부끄럽게 여기고 온 힘을 다하여 나라를 잘 다스려 성군으로 칭송받음.

명銘 거듭 보고 마음에 새겨야 하는 좋은 글. 사람들은 마음을 닦거나 안정을 가지고자 글이나 그림을 옆에 두고 읽고 봄. 좌우명座右銘. 반명盤銘.

신新 바꾸다, 새롭게 하다, 조금씩 더 좋아지게 하다. 탕임금이 하나라 유민을 품으려고 나라에 새로운 기풍이 일도록 하였고, 무왕은 은나라 유민들이 새로 세운 주나라의 통치 이념에 순종하도록 하였음.

유신維新 나라의 기풍을 과거의 이념이나 관행에서 새롭게 확 바꾸는 것. 유신하면, 우리나라에서는 1970년대 초 박정희 대통령이 추진한 10월유신, 일본에서 막부시대를 마감하고 왕정으로 복구하고, 서양 문물을 과감히 받아들인 명치유신을 회상하게 함. 나라가 발전하기 위해서는 과감한 변혁이 필요할 때가 있으나 국민의 뜻을 무시하거나 법에 위반

하여 추진하는 것은 바람직하지 않음.

극極 용마루. 뜻이 확대되어 극진한 것, 또는 최선을 다하는 것으로 쓰임.

○ 한 발자국이라도 앞으로 가려고 해야 한다

　사람은 늘 생각하여 행동한다. 아침에 일어나서부터 잠자리에 들 때가지 매순간마다 결정하여 행동한다. 그 결정은 출근할 때 버스를 타고 갈 것인지, 아니면 승용차를 몰고 갈 것인지를 결정하는 사소한 것부터, 몇 년을 두고 생각하여 자신의 진로를 결정하는 중요한 것까지 여러 가지가 있다. 무엇을 하든 자기의 판단 기준에 옳고, 좋다고 생각하는 것을 선택하며 살아간다. 사소한 결정과 중요한 결심이 모여서 자신의 인생 전체를 만들어간다. 그러나 사람은 마음먹은 대로 행동하지 않을 때가 많다. 그래서 "무엇을 하기로 마음을 먹고도 3일을 지키지 못한다.(作心三日.)"라는 속담이 있다. 나쁜 버릇이나 관행에 빠지면 발전이 없다. 항상 뒤돌아보고 나쁜 버릇은 고치고, 바람직하지 못한 관행은 좋은 방향으로 개선해 나가야 한다.

　탕임금은 하나라가 망한 이유를 명확히 알았으며, 자신을 비롯한 후대의 임금들이 절대로 나쁜 관행에 빠지지 않고, 백성들을 위한 새로운 정책은 없는지 항상 살펴서, 그것을 찾아서 이행해야 민심을 잃지 않고 나라를 성장, 발전시킬 수 있다고 하였다.

"논어" '학이'편에서는 "하루 세 번씩 반성한다(一日三省)."라고 하였다. 망해가는 나라에서 권력이나 부를 가진 사람들은 "끓는 물이 있는 솥에 놀고 있는 물고기(魚遊釜中)"와 같이 자신의 앞날을 모르는 것 같다.

○ 모두가 한마음으로 나가야 한다

한마음으로 나가야 한다고 하니, 전체주의 국가처럼 최고 통치자의 이념에 무조건 따르라고 하는 것으로 오해할 소지가 있다. 여기서 한마음은 "모든 사람이 자기가 맡은 일에 최선을 다하고, 그렇게 하여 함께 사는 사람들과 모두 넉넉하고 화목하게 살아간다."는 생각을 갖는 것을 뜻한다. 사람마다 생각이 다르고, 감정이 다른데, 그것을 모두 하나로 통일시키는 것이 아니라 마음만은 자신을 위하고, 공동체를 위한다는 마음을 갖고 살아가자는 것이다. 간혹 자기에게 이득이 없을지라도 공동체의 성장, 발전에 필요하다면 양보도 하고, 힘든 일이라도 공동체가 필요하다면 기꺼이 하려고 해야 하는 것이다. 집안이나 나라가 잘 되어야 자기도 긍지를 갖고 살 수 있다는 것을 알아야 한다. 이것이 음덕陰德이다.

우리나라가 세계 최빈국일 때는 국제회의에 참석하거나 여행을 하면, 회의 관계자나 그 지역 사람들이 관심을 두지 않거나, 심지어 푸대접하는 것을 피부로 느낄 수 있었다. 그래서 자신도 생각해야 하지만 집안이나 나라, 즉 자기가 속한 공동체도 생각해야 한다. 해외 나가면, 각국의 전문가들과 토의할 경우가 있는데, 상대방이 훨씬 전문 지식도 많고, 인격이 훌륭한 데도 그의 나라가 저개발국이라 보수가 형편없고 근로조건도 열악하다는 것을 알 수 있다. 나라나 집안이 그만큼 개인의 울타리가 되어주고 있다는 것을 실감할 수 있다.

한마음으로 뭉치는 데 있어서 가장 중요한 것은 자기가 모르거나 부족한 것을 솔직히 인정하고, 조금도 사사로운 감정 없이 토론하고 협의하여 최적의 대안을 함께 찾는 것이다. 각종 토론회에서 여러 주장이 제기되지만, 자신의 주장이 보완되어야 한다는 것을 인정하고 좋은 결론에 도달하는 것을 본 일이 없다. 처음부터 끝까지 일관되게 자기주장을 할 뿐이고, 서로의 미비점을 보완하려고 하는 사람이 없다. 정책이나 대규모 사업에 대하여 각자 의견을 제시하고 치열하게 토론하여 결론을 얻도록 하되, 일단 결정되면 적극적으로 협조하며, 만일 시행 과정에서 잘못이 나오면, 남을 탓하기보다는 협력하여 잘못을 보완하여 모든 것이 제대로 되도록 해야 한다. 이것이 한마음을 갖는 것이다. 우리나라도 그럴까? 잘 되면 자기 덕이고, 잘못되면 남 탓하는 그런 분위기가 아닌가?

○ 개혁 또는 유신이냐, 혁명이냐?

모든 생물은 태어나서 성장, 발전하다가 쇠퇴하여 사라진다. 생명을 가진 것의 운명이다. 이런 현상은 생명체뿐만 아니라 각종 제도나 공동체에도 그대로 적용된다.

개혁이냐? 아니면 혁명이냐?에 관한 논쟁은 고려 말 정몽주와 이성계 일파의 역사적 사례에서 찾아볼 수 있다. 정몽주는 고려 왕조를 그대로 유지하면서 개혁을 해나간다면, 백성들이 살기 어려운 나라를 다시 바르게 세울 수 있다고 주장하였으나, 이성계 일파는 아무리 개혁을 한다고 하지만, 부패하고 무능한 왕조가 스스로 개혁하는 데는 한계가 있고, 특히 왕실이나 그에 밀착되어 있는 세력들이 권력이나 재물을 내놓고 개혁에 호응하려고 하기 보다는 오히려 개혁세력을 꺾으려 하거나 제거하려고 하여, 무력에 의한 혁명이 불가피하게 이루어져야 한다고 하며, 실제로 혁명을 감행하였다. 이것이 우리나라 역사상 최초로 이루어진 무력 혁명, 즉 역성혁명이다. 혁명은 무력에 의하여 새로운 세력이 권력을 장악하는 것이다.

권력을 장악하고 있는 기존 세력은 나라의 존재 이유, 즉 백성들이 넉넉히 먹고 살고, 서로 다투는 일 없이 화목하게 사는 것을 실현하는 것이라는 것을 되새겨보고, 자신들이 누리는 권력이나 재산을 일부라도 내놓고라도 그런 방향으로 나라를 다스릴 수는 없는가? 사람들은 자기가 가진 권력이나 재산은 정당하게 얻은 것이라 생각하는 것 같다. 이미 있는 법이나 제도가 시행되고 있지만, 백성들의 대부분이 먹고사는 것이 어려울 때는 시행되고 있는 현재의 법이나 제도가 단점이나 문제점을 갖고 있다는 것을 알고, 그것을 찾아내어 개선하여야 하는데 그렇게 하지 않고 있다. 백성들이 못사는 것은 나라가 잘못하였다기보다는 개인이 잘못하여 그렇게 된 것이라 하였다. 가지고 있는 권력이나 재산이 지금의 법이나 제도에 따라 정당하게 얻은 것이라 우기기보다는 인류 사회의 보편적 원리에 따라 정당하게 얻은 것인지 한번 평가하고 검토해야 하는데, 그렇게 하지 않고 있다. 기득권을 최후의 순간까지 내놓으려고 하지 않는다. 특히 사회를 이끌어가야 하는 사람들이 지금 누리는 특권이나 특혜를 정당하고 당당한 것이라 생각하고, 조금도 그것을 내놓으려고 하지 않는다. 오히려 혼란한 틈을 이용하여 그런 특권과 특혜를 더 굳건히 하려고 한다. 이래서 혁명이 필요한가?

집권세력이 이미 있는 제도, 법률, 이념 등을 과감하게 버리고,

새로운 통치 이념을 정하고, 그에 따라 법률과 제도를 새로 만들어서 시행하는 것을 과감한 개혁, 즉 유신維新이라 한다. 유신이라고 하면, 일본의 메이지유신과 우리나라의 10월 유신이 떠오른다. 유럽에서는 통일 독일을 이루게 하고, 과감하게 쇄신한 비스마르크의 개혁을 유신이라 할 수 있을 것이다. 기득권을 누리는 계층은 그대로 나간다면, 나라가 망할 뿐만 아니라 자기들이 누리는 특권과 특혜도 모두 날라간다는 것을 미리 알아서 혁신을 받아들이려고 하지 않는다. 끝까지 버티다가 모든 것을 잃는다.

개혁으로 도저히 나라를 바로세울 수 없을 때는 혁명을 해야 하지만, 백성들을 평안하고 넉넉하게 살게 하기 위하여 혁명을 감행하였다는 그 목적을 잠시라도 잊지 말아야 하고, 서민을 대상으로 현행 체제와 제도의 문제점을 있는 그대로 알리고, 혁신의 불가피성을 널리 알게 함으로 서민들로부터 지지와 힘을 얻고, 그것을 바탕으로 쇄신을 추진하여야 한다. 나라를 다스리는 임금은 혁명이나 유신이라는 것이 필요 없도록 탕임금의 말씀처럼 항상 나라를 새롭게 하여 나쁜 사상이나 관행이 쌓이지 않도록 해야 한다.

傳3章

해야 하는 것을 안다는 것은

백성을 잘 살게 하겠다는 이념으로 뭉친 새로운 세력은 왕권을 장악하게 되면 그 세력은 수도를 새로 정하고, 거기에 모여 살게 된다. 그리고 모든 권력을 장악하고 있으므로 각종 혜택을 누리게 된다. 이때 새 임금은 수신하여 좋은 정책을 펴야 하며, 특히 옛 왕조의 지배층이 새 왕조의 이념에 동화되어 협조하도록 해야 하고, 훌륭한 사람뿐만 아니라 자기 이익을 추구하지만 죄가 없는 평범한 사람도 다 품을 수 있도록 포용정책을 추진해야 한다. 그리하면 성군으로 영원히 칭송받을 것이므로 모든 임금은 그렇게 해야 한다.

제1절

생물의 분포도를 보면, 사람만큼 널리 퍼져 사는 생명체는 없다. 거의 모든 지역에 사람이 살고 있다. 그러나 다른 생명체는 본능적으로 자기가 생존하기에 적합한 지역을 선택하거나 이동하여 산다. 사람이 널리 분포하여 살 수 있는 것은 그 환경에 적응할 수 있는 능력이 있을 뿐만 아니라 그 환경을 자기 생존에 알맞게 변화시킬 수 있는 능력이 있기 때문이다. 사람은 그 지역의 특성을 알아서 먹을거리를 기르고, 살 집을 마련한다. 이것이 사람의 특성이다. 그러나 잊지 말아야 하는 것은 자연에 순응하여 사는 것이 생명체의 생존 법칙이라는 것을.

"시경"에서는 "훌륭한 임금이 직접 다스리는 서울과 사방 천 리의 땅은 훌륭한 백성들이 머물러 사는 곳이지!"라 읊었고, 또 "시경"에서는 "고운 소리로 노래하는 꾀꼬리는 산모퉁이 숲이 우거진 곳에 머물

러 사는구나!"라 했다. 공자는 "머물러 사는 곳은 꾀꼬리도 그것을 아는데, 사람이 작은 새만 같지 못할 수 있겠는가!"라 하였다.

3-1 詩云邦畿千里 惟民所止 詩云緡蠻黃鳥 止于丘隅 子曰
시운방기천리 유민소지 시운면만황조 지우구우 자왈
於止 知其所止 可以人而不如鳥乎
어지 지기소지 가이인이불여조호

- -

방기邦畿 중국의 봉건제는 서울과 인근 지역은 왕이 직접 다스리고, 그 외 지역은 왕족이나 공신이나 그 후손을 제후로 봉하여 다스리게 함. 방기는 임금이 직접 다스리는 지역.

지止 머물다. 멈추다. 여기서는 한 곳에 있으면서 그곳에서 해야 할 것을 아는 것.

면만緡蠻 꾀꼬리가 우는 소리. 의성어.

황조黃鳥 꾀꼬리.

구우丘隅 산모퉁이에 숲이 우거진 곳.

○ 사람은 동물과 다르다

사람 이외의 생명체, 식물이든 동물이든 모두 본능에 따라 움직이고 성장한다. 조금도 그 본능에 벗어난 짓을 하지 않는다. 그러나 사람은 다르다. 사람도 본능에 따라 행동하기도 하지만 생각하는 힘으로 본능을 억제 또는 조절하기도 한다. 사람은 자기가 옳다고 생각하거나 좋아하는 것이 있으면, 비록 본능에 어긋나더라도 하려고 한다.

사람은 하고 싶은 것이 있고, 해야 하는 것이 있고, 그중에서 자기 능력이나 처지에 맞는다고 생각하는 것을 선택하여 행동한다. 선택하여 행동할 수 있는 자유가 있다. 그러므로 동물의 행동은 옳다 그르다, 착하다 나쁘다는 평가를 할 수 없지만 사람의 행동은 일정 기준에 따라 평가할 수 있다. 사람이 하고 싶은 것이 해야 하는 것과 일치하면 아무런 문제가 없다. 그러나 사람은 그러하지 않다. 훌륭한 성직자든, 현명한 정치가든, 훌륭한 사람도 자기의 뜻과 행동이 늘 일치하지는 않는다.

그리하여 "중용" 제3장에서는 "중용은 지극하구나! 그것을 잘 행하는 사람이 드문 지가 오래되었다.(中庸, 其至矣乎, 民鮮能久矣.)"라 하였다. 그러나 사람은 유일하게 생각하는 힘을 가진 생명체이므로, 이것을 활용하여 사람답게 행동해야 한다.

사람이 사람답게 사는 세상을 만들고자 새로운 세력이 기존의 정치세력을 물리치고 권력을 장악하면, 새로운 통치이념을 선포하고 수도를 옮기는 등 각종 개혁을 시행한다. 이때 새로운 세력은 능력도 있을 뿐만 아니라 도덕적으로도 훌륭하다고 하고, 기존 세력은 부패하고 사치와 낭비에 빠진 부도덕한 집단으로 몰아붙인다. 신, 구 세력이 바뀔 때마다 이런 현상이 일어나고 새로운 세력은 훌륭하고 능력 있는 사람들이라고 스스로 칭송한다. 세월이 흘러가더라도 처음 가졌던 이념을 잃지 않도록 옛날의 선조 중 훌륭한 임금을 본받으라고 하여 가사를 만들어 칭송하지만 아무리 위대한 제국도 마침내 멸망한다.

역사는 반복한다. 왜 그럴까?

○ 나라를 어떻게 다스릴 것인가?

백성들을 못살게 하는 것은 세금을 무겁게 하고, 때를 구분하지 않고, 특히 농번기에 공공 일을 하게 동원하고, 전쟁을 일으켜 많은 백성들이 목숨을 잃게 하는 것이다. 세금을 거두고 노역에 동원하는 것이 나라를 위한 것이라면 백성들은 어렵고 힘들더라도 그래도 참고 견디지만, 왕실이나 그 지지 세력들의 사치나 방탕한 생활에 쓰일 때는 백성들의 원망하는 소리는 점점 더 커져 간다.

사는 것이 얼마나 힘들었으면 "저 해와 같이 사라졌으면 좋겠다!"고 노래하였을까? 나라를 다스리는 임금이나 제후는 세금이나 부역을 가볍게 하여, 백성들이 부지런히 일하면 넉넉하게 먹고살 수 있다는 생각을 갖도록 해야 하고, 백성의 권리와 재산을 존중하여 억울한 꼴을 당하지 않도록 질서가 유지되도록 해야 한다.

● ● ●
제2절

　사람은 태어나면서부터 위치나 자리를 갖게 된다. 태어나서 자연히 갖는 것을 신분이라 하고, 자질이나 능력에 따라 가지는 것을 지위라 한다. 태어나면서 갖는, 자기 뜻대로 할 수 없는 관계를 혈연관계라 하고, 다른 사람과 함께 살면서 가지는 관계를 사회적 관계라 하며, 동료나 상하 관계를 가지게 된다. 어떤 자리나 위치에 있든 사람은 자기가 자리하고 있는 곳에 알맞게 행동해야 한다. 이것이 사람의 기본 도리이다.

　"시경"에 "넓고 깊은 훌륭한 문왕이시여, 오! (항상 덕을 베푸시어) 끊임없이 빛나고, 항상 머무는 곳(과 그곳에서 할 일)을 높이 받드셨네!"라 하였는데, 문왕은 임금이 되어서는 인자함에 머무셨고(즉 늘 인자하셨고), 신하로 있어 임금을 섬길 때는 경건함에 머무셨고(즉 늘 경건하셨고), 아들이 되어서는 효에 머무셨고(즉 늘 효행을 행하셨고),

아버지가 되어서는 자애함에 머무셨고(즉 늘 사랑하셨고), 나라 안의 사람과 사귈 때는 신뢰에 머무셨다(즉 항상 신뢰하셨다).

3-2 詩云穆穆 文王 於緝熙敬止 爲人君 止於仁 爲人臣 止
   시운목목 문왕 오즙희경지 위인군 지어인 위인신 지
於敬 爲人子 止於孝 爲人父 止於慈 與國人交 止於信
어경 위인자 지어효 위인부 지어자 여국인교 지어신

목목穆穆 당당하고 의젓하여 훌륭한 모습.

오於 감탄사. 오호於乎, 오호嗚呼라고도 함.

즙희緝熙 즙緝은 계속하다, 잇다의 의미. 희熙는 밝다, 빛나다를 의미. 즙희緝熙는 훌륭하여 빛나는 행동을 계속함.

경지敬止 머물 곳을 존중함. 확대하여 해석하여 머무르는 곳에서 마땅히 해야 하는 것을 받들어 그대로 하려고 함.

인仁, 경敬, 효孝, 자慈, 신信 유학에서 말하는 덕목德目은 시대나 학자에 따라 차이가 있으나, 인仁, 인의仁義, 인의예지仁義禮智, 인의예지신仁義禮智信 등으로 학자마다 달리 나타내고 있음.

○ 자기 위치에 맞게 행동해야 한다

사람이 태어나서 성장함에 따라 있는 위치가 변한다. 이것을 신분이라고 하며, 모든 사람은 나름의 신분을 갖고 있다. 태어나서는 부모의 자식이 되고, 결혼하면 지아비와 지어미가 되고, 자식을 낳으면 아버지와 어머니가 된다. 그때마다 해야 할 역할이 있다. 또 왕실이나 제후 집안에 태어나면 그에 따라 신분이 주어진다.

살다 보면 생계를 꾸리기 위해 해야 할 일이 있게 되는데, 사회가 발전하여 복잡하게 될수록 하는 일이 다양해진다. 전통 농경사회에서는 지식인, 농민, 장인과 장사꾼(사농공상士農工商)이 대부분이고, 이들을 서민이라 하며, 왕실이나 제후, 공신의 집안에서 태어나면 그에 따른 권리를 가지고 경제적 혜택을 누리는데, 이들은 사람을 다스리는 지배계층이고, 성장하면 다스리기 적합한 자리를 차지한다. 사람이 모여 살면 자연히 이끄는 사람과 따라가는 사람이 생기는데, 같은 부류의 사람 사이에도 계층이 생긴다. 이것이 계급이 된다.

사람이 어울러 화목하게 살아가려면, 신분이나 계급에 맞게 행동해야 하며, 각자가 자기 위치에서 맡은 일을 제대로 하면서 서로 믿고 살아야 갈등과 다툼이 일어나지 않는다. 이런 점을 보면 유학은 신분이나 계급이 고착되어 신분이나 계급의 이동이 어렵다고 생각하여 보수적이라 하기 쉬운데, "중용" 제28장에서는 "비록 그 지위에 있지만 그에 맞는 덕을 갖지 못하면, 감히 예악을 만들지 않아야 하고, 또한 덕을 갖고 있지만 그 자리에 있지 않으면,

역시 예악을 만들지 않아야 한다.(雖有其位, 苟不其德, 不敢作禮樂焉, 雖有其德, 苟不其位, 亦不敢作禮樂焉.)"라 하여, 먼저 자격이 있고 능력이 있어야 자리에 있을 수 있다고 하였으며, 자격과 능력에 의한 인재 등용을 원칙으로 하였다.

○ 덕목德目이란?

사람이 함께 화목하게 살려면 사람이 해야 할 행동이 있다. 이것을 덕德이라 하고, 사람이면 모두가 가져야 할 덕목德目과 어떤 특정 신분이나 계급에 있을 때 특히 갖추어야 하는 덕목이 있다. 신분과 계급에 따라 반드시 행하여야 하고 중시하는 덕목德目이 따로 있다.

덕목은 우리가 사는 세상과 사람을 어떻게 보느냐에 따라 강조하는 덕목의 우선순위를 달리한다. 이 장에서는 주요 덕목으로 넓고 어진 마음을 갖는 것(인仁), 남을 존경하는 것(경敬), 부모를 섬기는 것(효孝), 자비롭게 대하는 것(자慈)과 믿음을 주는 것(신信)을 제시하였지만, "중용"에서는 아는 것(지知), 넓고 어진 마음을 갖는 것(인仁), 두려움 없이 해야 할 일을 해나가는 것(용勇)을 제시하고, 이것을 삼달덕三達德이라 하였다. 이것 이외에도 "맹자"에서는 인仁, 의義, 예禮, 지知를 사덕四德이라 하고, 여기에 신

信을 더하여 오상五常이라고 한다. 흔히 말하는 오륜五輪도 덕목과 같은 개념으로 임금과 신하, 아버지와 자식, 남편과 아내, 형과 아우 및 친구들 간에 지켜야 할 도리로 충忠, 효孝, 경敬, 제悌, 신信을 말한다. 역시 삼강三綱이라는 말도 자주 사용하는데, 그것은 이끄는 사람, 즉 임금, 지아비, 아버지는 각각 신하, 지어미, 자식의 본보기가 되어야 하고, 그에 맞게 행동해야 하는 것을 의미한다. (三綱, 君爲臣綱, 夫爲婦綱, 父爲子綱.)

덕목을 여러 가지 제시하였지만 만일 최고의 덕목으로 하나를 택한다면 사람마다 다르다. 공자는 인仁을 제시하였고, 많은 사람들은 인仁은 너무 관념적, 추상적이라 하여 좀 더 구체적인 행동을 제시하려고 하였지만, 역시 그 덕목도 그 개념이 분명하지 않은 것은 마찬가지다. 인仁이 나오는 것은 남을 존경하는 데서 나오는 경향이 있으므로, 마음으로 남을 존경하는 것이 중요하다고 하여 경敬을 최고로 꼽는 사람도 있고, 남을 존경하는 마음을 가지려면 자신을 낮추는 마음을 갖는 것이 먼저 되어야 함으로 겸손하다는 것을 뜻하는 겸謙을 주장하기도 한다. 자신을 되돌아보고 자신의 단점을 보완할 수 있는 것을 자신에게 가장 필요한 최고의 덕목으로 하여, 그것을 항상 염두에 두고 살아가는 것이 바람직하다.

제3절

　사람의 인품과 자태를 자연의 웅장함이나 동, 식물의 무성하고 의젓함에 비유하는 글이 "시경"에는 많이 나온다. 그런 것을 보고 자신을 수양하라는 것을 뜻한다. 동양의 산수화는 그런 의미를 담고 있다. 자연과 만물과 사람이 함께 어울려 사는 것을 유학에서는 최고의 가치로 삼는다.

　먼저 인생의 목표를 세우는데 본받아야 할 생각이나 자세가 있다. 지식이나 지혜를 얻는 것을 배우는 것이라 하고, 배운 것을 따라하되 세부적으로 더 발전시키는 것을 몸과 마음을 닦는 것이라 한다. 돌이나 나무를 조각할 때, 큰 윤곽을 잡는 것을 배우는 것과 같고, 옥과 귀금속을 다듬을 때처럼 세부적으로 섬세하게 다듬는 것을 수신하는 것과 같다. 그렇게 해야 잊혀지지 않는 사람이 된다.

"시경"에 "기강의 휘어진 강변에는 푸른 대나무가 무성하네! 의젓하고 훌륭한 군자여! 톱으로 자른듯하고, 대패로 미끈하게 민 듯하고, 정으로 쫀듯하고, 갈고닦은듯하네. 겉으로는 엄하면서 굳세고, 밝고 커서 빛나네! 그 의젓하고 훌륭한 군자를 끝내 잊을 수 없구나!"라 하였다. 자른듯하고 민 듯하다는 것은 배우는 것이고, 쫀듯하고 갈고닦은듯하다는 것은 자기 자신을 닦는 것이며, 겉으로 엄하고 굳센 것은 조심스러운 모습이고, 밝고 커서 빛나는 것은 위엄 있는 행동이다. 그 훌륭한 군자를 끝내 잊을 수 없다고 한 것은 그 무성한 덕과 지극히 바르고 어진 것을 백성들이 잊을 수 없는 것이다.

3-3 詩云瞻彼淇澳 菉竹猗猗 有斐君子 如切如磋 如琢如磨
시 운 첨 피 기 욱 녹 죽 의 의 유 비 군 자 여 절 여 차 여 탁 여 마
瑟兮僴兮 赫兮喧兮 有斐君子 終不可諠兮 如切如磋者 道
슬 혜 한 혜 혁 혜 훤 혜 유 비 군 자 종 불 가 훤 혜 자 여 절 여 차 자 도
學也 如琢如磨者 自修也 瑟兮僴兮者 恂慄也 赫兮喧兮者
학 야 여 탁 여 마 자 자 수 야 슬 혜 한 혜 자 순 율 야 혁 혜 훤 혜 자
威儀也 有斐君子 終不可諠兮者 道盛德至善 民之不能忘也
위 의 야 유 비 군 자 종 불 가 훤 혜 자 도 성 덕 지 선 민 지 불 능 망 야

첨瞻 보다. 별을 관측하는 높은 곳을 첨성대瞻星臺라 함.

기욱淇澳 기淇강이 휘돌아가는 모서리. 강변이라고 볼 수 있음.

녹죽菉竹 푸른 대나무 숲.

의의猗猗 나무가 싱싱하게 우겨진 모양. 의태어.

유비군자有斐君子 인품도 훌륭하고 행동도 반듯한 사람을 군자라 하는데, 크다, 잘났다, 훌륭하다, 잘 다스려 백성과 함께 즐기다 등의 수식어를 붙여 칭송함. 가락군자嘉樂君子, 낙지군자樂只君子라고도 함.

절차切磋 톱이나 칼로 큰 테두리나 윤곽을 나타나게 하는 것을 절切이라 하고, 거친 표면을 다듬는 것을 대패로 민듯 매끈하게 하는 것을 차磋라 하며, 먼저 큰 것, 큰 뜻을 정하는 것을 의미하며, 자신을 어떻게 닦는 것을 먼저 알아야 한다는 뜻에서 도학道學이라 하였음.

탁마琢磨 쪼아서 표면의 미세한 것을 드러나게 하는 것을 탁琢이라 하고, 부드럽게 하는 것을 마磨라고 하며, 큰 뜻을 알아서 힘들더라도 그렇게 하도록 자신을 수양하는 것을 의미하여 자수自修라 함.

슬혜한혜瑟兮僩兮 슬瑟은 의젓하고 당당한 모습, 한僩은 굳센 모습.

혁혜훤혜赫兮喧兮 혁赫은 밝게 빛나는 모습, 훤喧은 성하고 큰 모습.

훤諠 잊다.

순율恂慄 자연의 위대함과 세상의 궁극 원리를 알아 조심하는 모습.

위의威儀 하는 행동에 위엄이 있음.

○ 자연을 본받자

유가사상이 형성되던 초기에는 "시경詩經", "서경書經", "주역周易"인 삼경三經을 중시하였다. 그때는 경經이라는 것을 붙이지 않고 그냥 시詩, 서書, 역易이라 하였다. 그 가운데 특히 "시경"을 높이 평가하였다. 그래서 초기 유교 경전에는 "시경"에 나오는 시가 종종 인용되는데, 그것은 시에는 사람들의 감정이 그대로 표현되었기 때문이다. 사람과 사람이 사는 사회를 알려면, "시경"의 시를 알아야 한다고 하여, 그리한 것이다.

"시경"에는 사람의 인격과 모습을 자연, 즉 산, 나무 등에 비유하는 경우가 많이 있고, 이때는 두 음절의 의성어 또는 의태어로 나타내는 경우가 흔히 있다. 이 책에서도 여러 곳에 "시경"을 인용하고 있다. 이것은 자연과 사람이 함께 어울려 사는 것을 최고의 경지라고 의미하기도 한다. 자연은 위대하고, 그 법칙에 따라 변화하여 신비롭지만 사람에게는 삶의 터전이 되어준다.

자연에는 자연법칙이 있듯이, 사람 사는 세상에는 사람의 도리가 있다는 것을 산수화를 보고 깨달으라고 실내에 산수화를 걸어 놓고 있다. 이것은 자연과 만물과 사람이 서로 어울려 살아가는 것이 가장 이상적인 세상이라는 유학의 최고 이념을 나타낸다. 옛날 사람은 의젓하고, 당당하고, 생동감 넘치는 강변의 푸른 대나무 같이 훌륭한 사람이 되기를 바라고, 그런 사람이 세상에 나와서 나라를 다스리기를 바라는 마음에서 그렇게 노래하였다.

○ 배우고 익혀서 자신의 것으로 해야 한다

군자라고 하면 일반적으로 지혜롭고 행동이 훌륭한 사람을 의미하고, 그 마음과 용모를 강조할 때는 의젓하고 훌륭하면 유비군자有斐君子라 하고, 마음이 깨끗하고 고운 군자는 숙인군자淑人君子라 한다. 실제로 나라를 잘 다스려 백성들로부터 칭송을 받고 함께 즐기는 군자는 가락군자假樂君子라 하고, 백성들과 함께 어울려 즐기는 군자는 낙지군자樂只君子라 한다. 다 같은 군자이지만 잘 다스릴 것으로 믿는 군자는 유비군자 또는 숙인군자라 하고, 실제로 잘 다스려서 백성들로부터 칭송받거나 함께 즐기는 군자는 가락군자 또는 낙지군자라 한다.

군자는 먼저 배우고 익혀야 한다. 아무리 지혜롭고 훌륭한 사람일지라도 처음부터 새로 시작한다면 수신하는 데 많은 시간이 걸릴 것이다. 세상의 근본 이치나 사람의 도리는 이미 알려진 것을 배워서 대강을 세우고, 그 위에 세부적인 것으로 꾸며야 할 것이다. 대강을 세우는 것을 배우는 것이라 하고, 세부적으로 꾸미는 것을 수신이라 한다. 이것은 돌이나 나무와 같이 큰 것을 조각할 때는, 자르고 밴(절切) 뒤 매끄럽게(차磋) 하고, 옥이나 귀금속 같은 작은 것을 조각할 때는, 쪼개고(탁琢) 가는(마磨) 것을 하는 것과 같다. 또 절차탁마切磋琢磨라 하여 배우고 익혀서 스스로 인격을 형성하는 것, 즉 수신을 의미하는 말로 자주 사용된다.

제4절

사람은 여러 기준에 따라 분류할 수 있다. 그러나 유학에서는 어리석은 사람이나 속 좁은 사람일지라도 비난하거나 배척하여야 할 대상으로 여기지 않고, 함께 더불어 살아야 하는 사람으로 다루었다. 대부분의 사람은 생명체의 본능인 자기 이익이나 자기 가족만 아는 경향이 있다. 이런 사람을 소인이라 한다. 인격을 수양하여 군자가 되도록 노력해야 한다고 하였지만, 보통 사람인 소인을 무조건 배척하라고는 하지 않았다.

집안, 나라와 세상을 다스리고자 하는 사람은 모든 사람을 품어야 한다. 그리하여야 성군으로 영원히 칭송받을 수 있다. 훌륭한 사람은 어떤 지위에 있지 않아도 칭송받을 수 있으므로, 사람이라면 모두 훌륭한 사람이 되도록 노력해야 한다. 비록 자리에 올라 사람을 다스리는 기회를 가지지 못할지라도 그 마음은 무한히 즐거울 것이다.

"시경"에서는 "아! (훌륭하여 성군이신) 옛 임금님을 잊을 수 없네!" 라 하였다. 군자는 그 임금이 현명하다고 한 사람을 존경하고, 그 임금이 친하게 지내는 사람과 친하게 지내며, 소인은 그 임금의 즐거움을 자기 즐거움으로 하고, 그 임금의 이로움을 자기 이로움으로 하였다. (즉 그 임금은 모든 사람이 좋아하는 것을 함께 좋아하여 모두가 그분을 좋아했다.) 이러함으로 세상이 다하도록 영원히 잊히지 않는 것이다.

3-4 詩云於戱 前王不忘 君子 賢其賢而親其親 小人 樂其樂
　　　시운오호　전왕불망　군자　현기현이친기친　소인　락기락

而利其利 此以沒世不忘也
이리기리　차이몰세불망야

오호於戱 감탄사. 오於, 오호於乎, 오호嗚呼라고도 함.

전왕前王 문왕, 무왕, 주공. 주나라의 기틀을 세운 문왕, 세상을 무력으로 통일하여 선왕의 유업을 이룩한 무왕, 문왕과 무왕을 돕고, 무왕의 아들이고 자기의 조카인 성왕을 도와 주나라의 통일 사업에 공헌하고 문물제도를 정비한 주공을 훌륭한 군자로 칭송함. 특히 임금이 아니면서도 아버지와 형을 도와 나라를 잘 다스리는데 이바지하고, 조카로부터 권력을 빼앗지 않고 잘 이끌어주고, 권력에서 물러난 주공을 높이 받들고 존경하여, 임금이 아닌데도 임금의 반열에 올려서 칭송함.

불망不忘 : 은혜를 베풀어준 사람을 고맙게 생각하여 잊지 않음.

○ 모든 사람을 품을 수 있어야 훌륭한 사람이다

유학에서는 사람을 여러 기준에 따라 구분한다. 지혜로운 정도에 따라 지혜로운 사람(지자知者)과 어리석은 사람(우자愚者), 인격이 훌륭한 정도에 따라 어질고 현명한 사람(현자賢者)과 모자라는 사람(불초자不肖子)으로 나눴다. 또 인품과 능력이 뛰어나고 실행력이 있는 사람을 군자君子라 하고, 그렇지 못한 사람을 소인小人이라 하였다.

소인이라고 하면 비난받아야 할 사람으로 생각하기 쉽다. 보통 사람은 자기 위주로 생각하고, 자기에게 이익이 되는 것을 구하고, 자기 자식만 사랑하는데, 그렇다고 하여 남을 해치지 않는 한 크게 비난할 것은 아니라고 하는 것이 유학의 인간관이다. 사람은 때어날 때부터 자기 위주로 행동하는 경향이 있는데, 현명하고 인격이 높은 사람은 작은 이익을 추구하는 욕망을 생각하는 힘으로 누르고, 큰 뜻을 품고, 모든 사람이 혜택을 볼 수 있는 일을 추진한다. 이런 사람을 군자라 한다.

군자와 소인 이외에 속하는 사람이 있다. 성인聖人과 비인非人이다. 성인은 군자보다도 더 훌륭하여 신에 가까운 분이고, 비인은 사람이지만 사람대접 못 받는 사람이다. 사람의 본성을 갖지 못하여 나쁜 행동을 저지른 사람과 전쟁 포로로 잡히거나 형벌에 의하여 노예로 전락한 사람을 비인이라 한다. 이런 사람은 인격이 없는 것으로 취급되어 죽임을 당하여도 하소연할 수가 없고, 단지 재물로 취급되는 경우가 많다. 전쟁 포로로 노예가 되었지만 훌륭한 자질을 가진 사람은 다시 등용되어 높은 관직에 오르는 경우가 있었다. 고구려 출신의 고선지 장군은 당나라의 유명한 장군이 되었다. 사람이 훌륭하면 좋은 기회를 얼마든지 잡을 수 있다.

나라를 다스리는 임금은 신분에 관계없이 훌륭한 사람을 발탁하여 활용해야 할 뿐만 아니라, 소인이 대부분인 서민에게도 이익을 적절하게 나누어주고 즐기는 것도 함께하여 품어야 한다. 사람을 차별하여 푸대접하면 반대 세력으로 변할 수 있고, 그 세력이 커지면 마침내 반역을 일으킬 수도 있다. 사람이지만 사람의 본성을 갖고 있지 않는 사람, 사람답지 못한 사람을 제외하고는 다 품어서 나라를 다스려야 한다.

傳4章

사는데 중요한 것은

씨족사회에서 부족사회, 부족사회에서 부족연맹, 부족연맹에서 고대 국가로 발전하는 과정에 사람의 하는 일도 다양해졌고, 가치나 윤리 개념이 다른 사람들과 함께 또는 교류하면서 살게 되었다. 그러므로 사람 사이에 갈등과 분쟁이 일어날 소지가 많아졌다. 그리하여 바람직하지 못한 행위에 대하여 처벌하게 되었다. 우리 역사에서는 부족연맹체인 고조선에도 8조금법이 있었다. 사람을 죽이거나, 신체에 상해를 입힌 사람, 남의 재산을 훔친 사람을 처벌하는 조항이 있었다. 세계적으로는 함무라비법전이 최초의 성문법으로 알려지고 있다. 법문을 돌에 새긴 것은 모든 사람이 법을 알아서 죄를 짓지 않기를 바라고, 죄를 지은 사람을 법의 조문에 따라 객관적으로 처벌하라고 한 것이다.

세상이 복잡, 다양할수록 법조문이 많아진다. 법을 잘 제정하여 집행하려고 하기보다는 법을 집행하는 일이 없는 세상을 만들도록 덕치를 해야 한다. 실제로 법이 필요하지 않는 나라로 만들었던 훌륭한 임금이 있었다. 이런 세상을 형조불용刑措不用의 사회라 하며, 한나라 성종 때를 법이 필요 없는 세상이라고 칭송하였다.

세상에서 가장 큰 재판은 임금을 몰아내는 재판이다. 권력을 장악하고 있는 임금을 재판으로 왕좌를 뺏을 수 없지만, 폭정으로 민심을 잃을 때는 백성이 봉기하여 왕위를 박탈한다. 나라가 망한 것은 바로 이런 것이므로, 임금은 백성의 마음을 잃지 않도록 해야 한다. 임금은 이것을 명심해야 한다.

●●●
제1절

　사람 사는 세상에는 갈등이나 다툼이 없을 수 없지만, 임금이 덕치를 베풀면 백성들이 다투지 않고 서로 도우면서 살게 되어 소송할 일이 없어지거나 줄어들며, 백성들은 잘못을 저지르는 것을 부끄러워한다. 임금이 폭정을 하여 물러나게 되면 변명을 할 기회조차 없다. 잘한 정책도 오히려 악정으로 평가된다. 임금된 사람은 이것을 명심해야 한다.

　공자는 "소송을 들어서 판결하는 데는 나도 다른 사람과 같다. 그러나 나는 반드시 소송이 일어나지 않게 하겠다."라 하였다. 진실하지 못한 사람이 하고 싶은 말(즉 변명을 다할 수 없는 것, 즉 폭정을 하여 나라를 잃은 임금은 실제보다 더 나쁘게 평가되는 데도 변명)을 할 수 없는 것은 백성의 뜻을 크게 두려워하기 때문이다. 이것을 근본을 아는 것이라 한다. (임금은 그 백성의 뜻을 잃으면 나라를 잃게 된다

는 것을 분명히 알아야 하며, 이것이 근본을 아는 것이다.)

4-1 子曰聽訟吾猶人也 必也使無訟乎 無情者不得盡其辭
자왈청송오유인야 필야사무송호 무정자부득진기사

大畏民志 此謂知本(此謂知本)
대외민지 차위지본

청송聽訟 사람 사이에 재산이나 권리를 두고 자기의 주장이 옳다고 각각 주장하는 것을 듣고 판단하여, 옳고 그름을 결정하는 것.

정情 느낌, 감정, 사실, 진실 등을 뜻하나, 여기서는 사실 또는 진실을 의미함. 무정자無情者는 진실하지 않고 거짓말을 하거나 남을 속이는 사람을 의미함.

대외大畏 크게 두려워함.

민지民志 백성의 뜻. 나라를 다스리는 사람. 왕, 제후, 대신은 늘 민심을 살피고, 민심에 따라 나라를 다스려야 함.

○ 소송은 어쩔 수 없는 것인가

공동체인 씨족사회에는 혈연으로 맺어진 관계로 재산은 씨족 공동체의 것이고, 개인별로 재산권은 인정되지 않았고, 그렇게 할 필요도 없었다. 그러므로 원시 공산사회라 한다. 씨족사회가 부족사회, 부족사회가 부족연맹으로 발전하여 사회 규모가 커지고 복잡하게 됨에 따라 신분과 계급이 생겨났고 사유 재산권이 형성되기 시작하였다. 사람의 자질과 능력에 차이가 있고, 사람마다 역할이 나누어짐에 따라 신분과 분배에 차등이 생겼다. 원시 공산사회에서는 생산에 기여한 것과 관계없이 필요에 따라 구성원에게 생산물이 분배되었으나, 혈연관계가 멀어지거나 아예 없는 사회에서는 하나의 공동체로 생활하지만 필요에 따라 분배되는 것이 아니라 생산에 기여 정도나 권력의 세기에 따라 분배된다. 자연히 빈부 격차가 생기고 부족하다고 느끼는 사람이 생겨나게 되었다. 이런 차이가 갈등이나 다툼이 일어나게 하였고, 물건을 훔치는 일이 생겨났다. 가장 오래된 범죄는 남의 신체에 위해를 가하거나, 남의 물건을 훔치는 것이다. 이런 범죄가 개인의 사욕에서 주로 일어나지만 부족 간의 갈등으로 인하여 일어나는 경우도 있다. 범죄로 취급되는 행위가 빈번히 일어나니 동서양을 막론하고 모든 문화권에서 법이 제정되고, 그에 따라 형벌을 가하는 제도가 정립되었다. 주요 범죄는 남의 신체를 해치는 것, 남의 여자를 범하는 것, 남의 물건을 훔치는 것 등이고, 사람을 죽인 사람은 죽음의 죄를 받지만 재물로써 갚음을 할 수 있고, 다른 죄는 재물로써 배상하여야 한다. 사람답지 못한 범죄를 저지른 사람은 노예로 만드는 제도도 있었다.

　　사회가 발전함에 따라 범죄가 되는 행위가 점점 늘어나고, 범죄가 되는 행위와 그 처벌의 정도가 그 사회가 추구하는 가치, 그런 범죄 행위가 발생하는 빈도, 백성들이 바라는 질서 유지 상태나 정도 등에 따라 정하여진다. 우리나라에는 고유의 문화 풍습, 제도에 따라 빈번히 일어나는 소송이나 범죄가 다른 나라와 크게 다르다. 처벌 정도 또한 달리한다. 조선시대에는 산소에 관한 소송이 많이 있었다. 그것은 그 당시 풍수지리설이 유행하였기 때문이다.

범죄는 공동체의 질서를 해치는 것이지만 사람 사이에 일어나는 갈등에 의한 소송도 있다. 주로 재산에 관한 것이고, 노비, 전답 등에 대한 다툼이다. 노비에 관한 것도 그 소유권을 다투는 것인데, 노비도 재산으로 취급하는 것을 감안하면 거의 모든 것이 재산이나 재산권에 관한 다툼이라고 하겠다. 범죄를 유발하는 것도 재산이고, 사람 간의 소송도 주로 재산에 관한 것이니, 사람 사이의 문제는 거의 모든 것이 재산과 관련되어 있다고 하겠다.

조선시대에는 범죄가 없고 서로 도우며 살아가는, 유학에서 주장하는 이상 사회를 만들고자 향약鄕約이란 제도를 도입하였다. 이 제도는 송나라로부터 도입한 것이며, 송나라 말기 유학사상에 따라 마을이나 지역을 관청이 아닌 백성들이 스스로 다스리도록 약속하는 것을 담은 것이다.

그 내용은 좋은 일은 서로 권하여 장려해야 함(덕업상권德業相勸), 잘못은 저지르지 않도록 서로 규제해야 함(과실상규過失相規), 서로 사귈 때는 예의를 지켜야 함(예속상교禮俗相交)과 어려운 일이 생겼을 때는 서로 도와야 함(환난상휼患難相恤)이라는 4대 강목을 담고 있다.

송나라에서 수입된 향약이 16세기 초 조선 중종 때 나라 안에 보급되기 시작하였다. 명종 11년(1556), 이황이 예안향약을 제정하여 보급하고, 이율곡이 서원향약 등을 만들어 보급함에 따라 이 제도가 나라 안에 널리 퍼지게 되었다. 우리나라 향약은 송나라 향약의 4대 강목 중 과실상규 이외의 강목은 거의 생략하고, 과실상규에 관한 부분은 상세히 규정하는 경향이 있었다. 예의에 벗어난 행동, 예를 들면, 부모를 학대하는 짓 등을 하지 않도록 서로 엄하게 규제하였다.

흔히 바르고 옳은 사람을 법 없이도 살 사람이라고 한다. 사람들이 사는 세상도 그럴 때가 있었다고 한다. 이것을 법으로 다스리는 것이 불필요하다(형조불용刑措不用)고 하였고, 줄여서 형조刑措라고도 한다. 한나라 성종 때가 그런 세상이라고 평하였다. 문을 잠그지 않아도 안심하고 살 수 있는 세상이었다. 우리나라에는 이런 시대가 있었는가? 앞으로 이런 시대가 올까?

○ 코에 걸면 코걸이, 귀에 걸면 귀걸이

　권력이 있든 없든, 재력이 있든 없든, 법 앞에서는 모두가 평등하고, 법의 규정에 따라 정확하게 심판을 받아 처벌한다면, 법에서 하지 말라고 금지하는 행위는 지금보다 하지 않으려고 할 것이다. 법령의 규정이 완벽하지 않아 해석의 여지가 있다 보니, 그 틈을 이용하여 사익을 추구하는 사람이 많이 있다. 법의 정신에는 벗어나지만 이익이 된다면 법에 어긋나는 행위를 하고, 교묘히 법망을 빠져나가는 사례를 자주 본다. 더구나 법의 규정을 왜곡되게 해석하여, 범죄행위가 그렇지 않은 것으로 결론이 나서 범죄행위로 인한 피해를 입은 사람이 그 피해를 배상받을 길이 없는 수도 있다. 이것은 얼마나 억울한 일인가!

　옛날부터 백성들 사이에는 재판 제도에 대한 불신이 깊다. 권력이나 재력이 있는 사람 앞에서는 법이 법의 구실을 하지 못하고 있다고 생각한다. 힘이 없는 서민을 잡아들여 죄가 되는 행동을 제시도 하지 않고 "네가 네 죄를 알렸다!"고 하며, 단지 마음에 품고 있었던 나쁜 마음을 스스로 자백하게 하여 죄를 덮어씌우고 명판결을 하였다고 자찬하고, 죗값을 지불하면 없던 일로 하는 사례가 흔히 있었다. 힘이 없는 백성은 얼마나 억울할까? 그래서 지금도 사람들은 권력 있는 사람과 관계를 가지려고 금품을 주는 등 좋지 못한 관행이 이루어지고 있다.

가장 전형적인 것이 법의 조문을 확대 해석하거나, 축소 해석하는 것이다. 범죄가 되는 행위에 관한 조문은 아주 좁게 해석하여 그 법망에 빠져나가게 하고, 보조금이나 세금 감면 같은 경우에는 해당되지 않는 것에도 법의 규정이 적용되게 확대 해석하여 혜택을 받게 한다. 이런 현상이 있어서 사람들은 권력과 결탁하고, 그 과정에서 부정, 부패가 생겨나고 있다.

이래서 옛날부터 "코에 걸면 코걸이, 귀에 걸면 귀걸이(이현령비현령耳懸鈴 鼻懸鈴)."라는 속담이 있다.

○ 하늘에 지은 죄는 빌 곳이 없다

임금은 비록 잘못이 있더라도 잘못을 인정하면 왕의 권위가 무너져 제대로 통치할 수 없게 된다고 하여, 왕은 과오가 절대 있을 수 없다고 하는 말이 있다. 그러나 임금이 잘못한 것을 인정하고 고치면, 백성들이 더욱더 높이 받든다는 말이 역시 있다는 것을 모르는 것 같다. "논어" '자장'편에서는 "군자의 허물은 일식이나 월식과 같아서 사람들이 모두 쳐다본다. 그러나 고치면 사람들이 모두 우러러본다. (君子之過也, 如日月蝕焉. 過也人皆見之, 更也人皆仰之.)"라 하였다.

왕권은 절대 권력이라 감히 왕을 재판 대상으로 할 수 없다고 한다. 그러나 민심을 얻지 못하면 왕의 자리를 유지할 수 없다. 왕이나 그 세력들이 그 자리에서 몰아내어지는 경우가 있다. 혁명과 민중 봉기이다. 제1공화국의 이승만 정권이 무너진 것은 부정선거에 항의하는 민중 봉기 때문이고, 제2공화국 윤보선 정권을 무너뜨린 것은 군사혁명이다. 두 번의 바람직하지 못한 사태가 있었지만 내란으로 격화되지 않았던 것은 천만다행이다. 중동에서는 독재 정권이 무너진 뒤 대부분 내란을 겪고 있고, 남미나 아프리카에서는 군사혁명이 계속 일어나고 있다.

혁명이나 민중 봉기로 권좌에서 물러난 임금은 조그마한 잘못도 크게 부풀어지거나 심지어 잘한 정책도 그 반대로 평가받기도 한다. 그러나 변명할 수 없고, 변명하더라도 오히려 여전히 거짓말을 한다고 사람들이 비난한다. 그러므로 왕이나 최고 권력자는 이런 꼴을 당하지 않도록 나라를 잘 다스려야 한다는 것을 명심해야 한다. "논어" '팔일'편에서 "하늘에 지은 죄는 빌 곳이 없다.(獲罪於天, 無所禱也.)"라고 하였다. 이것을 아는 것이 임금이 근본을 아는 것이다.

傳5章

명확히 안다는 것은

주희는 "고본 대학"에는 배워서 아는 것에 대한 설명이 빠졌다고 생각하여 그에 관한 글을 자기가 작성하여 보완하였다. 그래서 이 장을 보망장補忘章이라 한다. 주희의 이런 태도에 가장 비판한 사람이 명나라 때 양명학陽明學을 세운 왕수인王守仁(1472~1529, 호는 양명陽明)이다.

그러나 주희의 성리학을 신성시하였던 조선시대에는 주희의 사상을 무조건 좇아야 하며, 조금이라도 비판하여서는 아니 되며, 주희의 주장에 이견을 제시하면 사문난적斯文亂賊이라 하여 처벌까지 하였다. 아무리 좋은 학설이라도 신성시하여 그에 대한 비판하는 것을 비난하거나 처벌하는 것은 학문 발전에 전혀 도움이 되지 않는다. 그런데도 조선시대에서는 정부와 주도 세력은 그렇게 하였다.

비록 주희의 태도에 찬반의 의견은 있을 수 있지만, 학문하는 자세를 설명한 그의 주장은 배우는 사람이 알아야 할 가치가 있고, 본받을 만하다. "알고자 하는 것에 가까이 가서 세밀히 관찰하여, 그 근본적인 원리나 이치를 구하여야 한다.(卽物而窮其理.)"는 말은 너무나 당연한 말이다.

제1절

　사람은 다른 동물과 달리 생각하는 힘이 있어서 자연의 이치와 사람의 도리를 알 수 있다. 비록 알 수는 있지만 쉽게 얻어지는 것은 아니다. 알고자 하는 것을 가까이서 관찰하여 그 원리나 이치를 끝까지 파악하여야 한다. 아무리 사람이 뛰어났다고 하지만 처음부터 다시 시작하기보다는 배워서 거기에 자신이 새로 발견한 것을 더할 때, 좀 더 궁극적인 원리에 가까이 갈 수 있다. 오랫동안 연구하여 아는 것이 완벽해지면, 하루아침에 세상을 보는 안목이 달라지고, 그 지식을 활용하면 아무 잘못도 없이 큰일을 해나갈 수 있다.

　(요즘 슬며시 정자程子의 뜻을 취하여 보충하여 말한다. 이른바 아는 것을 완전한 데 이르게 한다는 것은, 만물의 그 본성과 변화를 제대로 파악하여 아는 데 있다고 한 것은, 아는 것을 완벽하게 하려고

하는 것은, 사물을 가까이서 관찰하여 그 사물의 이치를 끝까지 파악하는데 있다는 것을 말한다. 대개 사람 마음은 신령하여 지혜를 가지고 있지 않음이 없고 (즉 모든 것을 알 수 있고), 세상의 사물은 그 이치를 가지고 있지 않음이 없으며, 오직 그 이치에 있어서 아직 끝까지 파악하여 알지 못하였기 때문에 그 앎이 다 이루어지지 않음이 있는 것이다. 이 때문에 태학에서 가르치기 시작할 때, 반드시 배우는 사람은 세상의 모든 사물을 가까이 관찰하여, 이미 아는 이치를 바탕으로 하여 더욱더 깊이 파악하여 그 극진한 것, 즉 궁극 원리에 이르는 것을 구하는 것이며, 그렇게 하여 사물의 근본 원리에 이르고자 하고, 탐구하여 연구하는 것을 온 힘을 다하여 오랫동안 수행하여 어느 날 아침 갑자기 환하게 관통하는데 이르면, 모든 사물의 바깥과 속, 정밀한 것과 거친 것에 이르지 않음이 없고, 내 마음 전체에 일어나는 큰 작용이 밝지 않은 것이 없을 것이다. (즉 모든 것을 훤히 알게 되어 할 일을 바르고 옳게 결정하게 된다.) 이것을 물격物格이라 한다.) 이것을 아는 것이 완전한 데 이르렀다고 하는 것이다.

5-1 (間嘗竊取程子之意 以補之日所謂致知在格物者 言欲
간 상 절 취 정 자 지 의 이 보 지 왈 소 위 치 지 재 격 물 자 언 욕

致吾之知 在卽物而窮其理也 蓋人心之靈 莫不有知 而天下之
치 오 지 지 재 즉 물 이 궁 기 리 야 개 인 심 지 령 막 불 유 지 이 천 하 지

物 莫不有理 惟於理 有未窮故 其知有不盡也 是以 大學始敎
물 막 불 유 리 유 어 리 유 미 궁 고 기 지 유 부 진 야 시 이 대 학 시 교

必使學者 卽凡天下之物 莫不因其已知之理而益窮之 以求至
필 사 학 자 즉 범 천 하 지 물 막 불 인 기 이 지 지 리 이 익 궁 지 이 구 지

乎其極 至於用力之久而一旦豁然貫通焉則衆物之表裏精粗無
호 기 극 지 어 용 력 지 구 이 일 단 활 연 관 통 언 즉 중 물 지 표 리 정 조 무

不到而吾心之全體大用無不明矣 此謂物格) 此謂知之至也
부 도 이 오 심 지 전 체 대 용 무 불 명 의 차 위 물 격   차 위 지 지 지 야

상嘗 일찍이, 시험하다, 직접 체험하다, 맛보다, 가을 제사 등을 뜻함. 간상間嘗은 요즘, 근래를 의미함.

절竊 가만히, 조용히, 훔치다. 절취竊取는 가만히 얻다, 즉 그 의미를 가만히 따르다로 해석할 수 있음.

정자程子 송나라 시대의 유학자 정호程顥(1032~1085)와 정이程頤(1033~1107) 두 형제를 통칭하는 존칭어. 유학을 새롭게 하는 기틀을 마련하여 주희朱熹(1130~1200)에게 큰 영향을 줌.

즉물卽物 즉卽은 가깝다, 가깝게 하다 등을 의미하며, 즉물卽物은 탐구하고자 하는 물物이나 사事에 가깝게 가서 세밀히 관찰하여 대상인 물物이나 사事에 대하여 그 본성이나 변화 원리를 알고자 하는 것. 현실이나 사실을 중시하는 학문 탐구 방법.

궁리窮理 근본 원리를 끝까지 추궁하는 것. 유학에서는 행동에는 공경하고, 학문에는 궁극적인 것을 탐구해야 한다고 하여 거경궁리居敬窮理를 행동 지침으로 삼았음.

인심지령人心之靈 사람의 정신을 의미하며, 마음에 느끼는 감정과 오성이나 이성을 활용한 사유 활동을 모두 포함하나, 여기서는 지적 활동을 의미하는 이성적인 점을 강조한다고 볼 수 있음.

천하지물天下之物 세상에 존재하는 모든 물건은 그 본성을 갖고 있고, 자연

법칙에 따라 변화한다고 봄.

태학大學 중국의 고대 교육 기관의 하나. 15세 이상의 귀족의 자식과 뛰어난 서민의 자식을 교육하는 가장 높은 교육 기관.

활연관통豁然貫通 넓게 훤히 다 알아서 마음에 깨달은 느낌을 가지는 상태. 각覺의 상태에 이르렀다고 볼 수 있음. 불교에서 가지고 온 단어.

표리정조表裏精粗 사물의 드러난 부분만 아니라 그 근본 원리. 사물에 대하여 모두 제대로 바르게 알아야 하는 사항.

대용大用 아는 것을 실천하거나 활용하는데 따른 작용.

○ 알려고 하는 것에 가까이 가서 세밀히 관찰하라

　모든 학문분야에 있어서 과학적 방법이 가장 좋은 연구 방법이라고 한다. 과학적 방법은 인위적으로 실험 장치를 설치하고, 그 실험 결과를 근거로 논리를 세우는 것이다. 실험을 할 수 없는 분야에서는 실제 조사를 하여 주장의 타당성을 증명하여야 한다. 그러나 사람과 관련된 분야에서의 연구는 관찰할 수 있으나 실험을 할 수 없다. 최근 심리학에서 실험 장치를 통하여 자극에 대한 인간 반응을 탐구하는 경우가 있지만, 사람의 마음 자체, 사유 과정, 가치 판단 체계 등은 설문조사와 관찰은 가능할지 몰라도 실험하기는 어렵다. 그러므로 자연히 머리로 생각하여 논리를 전개할 수밖에 없다. 그렇다고 하여 완전히 현실에 있는 사람이나 사회를 무시하고 사람에 관한 논의를 하면, 그것은 헛소리에 불과

할 것이다. 사람에 관한 것을 연구할 때, 비록 실험과 실습을 하지 못할지라도 가까이서 관찰하고 분류, 분석하고, 그 공통점과 차이점을 찾아내어 주장을 세워야 한다.

사람이 배우고 익히는 것을 할 수 있는 것은 생각하는 힘이 있고, 알려고 하는 대상에는 그 나름의 존재 이유나 변화, 발전하는 법칙이 있기 때문이다. 해가 뜨고 지는 하루가 있고, 일 년에는 사계절이 있으며, 이 자연은 엄격한 법칙에 조금도 어긋나는 일이 없다. 자연 속에 살고 있는 생물은 나서 자라고, 결국은 죽게 되고, 그 후손이 대를 이어 생명을 보존하고 있다. 이것이 우리가 살아가는 터전인 자연의 가장 큰 법칙이다.

사람이 사는 사회도 역시 그런 법칙이 있을 것이고, 그 법칙을 알면 바람직한 사회를 만드는 데 활용할 수 있을 것이다. 이상 사회를 이룩하려면 자연과 만물, 사람과 사회의 원리와 법칙을 알아야 하고, 그것을 알기 위해서는 알고자 하는 것에 가까이 접근하여 세밀히 관찰해야 한다.

○ 아는 것을 바탕으로 새롭게 알게 된 것을 더해야 한다

학문을 인문학과 다른 분야로 크게 대별할 수 있다. 인문학, 특

히 철학은 오랫동안 많은 학자들이 연구하여 왔지만, 유교문화권에서는 공자사상의 해석에, 서양에서는 플라톤이나 아리스토텔레스의 재해석에 불과하다는 주장이 있다. 과학기술이 눈부시게 발전한 것에 비하면, 철학은 아직도 약 2500년 전에 제기한 문제에 매달려 있다. 대철학자들이 주장한 논리를 인정하는 바탕에서, 좀 더 세밀하게 나름대로 해석을 한 것에 불과하다는 것을 뜻하는 것이다. 왜 그럴까?

천문학과 물리학의 발전은 쉽게 알 수 있다. 천동설에서 지동설, 만유인력의 법칙, 상대성 원리로 발전하였다. 발전 단계마다 세상을 보는 눈이 혁신적으로 변하였다. 그러다 보니 새로운 주장이 나올 때는 기존의 상식을 깨는 경우가 많아서 많은 논란이 있었지만 마침내 새로운 주장이 일반론으로 인정되고 받아들여졌다.

이와 같이 새로운 주장이 나오게 된 것은, 기존의 주장으로는 설명되지 않는 현상이 일어나고 있었기 때문이다. 이상한 현상을 제대로 설명할 수 있는 주장을 제시하여 현실에 적용하여 보니, 새로운 주장이 기존의 학설보다 더 현실에 맞고 합리적이었다. 새로운 주장이 새 학설로 인정받는 과정이다. 학문이 발전하는 과정을 살펴보면, 알고자 하는 것을 세밀히 관찰하여, 이미 있는 이론으로는 설명되지 않는 현상을 찾아내고, 그 현상을 설명할 수 있는 원인을 찾아내어 그 원인을 설명하는 이론을 세워야 한다. 이런 과정을 거쳐 더 궁극적인 원리에 가까이 가게 되고 인류 문명의 발전에 이바지하게 된다.

철학은 긴 과정을 거쳐 역시 발전하였지만 자연과학과 같이 발전하지 못하였다. 서양 사상을 개괄하여 보면, 탐구 주제가 자연에서 인간의 문제로 바뀌고, 기독교가 국교로 된 이후에는 피조물인 인간 자체보다는 신의 존재와 신의 의지에 대하여 더 관심을 갖고 연구하였다. 십자군의 원정과 이슬람 문화권인 중동과의 교역 확대로 중동의 새로운 사상과 자연에 대한 지식이 유입되면서, 자연에 대한 연구가 활발하게 진행되어 학문이 크게 발전하였다. 그렇게 되니 이성적인 인간은 모든 문제를 해결할 수 있다고 자만하여, 한때 신의 존재를 부정하는 것 같은 사상이 유행하였다. 그러나 이성에도 한계가 있다는 것을 다시 깨닫고, 인간의 문제를 인간의 입장에서 다시 해석해 보려고 인간의 가치, 삶의 가치를 높이는 방안 등에 관한 연구를 하게 되었고, 최근에는 개별적인 인간도 중요하지만 그에 못지않게 사람과의 관계도 중요하다고 느끼고, 개인으로서의 인간과 사회 생활하는 인간을 동시에 보려고 하고 있다. 서양의 인간에 대한 생각은 자연 속에 사는 인간, 피조물로서의 인간, 이성을 가진 인간, 삶의 가치를 추구하려고 하는 인간, 사회적 인간 등으로 변하여 왔다. 그러나 유학에서는 그런 큰 변화는 없었다. 그것은 사람을 어떤 편향된 시각에서 보지 않고, 있는 그대로 보았기 때문이다.

중국의 춘추시대에 태어나고 살았던 공자는 어지러운 세상을 바르게 할 수 있는 방책을 제시할 것을 목적으로 인간을 탐구하였다. 실제로 사람을 다스리는데 배운 지식을 활용하려면, 편향된 시각에서 사람을 보면 그 방책은 현실에 적용할 수 없고, 적용하더라도 효과가 없을 것이다. 그래서 공자는 인간을 있는 그대로 보고자 하였다. 똑똑한 사람이 있으면 그렇지 못한 사람도 있고, 도덕적으로 훌륭한 사람이 있는가 하면 자기 밖에 모르는 사람도 있다고 하였다. 사람은 각양각색이라는 것을 전제로 하고 이론을 주장하였기 때문에 지금까지 그대로 그 입장이나 주장이 유지되고 있다.

송나라 들어서 공자사상을 받들던 학자들이 공자의 사상을 추상적, 사변적으로 발전시켰지만, 공자의 인간관, 즉 개별로서 인간, 함께 사는 인간, 자연 속에 사는 인간으로 보는 데는 여전히 조금도 변경시킬 필요가 없었다.

○ 오랫동안 연구해야 새로운 이론을 세울 수 있다

매년 연말이 되면 과학 분야의 각종 상의 수상자가 발표된다. 가장 권위 있는 상은 노벨상이다. 노벨상은 물리학, 화학, 의학, 경제학, 문학 등의 분야에 뛰어난 사람에게 주고, 평화상은 세계 평화에 기여한 분에게 수여한다.

수상자는 대부분 60세 이상이다. 평생을 한 분야에서 한 주제로 연구한 분들이다. 사람이 평생 한 주제로 연구하며 살아가기가 쉽지 않다. 연구소나 대학이 아닌 직장을 가지면, 한 분야에 깊게 파고드는 것은 거의 불가능하다. 한 분야에 깊게 파고드는 것이 좋은가? 아니면 두루 넓게 알고 원만하게 사는 것이 좋은가? 이것은 개인의 가치관과 연결되는 질문이니 사람마다 답이 다를 것이다. 그러나 노벨상 수상자가 발표될 때마다 아는 사람이나 우리나라 사람이 있었으면 하는 바람이 있다.

인류 문화나 문명 발전에 이바지 하는 공적을 남기기 위해서는 자기 자질을 파악하여 어느 분야에서 무엇을 할 것인가?를 정하는 것이 중요하다. 과학 분야의 상을 받은 사람을 보면, 거의 그 분야의 특정 과제를 가지고 30~40년을 연구한 것 같다. 위대한 업적을 남기기 위해서는 기본적으로 오랜 기간 동안 연구가 필요하다. 연구과제를 선정하는데 지도 교수의 역할이 크다고 하고, 지도 교수의 학설을 충분히 이해하고 습득한 뒤에야 새로운 연구과제를 찾아서 지속적으로 연구할 수 있을 것이다.

기존 이론을 현실에 적용하다 보면, 이상한 현상이 일어나는 것을 발견할 때가 있다. 그 현상은 우연인가? 아니면 다른 원인에서 일어나는가? 이런 의문을 가지고 깊게 탐구하면, 새로운 학설을 세우고 주장할 수 있을 것이다. 천동설이 지동설로 바뀌는 것같이 주객이 완전히 바뀌는 경우도 있고, 행성의 운동의 법칙이나 만유인력의 법칙과 같이 더 세밀화, 일반화되는 경우도 있다. 먼저 이미 있는 이론이나 학설을 훤히 알고, 그 학설이 설명되지 않는 현상을 찾아 오랜 기간 동안 연구해야 새로운 학설을 주장할 수 있고, 그 학설이 현실에서 일어나는 현상을 잘 설명할 수 있어야 일반 이론으로 발전할 수 있다.

○ 깊은 지식은 모든 것을 해결할 수 있다

자연은 정말 위대하고 신비롭다! 과학기술이 눈부시게 발달하였지만 아직도 생명의 기원, 우주의 기원, 중력의 원인 등 기초적인 것은 그 궁극에 이르기까지 까마득하게 남아 있다. 과학기술의 발달 속도를 보면, 궁극적 원리에까지 도달할 수 있을 것 같이 보인다. 인간의 능력을 너무 믿는 생각인가? 만일 사람이 궁극적 원리까지 알게 되면, 사람은 스스로 인간을 어떻게 생각할까?

간혹 승용차를 끌고 가면 터널을 만나게 된다. 터널 속에서는 갑갑한 기분이 들고, 마음이 조금 우울해지지만 터널을 벗어나는 순간 넓고 밝은 세상이 갑자기 다가온다. 갑자기 마음이 확 밝아진다. 어떤 분야에서 새로운 이론을 발견하게 되면 이런 느낌일까? 불교에서는 "깨닫다"는 말을 많이 쓴다. 공부를 지속적으로 하다 보면, 점점 눈과 마음이 밝아져서 마침내 환한 세상을 볼 수 있다고 하거나 오랫동안 연구하다 보면 충격을 받은 것 같이 한 순간 다른 차원의 환한 세상을 볼 수 있다고도 한다. 사람의 문제는 어떻게 깨닫게 될까? 어느 것이 맞는가?

사람은 생각하는 힘을 갖고 있어서 노력하면 모든 것을 알 수 있다고 하지만, 아무리 현명하지만 신과 같은 존재가 아니라서 아는 것에 한계가 있을 수 있고 잘못 알 수도 있다. 이것을 고려하여 "중용" 제20장에서는 "넓게 배우고, 자세히 묻고, 신중하게 생각하고, 명확하게 분별하고, 도탑게 행하여야 한다. (博學之, 審問之, 愼思之, 明辨之, 篤行之.)"라고 하였다. 사람이 하는 일은 여러 분야, 여러 사람이 관련되어 있으므로 넓게 알아야 하고, 하고자 하는 것에 조금이라도 의문이 있으면, 그것이 해소될 때까지 공부하거나 남의 의견을 구하여 알고 얻은 지식과 여러 의견을 곰곰이 생각하여 보고, 자기가 하는 일이나 결정이 합리적이고 타당한지를 살펴보고, 다른 대안은 없는지, 다른 대안과의 차이점은 무엇이고 선택한 결정이 어떻게 더 적합한지를 알아보고, 결정한 사항이 제대로 되는지를 살펴보아 제대로 되면 더욱 잘되도록 여건을 조성하여 주고, 제대로 되지 않으면 결정이 잘못되었는지 결정은 제대로 되었는데 실행하는 과정에서 문제가 있는 것인지를 파악하여 대책을 강구하여야 한다. 이런 과정을 거듭할수록 앎은 깊어지고, 하는 일은 막힘없이 순조롭게 진행된다.

傳6章

자기 뜻을 성실하게 하는 것은

사람이 동물과 다른 것은 동물은 본능에 따라 행동하지만, 사람은 좋아하거나 싫어하는 것이 있고, 옳다고 생각하거나 그르다고 생각하는 것이 있고, 할 수 있는 것이 있고, 하고 싶지만 할 수 없는 것이 있다. 사람은 여러 가지 중에서 선택하여 행동할 수 있다. 즉 자유가 있다. 본능에 따른, 자유 없는 행동은 평가하여 칭찬하거나 비난할 수 없지만, 자유가 있는 사람의 행동은 평가할 수 있다. 그래서 사람은 사람다운 행동을 알고, 그런 행동을 해야 한다.

사람도 본능과 감정을 가진 생명체이므로 본능에서 우러나거나 감정에 따라 하고 싶은 것이 있다. 이런 행동은 자신만을 위한 사사로운 행위일 가능성이 높다. 사람은 생각하는 힘을 가진 이성적 존재이므로, 그런 행동은 조절하거나 억제하고, 사람이면 마땅히 해야 할 행동을 찾아서 해야 한다. 앞의 것은 인심人心에 의한 행동, 뒤의 것은 도심道心에 의한 행동이라고 한다.

어떤 행동이 참으로 자기를 위한 행동인지 생각해보고, 진정으로 자신을 위한 행동을 해야 한다. 조그마한 이익보다는 큰 뜻을 행하여 큰 이득을 얻는 것이 좋은 것이 아닌가? 재물보다는 사람을, 사람보다는 세상을 얻도록 해야 하는 것이 아닌가? 세상을 얻는다면 그것을 귀중한 금으로 환산한다면 얼마나 될까!

제1절

사람이 있는 곳에는 혼자 있든, 여러 사람이 있든, 그때, 그곳에서 가장 사람다운 행동이 분명히 있다. 참된 그것을 찾아야 한다. 그것을 찾는 데는 사실이나 진실을 바탕으로 하여 생각하는 힘, 즉 이성을 활용해야 한다. 그러므로 사람이라면 항상 조심하여 그것을 찾도록 해야 한다. 유학에서는 사람의 감정도 중시하였지만 이성을 더 존중하였다고 볼 수 있으며, 이성에 의한 감정의 조절이 필요하다고 하였다.

이른바 자기의 뜻을 성실히 한다는 것은 자기를 속이지 않는 것이다. 나쁜 냄새를 싫어하고, 보기 좋은 것을 좋아하는 것과 같으며, 이것은 자족하는 것을 말하는 것이다. (자기를 속이지 않는다는 것은 자신이 품은 큰 뜻을 하려고 하면 스스로 만족한 마음을 갖는 것을 말한다.) 그러므로 군자는 혼자 있을 때도 조심한다.

6-1 所謂誠其意者 毋自欺也 如惡惡臭 如好好色 此之謂自
소 위 성 기 의 자 무 자 기 야 여 오 악 취 여 호 호 색 차 지 위 자

謙 故 君子 必愼其獨也
겸 고 군 자 필 신 기 독 야

기欺 속이다를 뜻하나, 여기서는 잘못을 하고도 반성하지 않고 자기 합리화를 위하여 변명함.

겸謙 겸손하다를 뜻하나, 여기서는 만족하다의 뜻으로 쓰임.

신독愼獨 혼자 있을 때, 혼자 아는 것. 혼자 있을 때 혼자 아는 것 등에 조심함. 이성적으로 생각함.

○ 참으로 자기가 바라는 것은 무엇인가?

유학에서는 사람을 지적 또는 도덕적 수준으로 크게 구분한다. 아는 것이 많은 사람을 똑똑한 사람, 지자知者라 하고, 그렇지 못한 사람을 어리석은 사람, 우자愚者라 하고, 지혜로운 사람을 현자賢者라 하고, 모자라고 못난 사람을 불초자不肖子라 한다. 이 이외에도 사람을 구분하는 기준이 있다. 이지적이냐 감성적이냐?, 이기적이냐 이타적이냐?, 적극적이냐 소극적이냐?, 주관적이냐 객관적이냐? 변수가 2개에서 6개로 늘어났다. 여러 기준을 다 조합하여 사람의 성격과 능력을 구분한다면, 수천 종류의 사람의 유형을 나타낼 수 있을 것이다. 그만큼 사람은 개인적으로 천차

만별千差萬別하다고 하겠다. 그러나 기준 중에는 상관관계가 많은 것이 있어서 줄일 수도 있다. 지적 능력과 이기적 행동 간에는 상관관계가 높다면 하나로 통합할 수도 있을 것이다. 그러나 여전히 사람을 여러 유형의 사람으로 구분할 수 있다.

"논어" '안연'에서는 "아는 것이 무엇이가? 라는 물음에 사람을 아는 것이다.(問知 知人.)"라 하였다. 사람이 이렇게 복잡한 존재이지만 장기간 대하다 보면, 그 사람의 성격을 알아서 그 사람의 행동을 예측할 수 있고, 그 행동이 드러나기 전에 마음속으로 세우는 경향도 어렴풋이 짐작할 수 있다. 밖으로 드러나는 행동은 다를지 모르지만, 그 밑바탕에는 자신을 위하여 행동하는 것이다. 자기 장기를 기증하는 사람이 있다. 그 사람은 장기를 기증하여 남을 돕는 것이, 자기가 추구하는 가치에 맞고, 자기를 위한 것이라 생각하여 그렇게 한 것이니, 그 행위 역시 자기를 위한 것이다. 너무 장기기증자를 낮게 평가한 것인가?

이와 같이 사람은 구체적으로 행동하기 전에 마음속으로 자기가 하려고 하는 것을 정한다. 실제로 그것이 실행될지는 나중에 문제이고, 마음에 하려는 것이 있다. 하려고 하는 것이 자기 자신을 위한다고 생각하여 그렇게 정하는 것이다. 사람다운 행동을 하면 자기에도 좋고, 함께 사는 사람에게도 좋다. 이것이 사람다운 것이다.

사람다운 행동은 자연을 알고, 사람의 본성을 알고, 사람이 모여 사는 사회를 알아야 제대로 할 수 있다. 그래서 아는 것이 완벽하게 한 후에 하려고 하는 것을 정할 수 있다. "나쁜 냄새를 싫어하고, 보기 좋은 것을 좋아하는 것 같이 하라.(如惡惡臭, 如好好色.)"는 사실과 진실을 알아서 할 행동을 정하고 그대로 행동하라는 것을 의미한다.

사람은 자기 위주로 생각하고 행동하기 쉬운데, 평소와 달리 어렵고 힘들지만 집안이나 사회나 나라에 바람직하다고 생각하는 행위를 하려고 마음먹을 때가 있다. 이때 스스로 뿌듯하거나 흐뭇한 마음이 든다. 이런 감정을 가지기를 즐기거나 기뻐할 때는 또 그런 행동을 하려는 마음이 생긴다. 그런 행동이 습관화된다면, 자신은 한 차원 높은 인격을 갖추게 될 것이다. 이것이 스스로 만족하는 것, 즉 자겸自謙이다. 집안이나 나라를 위한 행동이 결국은 자기를 위한 행동이기도 하고, 그 성과나 혜택은 마침내 자기가 받게 될 것이다. 이것이 진정한 자신을 위한 행동이다.

자기가 바람직하다고 생각하는 행동은 감정적으로, 즉흥적으로 결정하는 것이 아니라 조용히 이성적으로 생각한 후에 결정할 것이다. 자기 위치와 능력과 처한 환경 등을 종합적으로 고려하여 옳고 바람직하다고 하여 결정하게 되는데, 이것을 신독愼獨이라 한다.

신독愼獨은 "중용" 제1장 제2절에도 나온다. 신독을 해석하는데 두 가지 주장이 있다. "혼자 있을 때 조심하라"는 것과 "혼자 알고 있는 것에 조심하라"는 것이다. 효孝라는 글자도 그 의미가 다양하다. 어떤 때는 섬기다, 존중하다로 쓰이고, 어떤 때는 모시다, 잊지 않고 고맙게 생각하다로 쓰이고, 어떤 때는 앞에서 말한 것을 모두 포함하는 의미로 사용하기도 한다. 독獨이라는 글자도 '혼자 있을 때', '혼자만 아는 것', '혼자 있을 때 혼자만 아는 것' 등으로 해석하고, 독獨을 해석할 때 앞뒤의 문장과 관련지어 적합한 것을 골라서 사용하는 것이 옳다. 이 절에서는 혼자 있을 때 자신만 아는 것으로 하고, 다음 절에서는 혼자 있을 때로 해석하는 것이 문맥상 옳다.

제2절

　사람은 누구나 바르고 옳은 일을 하거나 성과가 빛나는 일을 하여 남으로부터 칭찬을 받거나 인정받기를 원한다. 그러나 혼자 있을 때, 아무도 보지 않으면 본능에서 솟아나는, 사람답지 못한 행동을 상상하거나 감정을 그대로 드러내는 욕설을 뱉어내기도 하며, 때로는 그런 생각이나 짓을 하여 스스로 부끄러워할 때도 있다. 특히 혼자 있어 한가할 때, 이런 경향이 있다. 이런 나쁜 생각이나 사악한 마음이 들지 않도록 항상 마음을 다잡아야 한다.

　소인은 한가할 때, 좋지 않고 나쁜 짓을 하는 데 있어 그 심한 정도가 이르지 않는 곳이 없다. 군자를 보고 난 후에는 슬며시 자기 잘못을 숨기고 잘한 것을 드러내려고 하지만, 사람들이 자기 보기를 그의 폐와 간을 보듯이 하며, 그러하니 무슨 보탬이 있겠는가? 이것은

마음으로 성실히 추구하면 밖으로 드러난다는 것을 말한다. 그러므로 군자는 혼자 있을 때도 조심한다.

6-2 小人 閒居 爲不善 無所不至 見君子而后 厭然揜其不善
　　소인 한거 위불선 무소부지 견군자이후 암연엄기불선
而著其善 人之視己 如見其肺肝 然則何益矣 此謂誠於中
이저기선 인지시기 여견기폐간 연즉하익의 차위성어중
形於外 故 君子 必愼其獨也
형어외 고 군자 필신기독야

한거閒居 한가하게 있는 것을 뜻하나, 여기서는 혼자 한가하게 있음을 의미함.

부지不至 이르지 않는 것이 없다, 즉 뭐든지 하다를 의미함.

암연厭然 부끄러워 감추다를 의미함.

엄揜 가리다.

중中 마음속.

형形 드러나다의 동사이나 명사로 쓰이면 나타난 모양.

○ 본능적 욕구는 어쩔 수 없는가?

멀쩡한 사람이 이상한 범죄를 저질러서 평생 쌓아온 업적이나 명예를 하루아침에 무너뜨리는 것을 종종 본다. 주로 성범죄다. 성욕은 인간의 본능에서 솟아나는 욕구다. 본능을 억제하기가 그렇게 힘이 드는가?

사람의 욕구에 관한 이론이 많이 있다. 널리 알려진 것이 요구 5단계론과 생명체의 본능적 욕망인 성욕, 식욕, 수면욕과 재물, 권력, 명예를 갖고자 하는 소유욕이다. 욕구단계론은 20세기 중반 미국 심리학자 에이브러햄 매슬로가 주장한 이론이다. 제1단계는 생명체가 갖는 생리적 욕구로 먹고, 자고, 후손을 퍼드리려고 하는 욕구를 말하고, 제2단계는 안전 욕구로 경제적으로 넉넉하고 위험이 없는 것을 바라는 욕구를 말하고, 제3단계는 사회적 욕구로 다른 사람과 사랑하고 인정받고 싶은 욕구를 말하고, 제4단계는 존경 욕구로 다른 사람으로부터 존경받기를 바라는 욕구를 말하며, 가장 높은 단계인 제5단계는 자아실현 욕구로 자기 삶이 자기가 바라는 대로 되기를 바라는 욕구를 의미한다. 1, 2단계의 욕구는 생명체가 공동으로 갖는 욕구라 하겠고, 3단계 이상은 사람만이 갖는 욕구라 하겠다.

사람은 본능에서 우러나는 욕망을 채우려고 노력하지만, 한편으로는 지나친 욕망을 이성으로 자제하려고 하기도 한다. 그러나 혼자 있을 때, 상상도 못하는 생각이 떠올라 스스로 생각하여도 부끄러울 때가 있다. 그런 것은 본능과 관련된 행동이거나 억울하거나 풀지 못한 분노에서 하는 상스러운 저주의 말 등이다. 속에 있는 마음을 그대로 표현한다면 존경받는 사람도 그런 사람인가! 하고 깜짝 놀랄 수도 있다. 가능한 한 바른 마음을 갖도록 노력해야 한다.

누구든 남으로부터 인정받지 않고, 존경받지 않기를 바라는 사람이 있겠는가? 평소 마음가짐이 무의식 중에 밖으로 드러나므로 마음가짐과 마음에 정하는 뜻을 바르게 해야 한다. 마음속에 품은 뜻이 표정이나 몸짓 등으로 외부로 나타나 자기 인격을 나타내니 항상 조심해야 한다. 특히 무심코 한마디씩 던지는 말이 자기 인격을 그대로 드러내므로 말을 조심해야 한다.

○ 품은 뜻이 곧으면 겉으로 드러난다

기독교의 성화나 사찰의 탱화에는 훌륭한 성인들 뒤에 광배光背가 있다. 이것은 위대함과 초월성을 나타낸다. 그것은 그런 분들을 우러러보면, 알게 모르게 그런 광채가 나오는 것 같이 느껴지는 것을 상징하는 것이다. 보통 사람은 그렇게 될 수 없지만 친구들 중에 보면 온화하고 친밀감이 느껴지는 사람이 있다. 그 이유는 알 수 없지만 그렇게 느껴진다. 그런 느낌을 주는 사람이 되어야 한다.

40세가 넘으면 자신의 얼굴에 대하여 책임져야 한다는 말이 있다. 이 말은 자신의 얼굴에 자신의 인격이 반영된다는 것을 의미한다. 직업별로도 사람이 풍기는 느낌이 있다. 성직에 계시는 분들의 얼굴이 가장 온화하고 자비롭게 보이고, 대하게 되면 저절로 품에 안기는 것 같은 느낌을 가진다. 이에 반하여 나쁜 사람을 다루는 사람들은 대체로 눈초리가 무섭고 찬바람이 나는 것을 느낄 수 있다. 장기간 맡은 일을 하다 보면 저절로 표정에 변화가 나타나는 것 같다. 그러므로 두렵고, 불안하더라도 세상에는 풀리지 않는 어려움은 없고, 어려운 시기가 지나면 반드시 평안한 때가 온다고 믿고 마음에 여유를 가져야 한다. 부드럽고 편안한 느낌을 주는 인상이라야 사람과 좋은 관계를 가질 수 있다.

제3절

나쁜 생각이나 사악한 마음이 일어나지 않도록 자신의 마음을 닦아야 하지만, 남이 나를 주시하고 있다고 여기거나, 자기가 믿는 신이 항상 자신을 내려보고 있다고 생각하면 마음을 다잡기가 쉽다. 본능이나 감정을 절제하는 방법 중 자기에게 맞는 방법을 찾아서 일생을 살아가면서 활용해야 한다.

증자는 "많은 눈이 쳐다보고, 많은 손이 가리키고 있는데, 얼마나 엄한가!"라 하였다. 부富가 집을 윤택하게 하듯이, 덕德은 자신을 윤택하게 한다. 마음이 넓으면, 즉 걱정이나 불안이 없어져 몸이 넉넉해진다. 그러므로 군자는 자기 뜻을 성실히 한다. (모든 것에 옳고, 당당하면 두렵거나 걱정할 것이 없다.)

6-3 曾子曰十目所視 十手所指 其嚴乎 富潤屋 德潤身
증 자 왈 십 목 소 시 십 수 소 지 기 엄 호 부 윤 옥 덕 윤 신

心廣體胖 故 君子 必誠其意
심 광 체 반 고 군 자 필 성 기 의

- -

반胖 편안하다의 뜻. 여기서는 몸이 긴장되지 않는 것을 의미함.
심광체반心廣體胖 마음이 넉넉하면 몸도 편안하다를 의미함.

○ 행동을 절제하게 하는 것에는 무엇이 있는가?

　해야 할 행동이 있고, 하지 않아야 할 행동이 있다. 해야 할 행동을 하지 않으면 현상에 변화가 없이 그대로 유지되는 것이니 비난을 받지 않을 수도 있지만, 하지 말아야 할 것을 하면 드러나서 주위로부터 크게 비난을 받을 수 있다. 사람은 모두 주위로부터 인정을 받고, 더 나아가 존경을 받고 싶은 것이 본능인데, 왜 이렇게 비난받으면서 하지 말아야 할 행동을 할까? 그런 행동을 하고 싶은 마음이 생기더라도 자제하여 하지 않도록 하는 것에는 무엇이 있는가?

　하지 말아야 할 행동을 하게 하는 것은 본능이거나 소유욕이다. 자신을 조용히 되돌아보면, 엉뚱한 짓을 하려고 하는 것은 그런 충동에 의하여 일어나는 것을 알 수 있다. 그러면 그런 충동이 일어나지 않게 하거나, 일어나더라도 억누른 것은 어떤 것이 있는가? 그런 것에는 내부적 요인과 외부적 요인이 있다. 외부적 요인으로는 징계와 형벌이 있고, 비난받는 것을 끔찍이 싫어하는 사람은 평판도 크게 작용할 것이다. 내부적으로는 자신이 갖는 가치, 신념과 자신이 믿는 종교의 계율일 것이다. 외부적인 요인에 의한 절제보다는 내부적인 요인에 의한 절제가 더 사람다운 것이다. 평소 자신을 다듬어서 스스로 바람직하지 않은 행동은 하지 않도록 하는 것이 자기만족과 자긍심을 가지게 될 것이다. 사람의 마음은 연약하므로 마음을 굳건하게 해주고, 의지하고, 가르침을 주는 사상이나 종교가 필요하다.

○ 마음이 넓으면 몸도 건강해진다

스트레스는 만병의 근원이다. 그러나 사람이 살면서 스트레스를 받지 않고는 살 수 없다. 아무리 많은 복을 받고 태어난 사람도 사람인 관계로 두려움이나 근심, 걱정이 없을 수 없다. 불교에서는 사람이 산다는 그 자체가 어려움(고苦)의 연속이라고 한다. 하고 싶은 것은 하지 못하고, 하고 싶지 않은 것을 해야 할 때가 많이 있다. 사는 것 자체가 그렇다. 그렇다고 하여 항상 불만이 가득 차거나 우울한 마음을 가지고 살아야 하는가? 아니다. 사람은 마음먹기에 달려있다. 아무리 어려움에 처하더라도, 곧 해결될 것이라는 믿음을 갖고 올바른 마음과 슬기로운 지혜와 성실하게 노력하면 어려운 처지에서 빨리 벗어날 수 있을 것이다. 사람은 그런 지혜를 갖고 있다.

그리하여 "중용" 제14장에서는 "훌륭한 사람은, 어느 곳에 있든 얻지 않는 것이 없다.(君子, 無入而不自得焉.)"고 하였다. 즉 어려운 처지에 빠지더라도 그 해결 방법을 얻어서 그곳에서 벗어나 더 나은 곳으로 나갈 수 있다고 하였다. 이런 마음을 가지면 여유 있게 행동하고 바르게 처신할 수 있으며, 마음이 편안해지고 몸도 건강해질 것이다. 그러므로 항상 바르고 옳은 행동을 한다는 마음을 가져야 한다. 그러면 당당하게 살 수 있다.

○ 자기합리화는 문제 해결 방법이 아니다

사람은 비록 자기가 해야 할 것을 알고 있지만, 여러 이유로 하지 않을 때가 있다. 오히려 해야 할 것은 하지 않고, 다른 것을 하고는 자기가 한 것이 옳다고 우기는 때도 있다. 이와 같은 짓을 하는 것은 자신의 잘못을 인정하면, 자존심을 잃거나 잘못의 책임이 자기에게 돌아오는 것을 염려하여 그렇게 한다. 이런 태도는 단기적으로는 체면이 손상되는 것과 책임지는 것에서 벗어날 수 있을지 몰라도 장기적으로는 문제 해결을 어렵게 하고, 도리어 자존심을 크게 손상시키는 수도 있다. 이런 일이 일어나는 것을 막기 위해서는 객관적인 시각에서 문제를 보고, 해결하려고 하고, 잘못이 있을 때는 솔직히 인정하고 책임감 있게 행동하는 것이 좋다. 이솝우화에는 여우가 맛있는 포도를 따서 먹으려고 노력하다가 실패하고는 "저 포도는 너무 시어서 맛이 없을 거야." 하고 돌아가버렸다는 이야기가 나온다. 이렇게 자기합리화는 하지 않아야 한다.

傳7章

마음을 바르게 하는 것은

신은 모든 것을 알 수 있고, 하고자 하는 것을 모두 할 수 있고, 하는 일은 모두 옳지만 사람은 그렇지 못하다. 사람은 불완전한 존재다. 천둥, 번개 등 괴이한 자연현상을 보면 두렵지 않을 수 없고, 앞일을 내다볼 수 없으므로 걱정하지 않을 수 없다. 또 신체나 기분을 상하게 하면 성내지 않을 수 없다. 간혹 불쑥 솟아나는 본능적 요구에 의한 충동은 감당하기가 힘들 때도 있다. 이런 것들이 이성적 판단을 흐리게 할 수도 있으므로 적절히 조절해야 한다. 그렇게 해야 생각하는 힘을 활용하여 본능에서 나오는 감정을 조절해야 바르게 판단할 수 있다.

제1절

　사람의 판단을 흐리게 하는 것은 지식과 능력의 한계만이 아니라 본능적 충동이나 감정도 있다. 별것 아닌 것으로 다투다가 큰 잘못을 저지르거나, 성적 욕구를 절제하지 못하여 큰 범죄를 저지르는 사람도 있다. 항상 마음을 바르게 다스려 행동을 절제해야 한다.

　이른바 몸과 마음을 닦는 것은 자기 마음을 바르게 하는 데 있다는 것은, 자기가 성내거나 노여워하는 것이 있으면 그 바른 것(즉 바른 마음)을 얻지 못하고, 무서워하고 두려워하는 것이 있으면 그 바른 것을 얻지 못하고, 즐기는 것에 너무 좋아하여 빠지면 그 바른 것을 얻지 못하고, 근심이나 걱정이 있으면 그 바른 것을 얻지 못한다. (사람의 본성과 지적 한계에서 우러나는 성냄, 두려움, 지나친 즐거움과 걱정을 없애야 바르게 판단할 수 있다.)

7-1 所謂修身 在正其心者 身有所忿懥則不得其正 有所恐
소 위 수 신　재 정 기 심 자　신 유 소 분 치 즉 부 득 기 정　유 소 공

懼則不得其正 有所好樂則不得其正 有所憂患則不得其正
구 즉 부 득 기 정　유 소 호 요 즉 부 득 기 정　유 소 우 환 즉 부 득 기 정

신身 몸, 나, 자신, 몸소, 친히 등을 뜻하며, 여기서는 수신修身으로 사용되었으므로 유형적인 몸으로만 보기보다는 몸과 마음을 다 포함한 한 사람으로서의 나 자신으로 봄. 특히 본능과 감정에 쌓인 사람.

부득기정不得其正 옳고 바른 것을 알 수 없거나 얻을 수 있음.

분치忿懥 공구恐懼 호요好樂 우환憂患 사람의 본능적 감정. 사람은 하고자 하는 것은 한이 없으나 사람은 다 알 수 없고, 모든 것을 다할 수 없는 불완전한 존재임. 자기에게 좋은 것을 보면 기뻐하고, 싫은 것을 보거나 당하면 성내거나 분한 마음을 가지며, 천둥이나 번개가 치면 두렵지 않을 수 없고, 앞일을 알 수 없으니 걱정하지 않을 수 없음. 마음이 불완전한 상태에 있으면 사물이나 일을 제대로 파악하여 알 수 없으므로 사람은 항상 평정심을 가지도록 노력해야 함.

○ 사람의 마음은

우리는 마음이라는 말을 자주 사용한다. "마음에 든다", "마음이 고운 아가씨", "마음은 있으나 갈 새가 없다", "마음을 터놓고 이야기하자" 등의 말이 있다. 마음이란 말을 쓰지만 그 의미가 약간씩 다르다. 그러면 마음이란 무엇인가? 국어사전을 보면, 마음

은 "사람의 몸에 깃들어서 지식, 감정, 의지 등의 정신활동을 하는 것, 또는 그 바탕이 되는 것", 또 "외부로부터의 자극에 대하여 일어나는 기분이나 느낌"으로 정의한다. 그래도 잘 알 수 없다.

사람은 몸과 마음으로 되어있다는 말이 있다. 몸은 유형의 것이고, 유형의 것 이외에 보이지 않는 것은 모두 마음이나 마음과 관련된 것인가? 마음은 한자로는 심心이라 한다. 마음과 심心은 가장 기초적이고 넓은 의미로 쓰이는 단어이고, 이와 비슷한 의미로 쓰이는 말들도 많이 있다. 얼, 넋, 정신精神, 혼魂, 혼백魂魄. 여러 단어를 나열하니 더 혼란스럽다.

우선 몸에서 일어나는 무형의 작용이나 그것이 일어나는 곳이라고 하면, 머리와 가슴이 떠오른다. 머리는 이해하고 판단하는 곳이고, 가슴은 느끼는 감정이 일어나는 곳으로 보인다. 일단 마음을 머리에서 하는 생각과 가슴에서 일어나는 감정으로 나누어 놓고 더 깊이 생각해 본다. 사람은 머리에서 있다 없다, 이다 아니다와 맞다 틀리다, 옳다 그르다, 착하다 나쁘다 등에 대하여 판단한다. 가슴으로는 기쁘다, 성내다, 슬프다, 즐겁다와 좋아하다 싫어하다, 바라다 등의 감정을 느낀다. 이와 같이 사람의 느낌을 4가지 또는 7가지로 나누지만 그 이외에도 그리움, 부끄러움, 시기와 질투, 지루함 또는 권태, 만족감, 성취감, 감동 등이 있는데,

사람의 마음이 미묘함을 생각한다면, 아직도 부족하다는 느낌이 든다.

　사람은 어떻게 이런 감정을 가지게 되고, 같은 현상에 대하여 사람마다 달리 느끼는 경우가 있고, 같은 느낌을 가지더라도 그 정도에 차이가 있다. 왜 이럴까? 사람마다 타고난 마음의 바탕이 있고, 성장하면서 그 바탕에 느끼거나 판단하는 기준을 만들어 나간다. 가족 중에 성격이 비슷한 경향이 있는데, 이것은 선천적으로 부모로부터 받은 품성이 비슷한데도 그 원인이 있지만, 후천적으로 그 집안에서의 생활태도나 습관이 비슷한데도 있다. 마음의 기준은 선천적인 것도 있지만 후천적으로 얻는 것도 있다고 볼 수 있다. 어떤 문화권에서는 용기가 없거나 비겁한 것을 가장 부끄러운 일로 치는데, 다른 문화권에서는 거짓말하는 것 또는 욕심부리는 것으로 친다. 문화가 사람의 판단 기준이나 느낌에 크게 영향을 주고, 문화가 다르면 상대방을 이해하기가 어렵다. 해외에 입양되어 다른 환경에서 자란 형제들이 근본에 있어서는 비슷한 것 같지만 느끼는 감정은 다른 것 같다.

　마음의 바탕에 느끼거나 판단하는 것이 만들어지면 그에 따라 외부에 들어오는 자극에 대하여 반응하게 되는데, 외부 자극과 마음의 기준이 얼마나 잘 동감하느냐에 따라 그 강도가 달라진다. 공감을 잘하면 감정이 풍부해지고, 그러하지 않으면 느끼기는 하지만 그 세기가 약하다. 이런 사례들이 모여서 사람은 그 인격을 형성해 나간다.

지금까지 분석을 토대로 마음의 구조를 살펴보면, 마음에는 사고, 사유 기능과 감정이 있으며, 사고, 사유는 머리에서 이루어지고, 감정은 가슴에서 이루어진다. 그러나 사유와 감정은 서로에게 영향을 주기도 하고 받기도 한다. 어느 쪽이 큰 역할을 하느냐는 선천적 기질과 후천적 경험에 의하여 정하여지며 사람마다 차이가 있다. 유학에서는 사유 기능을 중시하여, 이것으로 감정을 조절해야 한다고 하였다. 이것을 신독愼獨이라 한다. 그렇다 하더라도 감정은 삶의 의미를 부여하고, 그 궁극적인 가치를 평가하는 것이므로 등한시하여서는 안 된다고 하였다. 자긍심, 만족감, 행복감, 성취감은 머리로 생각하여 최종적으로 얻는 것이 아니라 머리로 판단한 결과에 따라 최종적으로 가슴에서 느껴서 얻는 것이다.

마음에 관하여 논한 것은 맹자의 사단설四端設과 "중용"의 희로애락喜怒哀樂의 4정四情과 "예기" '예운'편의 7정七情이 있다. 4단은 사람을 다른 동물과 달리 사람답게 하는 마음씨로 도덕적 근원을 말하며, 남을 불쌍히 여기는 마음(측은지심惻隱之心), 자신이 옳지 못함을 알 때 부끄러워하고 남의 옳지 못함을 보고 싫어하는 마음(수오지심羞惡之心), 겸손하여 남에게 양보하는 마음(사양지심辭讓之心), 잘잘못을 분별하여 가리는 마음(시비지심是非之心) 등이다. 정情에 관해서는 "중용"에서 기쁘고(희喜), 성내고(노怒), 슬프고(애哀), 즐거운(락樂) 마음 4가지를 말하고, '예운'편에서는 4정에서 즐거운 것을 빼고, 두려운(구懼), 사랑하는(애愛), 싫어하는(오惡), 바라는(욕欲) 마음 4가지를 더하였다.

유학에서 논한 사단칠정과 서양의 관련 이론과 비교하여 보면, 여러 면에서 차이가 있다. 사단칠정은 약 2500년 전의 주장이고, 지금 비교하려는 심리학은 19세기부터 발달한 이론이다. 양 이론을 단순히 비교하여 평가하는 것 자체가 무리이지만, 유학의 마음에 관한 이론을 발전시키기 위해서는 비교해보는 것도 의의가 있다고 하겠다.

서양에서는 사고와 감정을 분리하여, 사고에는 이다 아니다, 같다 다르다 등을 아는, 즉 이해하는 것을 의미하는 오성悟性과 이미 알고 있는 것을 바탕으로 지식을 확대해 나가는 것, 즉 추론하는 것을 의미하는 이성理性으로 구분한다. 감정에는 4정 또는 7정이라 구체적으로 규정하지 않고, 사람이 살아가는 데 크게 작용하는 감정도 있지만 이 이외에도 미묘하게 느끼는 감정이 많다고 한다. 사단에서는 시비지심은 사고능력을 말하기는 하지만 오성과 이성으로 구분하여 명확하게 규정하지 않고, 감정은 측은, 수오, 사양의 마음으로 구분하여 3개 범주로만 보아서, 다양하고 미묘한 사람의 마음을 다 표현 못하고 있다. 도덕적 마음은 어디 있는가?

송나라 때의 성리학은 마음에 관하여 이론을 제시하였고, 성리학을 숭상하였던 조선에서는 중기부터 마음에 관한 탐구와 토론을 많이 하여 심학心學을 발전시켰다. 그것은 유명한 사단칠정四端七情 논쟁이다. 조선의 심학은 사람의 마음을 관찰하여 세운 논리가 아니고, 우주의 원리로 마음을 해석하고 이해하려고 했던 것이다. 그러니 자연적 추상적이고 사변적이어서 보통 사람은 이해하기가 쉽지 않았다. 그러나 인간의 존재, 윤리의 궁극적 원리 등에 관한 관념적인 이론을 나름대로 세웠다고 하겠다.

마음에 관한 이론은 유학에서는 조선의 심학과 지금의 자연과학의 한 분야인 심리학이 있다. 심학은 마음은 무엇인지, 마음은 어떻게 작용하고 변하는지, 마음을 가다듬으려면 어떻게 하여야 하는지를 사변적, 관념적으로 생각하여 이론을 세우는 것이고, 심리학은 가능한 한 실험과 조사를 통하여 사람이 외부 자극에 대하여 어떤 반응을 보이는지를 연구하는 것이다. 즉 사람에게 특정 자극을 주면 어떤 반응이 나타나는 것을 연구하는 것이다. 그 원인은 추측할 뿐이다. 심학은 심리학에서 추측에 해당하는 부분에 대한 탐구이므로 허무맹랑한 면도 있지만, 마음 자체에 관하여 이론화하는 것이므로 사람의 마음을 수련하는데 필요한 주장이라고 하겠다.

○ 본능에 우러나는 마음의 상태는

신은 무엇이든지 알 수 있고, 무엇이든지 할 수 있고, 하는 것은 모두 최고의 선에 해당하는 전지전능의 존재로 여긴다. 그러나 사람은 그러하지 못하다. 게다가 생명을 유지하고, 후손을 남기려고 하는 존재이다. 먹고, 입고, 쉬어야 하며, 짝을 찾아 자식을 낳아 키우려고 한다. 단순히 이렇게 행동하면 동물과 다를 바 없다. 사람은 생각하고, 그에 따라 행동할 수 있는 존재다. 이것이 사람을 다른 동물과 구분하는 까닭이다. 사람다우려면 사람만이 갖는 이 특성을 잘 살려서 활용하여야 한다. 그것은 사람이 함께 화목하게 살려면 해야 할 행동을 찾아서 그것을 그대로 실천하는 것이다. 그러나 사람은 항상 그렇게 하지 못하고 간혹 동물과 다름이 없는 짓거리를 하기도 한다. 마음 깊은 곳에서 솟아나는 욕망과 지식의 한계가 있는데서 그렇게 된다.

원시시대에는 사람이 생활하는 것이 다른 동물과 차이가 없었다. 오히려 호랑이, 사자와 같은 사나운 짐승보다도 더 위험한 삶을 살았다. 자연에 대한 지식이 없으니 천둥과 번개만 쳐도 두려워하였고, 내일에는 무슨 일이 일어날지 모르니 걱정하지 않을 수 없었고, 생명의 위험이 닥치거나 몸을 해치는 일을 당하면 성내지 않을 수 없었고, 후손을 남기려는 잠재적 본능에 따라 이성異性을 탐하지 않을 수 없다. 이런 것은 본능과 지식의 한계에서 나온다. 문명이 발달하여 천둥과 번개가 일어나는 이유를 알고, 그것을 피하는 방법을 알게 되니, 그것들에 대하여 두려워하지 않게 되고 안정된 주거지를 만들어 살아가니, 원시시대와 같이 짐승의 공격이나 풍수해로 인한 걱정을 들게 되었다.

그러나 사람이 지혜로워 문명과 문화를 이루고 살고, 사람의 도리를 알고 그에 따라 행동하여 화목하게 살려고 하지만 여전히 한계가 있다. 그 한계를 극복하는 것은 배우고 익혀서 자신을 수양하는 것이다. 이때 가장 중요한 것이 살아가는 마음의 자세이다.

●●●

제2절

  사람은 늘 생각하여 행동하지만, 간혹 생각 없이 평소대로 행동하는 때도 있고, 놀라거나 당황하면 어떻게 할 줄 모른다. 이런 상태가 없도록 노력하고, 갑작스럽게 이런 상태가 되었을 때는 한 발 뒤로 물러서서 차분한 마음을 가지고 이성적으로 판단해야 한다. 한 곳에 너무 몰입하면, 다른 것에 정신이 없을 수 있지만, 놀이가 아니고 자기가 할 일을 할 때는, 오히려 능률이 올라가는 수도 있다.

  마음이 없으면 보아도 보이지 않고, 들어도 들리지 않고, 먹어도 그 맛을 모른다. 이른바 자신을 닦는 것은 그 마음을 바르게 하는 데 있다는 것을 말한다. (바르고 옳다고 생각하여 결정한 것을 흔들림 없이 추진하도록 마음을 다잡는 것을 마음을 바르게 하는 것이다.)

7-2 心不在焉 視而不見 聽而不聞 食而不知其味 此謂修身 在正其心
심부재언 시이불견 청이불문 식이부지기미 차위수신 재정기심

심부재心不在 사람은 감각기관, 오감五感을 통하여 얻은 사실이나 정보를 과거의 경험이나 갖고 있는 지식을 활용하여 나름대로 앎을 쌓아가며, 이다, 아니다, 옳다, 그르다, 앞으로 어떻게 될 것이다 등을 판단하게 됨. 그런데 오감이 다른 곳에 쏠려 제대로 작용하지 않으면, 정확한 지식을 가질 수 없어 바르고 정확한 판단을 할 수 없음. 그러므로 객관적으로 보고 듣고 하는 것이 중요함. 착오錯誤, 착각錯覺은 잘못 알아서 판단을 그르치는 것을 말함.

○ 바른 마음은 수신의 기본이다

두려움, 걱정, 성냄, 즐거움에 지나치게 빠짐이 없어야 제대로 판단할 수 있고, 그런 마음이 일어나지 않게 하려면 지혜와 지식을 가져야 하고, 아는 것에 따라 행동하도록 마음을 다잡아야 한다. 항상 그렇게 하려고 하지만 사람인 관계로 착각하지 않을 수 없고, 착오에 빠지지 않을 수 없다.

사람을 제대로 판단하기 위해서는 먼저 사물을 있는 그대로 보고, 듣고, 느껴야 하는데, 실제와 다르게 받아들이거나 알게 된

다. 착각에는 일정한 경향이 있으므로 착각이 일어날만한 상황이 있으면, 처음 받아들이는 것을 보완, 조정하여 있는 그대로의 사실을 알 수 있다. 착오는 사실과 자기가 받아들이는 것에 차이가 있는 것에는 착각과 같으나 착각은 감각기관의 한계에 의한 것이고, 착오는 생각하는 과정에서 일어나는 것을 의미한다. 대부분 사람은 어떤 행위가 있으면, 그 행위를 한 사람은 이런 마음에서 하였을 것이라고 판단하는데, 자기만은 자기의 지식, 처지, 환경 등에 따라 달리 해석하는 경우가 있다. 이를 착오라 하며, 상식과 다르게 판단하는 것을 뜻한다.

사람은 보고, 듣고, 느낀 것에 대한 반응으로 행동하는데, 사실과 진실에 근거하여 바르게 인식해야 하고, 상식에 맞게 행동하는 것이 사회 생활하는 데 있어 기본이다. 그 사회에 사는 사람이라면 그런 상식과 마음 자세를 가져야 한다.

○ 성의와 정심의 관계

"대학"에서는 8조목 상호 관계에 대하여 설명하지만 성의誠意와 정심正心의 관계는 설명하지 않고 있다. 대부분 사상은 정심하여야 성의할 수 있다고 하는데, "대학"에서는 성의를 정심보다 앞의 단계로 다룬다. 성의는 자기가 배우거나 경험하여 알게 된 것을 바탕으로 가장 좋은 행동을 선택하고, 그것을 하려고 마음을 먹는 것으로, 사람의 생각하는 힘을 이용하여 행동을 결정하는 것이고, 정심은 본능에 우러나는 잘못된 마음에 의하여 이성으로 결정한 옳은 판단을 의심하거나 염려하는 것을 없도록 한다는 것을 의미한다. 그러므로 유학에서는 이성을 중시하고 본능에 의한 마음은 가능한 한 절제해야 한다고 하였다. 즉 이성에 의한 도심 道心을 존중하고, 본능에서 일어나는 인심人心을 조절 또는 억제해야 한다고 하였다.

정심을 성의보다 앞세우는 사상은 마음이 바르게 되어야 바른 뜻을 세울 수 있다고 보았기 때문이다. 이와 같이 정심과 성의의 선후를 달리하는 것은 정심에서의 마음과 성의에서의 마음을 어떻게 보느냐에 달려있다. 정심을 앞세우는 사상에서는 마음을 아주 넓게 보는 것, 사유와 감정을 모두 포함하는 의미로 사용하였고, 성의는 그 사유에서 특정한 행위를 하도록 결정하는 것을 의미하는 것으로 보인다. 마음을 넓게 보느냐 좁게 보느냐에 따른 차이이지 수신하는데 있어 바른 마음과, 바르고 옳은 뜻을 가져야 한다는 데는 같다고 볼 수 있다. 마음에 관한 연구가 더욱 깊게 이루어지고 그에 따른 마음의 바탕, 마음의 작용, 마음의 상태, 마음의 변화 등에 관한 적합한 단어가 만들어지거나 생겨난다면, 마음에 관한 이론은 더 정확하게 나타낼 수 있을 것이다.

傳8章

자신을 닦는다는 것은

유학 경전에는 수신에 관한 문구가 많이 있다. "중용" 제20장에서는 "몸과 마음을 바르고 밝게 하고, 차림은 단정하게 하여, 예의에 벗어나는 것은 하지 않아야 한다. 이것이 수신하는 방법이다.(齊明盛服, 非禮不動. 所以修身也.)"고 하였고, 제33장에서는 "군자는 마음을 살펴서 부끄러움이 없고, 그 뜻에는 미워하거나 싫어하는 것이 없어야 한다.(君子 內省不疚, 無惡於志.)"고 하였다.

그러나 사람을 다스리는데 사람의 관계가 중요하고, 사람과의 관계에 있어서 불합리하게 차별하지 않는 것이 가장 중요한다. 모든 사람은 부당하게 차별받는 것을 제일 싫어한다. 차별이 공동체를 해치는 가장 큰 암이다. 그러므로 사람을 다스리는 사람은 임금이든, 고위 관리이든, 집안의 어른이든 사람을 차별하면 안 된다. 그래서 사람을 다스리는 첫 단계인 제가齊家에서 수신하는 방법이나 그 내용에 관한 것은 설명하지 않고, 오직 "사람을 차별하지 마라"고 하는 것만 설명하고 있다. 그만큼 중요하다는 것을 뜻한다. 사람은 그렇게 할 수 있을까?

사람은 처음 대면하는 순간부터 나름대로 상대방을 평가하여 대한다. 이런 행동이 잘못된 때가 종종 있다. 좋아하는 사람도 단점이 있을 수 있고, 싫어하는 사람도 장점이 있을 수 있으므로 가능한 한 폭넓게 사람을 사귀고, 남의 좋은 점은 본받도록 하고, 나쁜 점은 자신을 돌보는 계기로 활용해야 한다. 특히 외모, 성별, 지역, 인종, 종교, 직업 등에 따라 선입견을 갖고 차별해서는 아니 된다. 사람이 가장 싫어하는 것이 차별 대우받는 것이니, 사람을 다스리는 사람은 이를 명심해야 하고, 수신의 제일 덕목으로 해야 한다.

● ● ●
제1절

사람인 이상 좋아하는 사람과 싫어하는 사람이 없을 수 없다. 공동체를 이끌어 가는 사람은 그 구성원을 차별 나게 대하는 일을 가장 경계하여야 한다. 사람을 대할 때, 먼저 동감을 갖도록 하고, 그것이 어려울 때는 이해라도 해야 하며, 이렇게 한 이후에야 배려하고, 포용하고, 베풀고, 사랑하는 마음이 생겨서 공동체를 잘 다스릴 수 있다.

이른바 집안을 반듯하게 한다는 것은 자기 몸과 마음을 닦는 데 있다고 한 것은, 친하고 사랑하는 사람이 있으면 그 사람에 기울어지고, 천하게 여기고 미워하는 사람이 있으면 그 사람에 거슬려지고, 두려워하거나 껄끄러운 사람이 있으면 그 사람에서 멀어지려 하고, 슬퍼하거나 불쌍하게 여기는 사람이 있으면 그 사람에 기울어지고, 오만하게 소홀히 대하는 사람이 있으면 그 사람을 대수롭지 않게 보아 넘긴다 (즉 무시한다). 그러므로 좋아하되 그 사람의 나쁜 점을 알고, 미워하되 그 사람의 좋은 점을 아는 사람은 세상에 드물다. (즉 많은 사람을 이끌고 다스리려면 사람을 차별하여서는 안 된다.)

8-1 所謂齊其家 在修其身者 人之其所親愛而辟焉 之其所
소위제기가 재수기신자 인지기소친애이벽언 지기소
賤惡而辟焉 之其所畏敬而辟焉 之其所哀矜而辟焉 之其所敖
천오이벽언 지기소외경이벽언 지기소애긍이벽언 지기소오
惰而辟焉 故 好而知其惡 惡而知其美者 天下 鮮矣
타이벽언 고 호이지기악 오이지기미자 천하 선의

벽辟 임금 벽, 피할 피. 여기서는 치우치다는 뜻으로 쓰이고, 음은 벽. 사람은 평소에 마음을 평온한 상태로 늘 유지하려고 하지만, 막상 사람을 만나거나 일을 당하면 좋아하는 것에 쏠리고, 싫어하는 것에서 멀어지려고 하는 것은 사람의 마음임. 그러나 너무 지나치면 일을 망칠 수 있음.

친애親愛 천오賤惡 외경畏敬 애긍哀矜 오타敖惰 사람은 개별적으로 판단하는 마음을 평소 갖고 있으며, 그 마음이 외부와 접촉하여 감정을 가지게 됨. 친애親愛는 친밀히 사랑함. 천오賤惡는 천시하고 미워하거나 업신여겨 싫어함. 외경畏敬은 두려워하지만 존경함. 애긍哀矜은 보기에 불쌍하여 동정심을 가짐. 오타敖惰 또는 오타傲惰는 오만하고 게으름으로 남을 무시함.

○ 왠지 좋아지는 사람이 있다

입학하거나 학년이 올라가 새로운 급우를 사귀거나, 새로운 직장에 들어가 직장 사람을 만날 때, 여러 사람 중에서 호감이 가는 사람이 있다. 용모가 준수하고 너그럽게 보이면 가까이하고 싶은데, 꼭 그런 것만은 아닌 것 같다. 사람이 초라하게 보이더라도 왠지 가까이 하고 싶은 느낌이 가는 사람이 있다. 이것은 사람마다 말로는 표현할 수 없지만, 풍기는 인품이 있는 것 같다. 가능한 한 사람은 좋은 첫인상을 주도록 하여야 하며, 그것은 "마음이 넉넉하면 몸에 드러난다(심광체반心廣體胖)."는 것을 마음에 새겨서 그런 몸과 마음을 가질 때 가능할 것이다.

첫인상이 좋으면 대개 그 이후에도 좋은 관계를 가지기 쉽지만 꼭 그런 것은 아니다. "중용" 제33장에서는 "군자의 도는 어두워 보이나 나날이 밝아지고, 소인의 도는 뚜렷한 것 같지만 나날이 사그라진다.(君子之道 闇然而日章, 小人之道 的然而日亡.)"라 하였다. 사귀면 사귈수록 관계가 좋아지고 깊어질 수 있도록 하여야 한다. 의미는 조금 다르지만 "대학" 전3장 제4절은 훌륭한 사람은 모든 사람을 품어야 한다고 하였는데, 사람이 어울러 살려면 그렇게 해야 한다. 특히 사람을 이끄는 사람은 반드시 그렇게 해야 한다.

○ 선입견을 버려야 한다

　사람을 처음 만날 때 갖는 느낌을 첫인상이라 하고, 만나기 전에 그 사람에 대한 지식을 갖고, 그 사람이 어떤 사람일 것이라고 미리 어떤 생각을 가지는 것을 선입견先入見이라 한다. 선입견은 사람을 판단할 때 잘못 판단하게 이끈다. 사람이 선입견을 갖게 하는 것은 성별, 학력, 지역, 인종, 종교 등이다. 이런 것에 구애되지 않고 사람을 객관적으로 판단하는 것은 쉬운 일이 아니다.

　사람마다 다르게 대하는 데는 차등과 차별이 있다. 차등은 모두가 받아들이는 합리적이고 타당한 기준에 따라 차이 있게 대하는 것이고, 차별은 객관적이지 않는, 임의적이거나 편리한 대로 설정된 기준에 따라 차이를 두는 것이다. 차등과 차별이 다르다는 것을 알 수 있지만, 설정된 기준의 합리성과 타당성에 대하여 논한다면, 사람마다 생각하는 것이, 바라는 것이 옳다고 생각하는 것이 다르고, 자기에게 유리한 기준을 설정하려고 하는 경향이 있다는 것을 생각하면 차등과 차별을 구별하기 어렵다.

　분배하는 데 있어 주요 개념은 평균과 형평이 있다. 평균은 꼭 같이 나누는 것이고, 형평은 사정을 감안하여 더 줄 수도 있고 덜 줄 수도 있는 것이다. 사람 사는 세상에서는 평균보다 균형이 바

전8장 자신을 닦는다는 것은　255

람직하지만 균형을 맞추기는 더 어렵다. "중용" 제27장에서는 "군자는, 덕행과 본성을 존중하지만 사람의 일은 물어서 배워야 하고, 높은 이상을 추구하지만 사회에 적합한 "중용"을 행하여야 한다.(君子, 尊德性而道問學, 極高明而道中庸.)"고 하였다.

사람을 이끌고 다스리려면, 선입견을 버리고 균형 있게 대해야 한다. 이것이 공동체, 즉 집안, 나라, 세상을 다스리는데 가장 염두에 두어야 할 사항이다. 균형을 잃으면 불평, 불만 세력이 일어날 수 있고, 그것이 세력화되어 사회혼란을 일으키고, 결국에는 반란이 일어나고 나라를 뒤엎는 일이 있게 된다.

제2절

　고슴도치도 자기 새끼를 예뻐한다. 사람이라면 자기 자식을 사랑하지 않을 수 없다. 이것이 본능이다. 자식을 지나치게 사랑하게 되면, 자식의 자질과 능력을 제대로 파악하거나 판단할 수 없다. 비록 유능한 선생일지라도 욕심에 받쳐 자기 자식을 제대로 교육시킬 수 없으므로 자식들을 서로 바꿔 가르친다고 하였다. 사람을 이끌고 다스릴 때는 사람을 객관적으로 사실과 진실에 따라 평가하여, 그것에 맞게 대해야 한다.

　그러므로 속담에 이런 말이 있다. "사람은 자기 자식의 나쁜 점을 알지 못하고, 자기 작물의 싹이 크고 튼튼한 것을 알지 못한다." 이것은 자기 몸과 마음을 닦지 못하면 자기 집안을 반듯하게 할 수 없다는 것을 일컫는다.

8-2 故 諺 有之 曰人莫知其子之惡 莫知其苗之碩 此謂身不
고 언 유지 왈인막지기자지악 막지기묘지석 차위신불
修 不可以齊其家
수 불가이제기가

諺 속담. 격언, 잠언 등에는 인간의 본성에 따른 잘못을 지적하는 것이 많음. 이런 말에도 귀를 기울여 듣고 따라야 함.

碩 크고 튼튼하다는 것을 의미함.

○ 지나친 사랑이 자식을 버린다

집안을 가지런히 하다 또는 집안을 반듯하게 하다(제가齊家)고 할 때, 집안을 뜻하는 가家의 의미를 지금 핵가족 제도에 사는 사람은 이해하기 힘들 것이다. 가家를 한 가족으로 이해하기 쉽고, 일가一家를 뜻한다고 이해하더라도 친족관계는 어떤 관계인지 몸소 느끼기에는 매우 어렵다. 가家의 개념을 이해하기 위해서는 전통사회의 구조를 먼저 알아야 하고, 그 속에서의 사람과의 관계를 이해하여야 하지만, 아무리 이해하려고 해도 실제로 그런 사회를 경험하지 않은 사람에게는 완전히 알기는 거의 불가능하다. 1980~90년대까지는 전통사회가 그런대로 남아있어 주의 깊게 관찰하면 알 수 있지만, 지금은 완전히 무너져서 비록 40~50대라도 제대로 알 수 없다.

전통사회에서는 할아버지, 아버지, 아들, 즉 3대가 한집에 사는 것이 보통이고, 수명이 긴 집안에서는 손자 및 증손자까지 한 울타리서 사는 경우가 흔히 있다. 그래서 5대라는 말이 있다. 맏아들로 이어지는 장손 계열이 아닌 후손은 결혼하면 출가하여 따로 살게 된다. 그러나 보통 한마을에 살기 때문에 농사나 집안 행사를 할 때 모두 함께한다. 농업은 손이 많이 가는 산업이라 농번기가 되면 온 집안사람이 집안 어른의 지시에 따라 함께 일하고 생산된 소출도 나눠가진다. 집안은 생활공동체이고, 운명공동체라 할 수 있다. 집안의 제일 큰 어른이 고손자까지 보았다고 하면, 일가족을 이루는 사람의 수는 적으면 20여 명, 많으면 40명이나 50명 이상이 되고, 시집온 며느리까지 합치면 70 내지 80명은 된다. 그래서 집안을 다스린다는 말이 나온 것이다. 핵가족 사회에서는 가정을 꾸린다고 하지 다스린다고는 하지 않는다.

집안의 큰 어른은 손자도 10여 명, 증손자는 3, 40명 있게 되므로 똑같이 대하기가 어렵다. 우선 장손으로 이어지는 후손을 귀하게 여겨 살갑게 대하고, 장손이 아니라도 뛰어나면 편애하게 되어있다. 특히 여자들은 시집가면 남의 집 사람이 된다고 하여, 귀엽고 사랑스럽지만 차갑게 대하는 경향이 있었다.

이런 큰 집단인 집안을 다스리는 것은 쉬운 일이 아니다. 불평

불만이 일어나기 쉽다. 불평불만 없이 모두가 제 할 일을 제대로 하고, 함께 일할 때는 합심하여 일하면 집안이 일어나게 된다. 여기서 사람 다스리는 것을 배우고 익힐 수 있다. 비록 집안의 최고 어른이 아닐지라도, 그 어른이 하는 것을 옆에서 보고 사람을 다스리는 것을 익힐 수 있다.

구세대 사람들과 각 집안에 대한 이야기를 하면, 가장 큰 불만이 장손을 지나치게 편애하여 우대하지만, 그 외의 후손은 관심도 적고, 재산상속도 거의 해주지 않는 것이다. 그러면서도 효도하라고 강요하며 각종 부담을 준다고 한다. 과거 세대는 전통사회는 내려오는 법이 그러니 하고 받아들이지만, 지금은 다르다. 시대가, 사회가 변하였기 때문에 집안에서의 행동지침이나 윤리도 바꿔야 한다. 특히 후손을 편애하는 것은 집안을 해치는 가장 큰 원인이라는 것을 반드시 알아야 하고, 그런 일이 없도록 해야 한다.

○ 청소년의 인격형성에 관심을 가져야 한다

청소년이 자라는 환경이 전통사회와 지금은 많이 다르다. 그 다른 점을 제대로 설명하려면 전문가들이 분석하여야 하지만, 두 사회를 살아온 사람이 느낀 점을 말하고자 할 뿐이고, 어느 것이 좋다는 평가는 하지 않겠다.

먼저 가장 차이가 나는 것이 자녀 수이다. 지금은 한두 명이고, 많아야 세 명이다. 지금의 주거환경, 즉 아파트에서는 많은 자녀를 키울 수 없는 구조이다. 전통사회에서는 형제가 적은 집도 있지만, 다섯 명이 넘는 집도 흔히 있었다. 맏이와 막내가 한 세대쯤 차이가 나는 경우도 많이 있어 삼촌과 조카가 같이 자라는 가정도 있었다. 그 다음은 어린아이를 돌보는 사람이다. 지금은 중, 고등학교 심지어는 대학 다닐 때도 부모가 옆에서 도와주지만, 그때는 형이나 누나가 돌보았다. 그리고 대여섯 살이 되면 집안에서 형제들이 모여 놀았고, 그 이후는 집에서 밥만 먹으면 밖에 나가 놀았다. 학교 다닐 때는 학교에서 돌아오면 농사나 집안일을 도와야 했고, 저녁에는 동네 또래 아이들과 이야기하거나 간단한 내기를 하며 놀았다. 지금 보면 서너 살까지는 부모가 돌보았지만, 그 이후에는 스스로 자랐다고 하겠다. 집안의 형제들과 또래들이 모여 노니 자연히 사람과의 관계도 몸으로 익히게 되었다.

가족들이 함께 하는 때는 아침이나 저녁 먹을 때다. 식사하는 광경을 보면 남자들은 밥상에 차려서 먹지만, 여자들은 방바닥에 음식을 차려놓고 먹는다. 여기서 주의 깊게 보아야 하는 것은, 간혹 먹는 좋은 음식을 세대 간에 나눠먹는 방법이다. 귀한 고기반찬은 어른 밥상에만 올라가고, 손아래 사람의 밥상에는 오르지 않는다. 어른들도 모처럼 먹는 고기반찬이라 혼자 다 먹고 싶지만 절대 그렇게 하지 않는다. 일부만 자기가 먹게 덜어놓고, 나머지는 아랫사람들이 나눠먹도록 하게 한다. 손아랫사람이 어른들이 다 먹기를 권하지만, 어른은 아들이나 손자가 먹도록 나눠준다. 어른 생일이면 넉넉한 집안은 소고기국이나 돼짓국을 끓이지만 보통은 닭 두서너 마리를 잡아서 국을 끓인다. 어른 국에는 고기가 많이 들어있지만, 아랫사람 국에는 고깃덩어리를 찾아보기 어렵다. 어른은 자기 국에 있는 고깃덩어리를 한창 자라는 손자들이 먹도록 건져서 넘겨준다. 이런 식생활이 집안 자녀들에게 무언의 교훈을 준다. 사람은 나눠먹어야 한다는 것을 알게 되고, 자연히 자기가 해야 할 행동을 배우게 된다.

가족이 식사할 때, 식사 중에는 말을 하지 않아야 한다. 식사가 끝난 뒤 숭늉이라는 것을 마시는데, 숭늉은 일종의 식사 후 마시는 차와 같다. 이때 앞으로 할 농사일과 집안일에 대하여 어른이 간단히 말하고, 드물게 아랫사람의 의견을 듣기도 하고 건의를 받기도 한다.

지금의 식사방법은 완전히 서구화되었다. 시골에서도 대가족이 모여서 식사하는 광경은 보기 어렵다. 밥이나 반찬을 나누는 것도 공통으로 함께 먹거나 아예 처음부터 자기 몫이 따로 나온다. 많아야 4~5명이 함께 하고, 자기 먹고 싶을 때 혼자 먹는 가족도 있다. 음식을 먹으면서도 온갖 이야기를 다하고, 먹기가 싫으면 음식을 그대로 남겨두지 억지로 먹지 않는다.

밥 먹는 버릇에 대하여 구세대들이 의견을 나눈 적이 있다. 요지는 식사예절이 없고, 음식 귀한 줄 모른다는 것이다. 요즘 세대의 행태를 이해하고자 하는 사람도 있었고, 아무리 풍요로운 세상이지만 음식이 귀한 줄 알고 식사예절은 지키도록 해야 한다는 주장도 있었다.

옛날의 청소년들이 자라는 환경과 식사 광경을 간단히 소개하였다. 가치 판단은 각자가 내릴 수 있을 것이다. 한 가지 분명한 것은 예절을 가르친다고 몇 마디의 말을 하면, 요즘 아이들은 잔소리로 여기거나 심지어는 불필요한 간섭을 한다고 생각할 수도 있다. 어떻게 해야 할까? 가풍은 있는지 모르겠고, 예절이라는 것을 말할 수 있는 여건도 되지 않는다. 사람 사는 세상에서 사람답게 살아가려면, 필요한 새로운 윤리 관념과 예절이 필요한 것으로 보인다.

傳9章

집안을 다스리는 것은

임금과 왕실, 지금은 대통령을 비롯한 고위 관료는 모든 사람들이 쳐다보고 있으므로 그만큼 행동을 조심해야 한다. 특히 방송 통신 기술이 발단한 오늘날에는 더욱더 조심해야 한다. 근거도 없는 엉터리 소문이 나서 믿음을 떨어뜨리는 일이 종종 있다. 사람들은 생각보다는 사실에 깊이 알지 못하고, 한두 마디의 말에 현혹되는 경향이 있다. 나쁜 소문이 나면 진심을 가지고 해명해야 하고, 엉터리인 소문도 그냥 넘길 것이 아니라 사람들이 공감을 갖고 믿을 수 있게 해명해야 한다. 사실을 왜곡하여 임시방편으로 해명하면, 오히려 의혹이 깊어진다. 잘못이 있으면 솔직히 시인하고, 그렇게 된 이유를 사람들이 납득할 수 있도록 설명하여 이해를 구해야 한다. 높은 사람이 솔직히 잘못을 시인하고 고쳐나간다면 오히려 더 존경받게 된다.

사람을 잘 다스리려면 이끌려고 하기보다는 스스로 따라오도록 해야 한다. 이렇게 되기 위해서는 가르치고 깨우쳐주어야 한다. 집안의 가풍이나 나라의 기풍은 그 속에 살면서 자연히 습득하는 것이고, 지식은 교육을 통해 배워야 한다. 여기서 가장 중요한 것이 모범을 보여야 할 사람이 반듯하게 행동하여 다른 사람들이 스스로 따라오게 하는 것이다. 이것이 교화敎化다.

왕실은 나라의 모범이 되어야 하므로 인의仁義로 왕실을 이끌어야 하고, 가풍이 달라서 생각하는 것이나 예절이 다른 며느리를 받아들일 때, 집안의 화목을 최우선으로 두어야 하고 형제간에도 우의 있게 지내도록 해야 한다.

제1절

 소문은 가까운 곳에서 퍼져나간다. 왕실이 집안을 잘 이끌어 간다는 소문이 나면, 나라도 잘 다스려질 것이다. 사람을 다스리는 데 필요한 덕목은 집안이나 나라나 세상 어디에서나 다 통용된다. 그것은 배우고 익혀서 사람의 도리를 알아서 그대로 하는 것이다. 그러면 서로 존중하는 기풍이 있게 되고 각자 자기 위치에서 해야 할 일을 잘할 것이다.

 이른바 나라를 다스리는 것은 반드시 먼저 그 집안을 반듯하게 하는 것이고, 자기 가족을 가르치지 못하면서 다른 사람을 가르치는 사람은 없기 때문이다. 그러므로 집안을 반듯하게 한 군자는 (그 소문이 온 나라에 퍼져서) 집 밖으로 나가지 아니하여도 그 나라에 있는 사람을 잘 가르칠 수 있다(즉 군자의 행동에 소문을 듣고 모두 따라 하려고 한다). 집안에서 효를 행하는 것은 임금을 잘 섬기는 것이고, 공

경하는 것은 어른을 잘 섬기는 것이고, 자애로운 것은 많은 사람을 이끌 수 있는 것이다.

9-1 所謂治國 必先齊其家者 其家不可敎而能敎人者 無之
　　소위치국 필선제기가자 기가불가교이능교인자 무지
故 君子 不出家而成敎於國 孝者 所以事君也 弟者 所以事長
고 군자 불출가이성교어국 효자 소이사군야 제자 소이사장
也 慈者 所以使衆也
야 자자 소이사중야

제가齊家　가家는 사람은 태어나서 처음 갖는 사람과의 관계인데, 끊을 수 없는 혈연으로 맺어진 관계이고, 사회의 가장 기초가 되는 단위이며, 집안에서 자라며 사회적 교육이나 훈련을 받는다고 보았으며, 가家가 반듯이 되어야 나라가 안정된다고 보아 가家를 대단히 중시하였음. 집안에서의 효행孝行과 나라에 대한 충성忠誠 중 어느 것이 더 훌륭하고 중요한 지에 대한 논쟁이 많이 있었음.

효행사군孝行事君　집안에서 효행은 밖에서는 임금에 대한 충성으로, 형에 대한 공경은 연장자에 대한 존경으로, 자식에 대한 자애는 사람에 대한 아끼고 이끌어주는 것으로 나타난다고 하였음.

○ 집안은 배움이 시작되는 곳이다

집안이나 가정은 인위적으로 맺어진 공동체가 아니고 혈연적, 즉 운명적으로 맺어진 공동체이다. 먼저 집안과 가정을 구분하는

것이 필요하다. 지금과 같은 핵가족제도에 사는 사람은 유학에서 말하는 집안에 대한 개념을 정확하게 알기는 쉬운 일이 아니다. 유학에서 말하는 집안은 한 마을에 모여 살고, 거의 모두가 농사에 종사하고, 모든 행사는 집안, 즉 마을 전체가 함께 하고 계층은 있지만 자질이나 능력에 따른 것이 아니고 혈연의 세대에 따른 것으로, 세대가 빠르면 비록 나이가 어려도 존중하여야 한다.

집단을 이루어 사는 사람은 그 집단의 공동체의 일원으로 살려면, 자신의 위치를 알고 그에 맞게 행동해야 한다는 것을 생활하면서 배우는 곳이 집안이다. 지역마다, 골짜기마다 일가들이 모여 사는 집성촌이 있다. 지금까지 잘 알려진 곳은 안동 하화마을이다. 어느 지역을 가든 그 지역의 유명한 집성촌이 있지만, 옛날과 같은 모습은 없고 종가가 명맥을 이어가고 있을 뿐이다. 일가 간의 친밀한 정도나 그 집안사람으로서 갖는 자긍심도 옛날과 같지 않다. 앞으로 얼마가지 않아서 그 생활상을 이해하기 어렵게 될 것이다. 유학에서 가家를 말할 때 전통의 집성촌을 말한다는 것을 알아야 유학의 경전을 제대로 이해하고 해석할 수 있다.

공동체는 운명적으로 맺어지는 공동체와 인위적으로 맺어지는 공동체가 있다. 인위적 공동체는 자신의 의지에 의하여 가입이나 탈퇴가 가능하지만, 집안이나 나라는 운명적으로, 즉 자신의 의지와 관계없이 맺어지는 운명공동체이다. 즉 태어나면서 저절로 그 구성원이 되는 공동체다. 공동체의 구성원이 되면, 그 의무와 역할이 있다. 인위적 공동체와 달리 혈연공동체는 권리보다 의무가 강조되는 것 같이 느껴진다. 구성원으로서의 자긍심, 생활의 도움, 정신적 의지 등 알게 모르게 얻는 혜택은 있지만, 자연적으로 누리게 되는 것이므로 고마움을 알지 못하고 의무만 강요하는 것 같이 보인다. 이런 공동체에서는 살아가는 방법을 자연히 터득하게 되며, 바르고 옳은 사고나 태도는 회사의 직원이나 나라의 국민으로서 훌륭하게 그 역할을 해나가게 한다.

그래서 "논어" '학이'편에서는 "그 사람의 사람됨이 부모에게 효도하고, 어른을 공경하면서 윗사람을 해치기를 좋아하는 사람은 드물고, 윗사람 해치기를 좋아하지 않으면서 난을 일으키기를 좋아하는 사람은 아직 없다. (其爲人也, 孝弟而好犯上者, 鮮矣, 不好犯上者而好作亂者, 未之有也.)"고 하여 집안에서 자연적으로 받는 교육의 중요성을 말하였다.

○ 가르치려고 하기보다는 보고, 느끼도록 해야 한다

사람이 배워야 하는 것은 크게 두 가지로 나눌 수 있으며, 하나는 자기 하는 일에 대한 지식과 기술이고, 다른 하나는 사람이 어울려 살아가는 데 필요한 지혜다. 지식과 기술은 객관적이므로 거기에 주관이 개입될 여지가 없다. 그러나 지혜는 사람의 도리나 그에 대한 가치 평가를 하는 것이니, 주관이 개입될 여지가 크고 사람마다 달라질 수 있다. 주관이 관여하는 부분에서는 가르치는 것도 필요하지만, 스스로 깨달아 행동하도록 하는 것이 중요하다. 인사를 잘하라는 예절이 있지만, 어떤 사람은 인사하는 것을 쑥스럽게 생각하거나, 아첨하는 것으로 여길 수 있다. 이런 사람에게는 세세히 행동 방법을 가르쳐주며 하라고 하면 오히려 반발할 수 있다. 평소에 인사하는 방법을 보고, 느끼도록 하는 것이 좋고 바람직하다. 집안에서 하는 행동이 집 밖에서도 그대로 나타나는 경향이 있으므로 집안에서 좋은 예절이 자연히 몸에 익히도록 해야 한다. 그래서 집안에서는 가풍家風, 나라에서는 기풍氣風이 중요하다.

제2절

나라를 다스리는 임금이나 높은 관리가 가져야 하는 것은 백성들을 자식을 사랑하는 마음으로 사랑하고, 넉넉하고 평안하게 살도록 최선을 다한다는 마음가짐이다. 백성들은 임금이 자기들을 자식같이 사랑한다고 믿으면, 되지 않는 일이 없을 것이다.

강고에서는 "(나라를 다스리는 임금은 그 백성을) 갓난아기를 보살피듯 하라."고 하였다. 성실한 마음으로 구하면, 비록 꼭 맞지 않아도 (처음 의도한 것에) 크게 벗어나지 않는다. 아기를 키우는 것을 배운 뒤에 시집가는 아가씨는 아직 없다.

9-2 康誥 曰如保赤子 心誠求之 雖不中 不遠矣 未有學養子
강 고 왈 여 보 적 자 심 성 구 지 수 부 중 불 원 의 미 유 학 양 자
而后 嫁者也
이 후 가 자 야

적자赤子 갓난아기.

미유학양자이후未有學養子以後 가자야 嫁者也 아기 키우는 것을 배운 뒤 시집 가는 사람이 없듯이 사람은 다 배우지 않고 살아가야 하며, 이때 진심을 다하면 큰 탈 없이 무난히 일을 처리해 나갈 수 있음을 의미하며, 어떤 일이든 정성을 다해야 한다는 것을 의미함.

○ 진심은 어디에도 통한다

세상에는 산모가 갓난아기를 돌보는 만큼 정성을 다하는 것은 없을 것이다. 갓난아기는 울음으로 자기 의사를 표현한다. 조금 불편해도 울고, 배가 고파도 울고, 환경이 이상해도 운다. 오직 울 뿐이다. 아기가 울면 왜 우는지 살펴보고, 그 이유를 마침내 찾아내어 아기를 돌봄으로 울음을 그치게 한다. 아기 때는 자기 의사를 표현하지 못하므로, 엄마는 아기의 조그마한 몸놀림에도 주의 깊게 살펴보고, 아기가 탈 없이 잘 자라도록 돌본다. 이와 같이 온갖 정성을 드려 일하면 안 되는 일이 없을 것이다.

임금이나 정승이 아기 키우는 엄마의 정성으로 백성들을 돌본다면 백성들은 그 마음을 알고 따를 것이고, 비록 작은 실수로 일이 그릇되더라도 앞으로 잘못을 고쳐 바르게 할 것으로 믿고 기다린다. 백성들이 이런 마음으로 살아간다면, 임금은 이루지 못할 일이 없을 것이다.

○ 다스리려고 하기보다는 따르도록 해야 한다

사람마다 자기 나름대로 바람직하다고 생각하는 것이 있고, 그것을 하려고 한다. 백성들이 바람직하다고 생각하는 것이 그 나라나 백성들이 지켜야 할 도리와 같도록 가르쳐서 깨닫도록 해야 한다. 그래서 나라와 집안을 다스리는데 가르치는 것을 중요하게 여기고, 교육을 공동체의 최고 목적이나 가치의 하나로 삼아야 한다. "대학" 전2장에서는 나라를 잃은 백성들이 과거의 폐습이나 방탕한 생활에서 벗어나 새로 세운 나라의 이념과 정책을 알아서 따르도록 "백성들을 새롭게 되도록 북돋우어라(作新民)."라 하였다. 유교 문화권에서는 배우고 익히는 것을 중시하는 이유다.

"논어" '위정'편에서는 "백성을 법령으로 이끌고 형벌로 다스리면, 백성들은 형벌을 피하고도 부끄러워할 줄 모른다. 그러나 도덕으로 이끌고 예절로서 다스리면, 백성들은 부끄러워할 줄 알고, 또한 잘못을 바로잡으려고 한다.(道之以正, 齊之以刑. 民免而無恥, 道之以德, 齊之以禮, 有恥且格.)"라 하였다.

•••
제3절

　백성들은 임금과 왕실을 따라 하니 임금과 왕실은 백성의 본보기가 되어야 한다. 먼저 수신하여 자신을 반듯하게 하고 넓은 마음으로 가르치고 깨우치게 하여 이끌면, 백성들은 스스로 따라올 것이다.

　(왕실) 일가가 어질면 그 나라 사람 모두가 어질게 되고, 일가가 사양하면 그 나라 사람 모두가 양보를 잘하게 되며, (임금) 한 사람이 욕심이 많거나 사나우면 나라에 난이 일어나게 한다. 세상이 돌아가는 것은 이와 같다. 이른바 한마디 말이 일을 그르치기도 하고, 한 사람이 나라를 안정시킬 수 있다는 것을 말한다. 요임금과 순임금은 어진 것으로 세상을 이끌어서 백성이 그 임금에 따라 어질었고, 걸왕과 주왕은 세상을 사나운 것으로 이끌어서 백성이 그 임금을 따라 사나웠다. 명령한 것이 자기들이 좋아하는 것과 어긋날 때는 그 명령을 백

성은 따르지 않는다. 그러므로 군자는 (바르고 좋은 것을) 자기가 먼저 가진 후에 다른 사람이 갖출 것을 요구하였고, (그리고 나쁜 것을) 자기에게 없게 한 후 다른 사람을 비난하였다. (남을 이해하고 배려하는) 넓은 마음인 서恕를 몸에 지니지 않고 많은 사람을 가르치고 깨우치게 한 사람은 아직 없다. 그러므로 나라를 다스리는 것은 그 집안을 반듯하게 하는 데 있는 것이다. (사람을 다스리는 것은 집안이나 나라나 세상이나 꼭 같다. 사람을 사랑하고 배려하는 것이다.)

9-3 一家仁 一國 興仁 一家讓 一國 興讓 一人 貪戾 一
    일가인 일국 흥인 일가양 일국 흥양 일인 탐려 일
國 作亂 其機如此 此謂一言 僨事 一人 定國 堯舜 帥天下以
국 작란 기기여차 차위일언 분사 일인 정국 요순 솔천하이
仁 而民從之 桀紂帥天下以暴 而民從之 其所令 反其所好
인 이민종지 걸주솔천하이포 이민종지 기소령 반기소호
而民不從 是故 君子 有諸己以後 求諸人 無諸己以後 非諸人
이민부종 시고 군자 유저기이후 구저인 무저기이후 비저인
所藏乎身不恕而能喩諸人者 未之有也 故 治國 在齊其家
소장호신불서이능유저인자 미지유야 고 치국 재제기가

일가一家 여기서는 한 집안으로 보기보다는 왕실 일가로 보는 것이 이 부분을 해석하는데 합리적임. 왕실이 잘하면 제후가 본을 받고, 제후가 잘하면 대부가 본받고, 제후가 잘하면 관리들이 본받고, 관리들이 잘하면 백성들이 본받게 되어, 나라의 모든 사람이 잘하게 되어 나라가 반듯하게 되고 잘살게 된다는 것을 말함

기기여차其機如此 세상이 돌아가는 이치가 이와 같다는 것을 나타냄.

탐려貪戾 욕심이 많고 포악함. 욕심이 많아 정도에 어긋남.

분사僨事 일을 잘못되게 하는 것, 틀려버린 일, 실패한 사건.

요순堯舜 성군으로 칭송받는 요임금과 순임금. 두 성군은 재임 시 나라를 잘 다스렸을 뿐만 아니라 왕 자리를 아들에게 물려주지 않고 능력 있는 사람을 선택하여 물려줌. 요순堯舜은 성군을 나타내는 단어로 쓰임.

걸주桀紂 걸桀은 하나라 마지막 임금으로 폭정을 하여 상나라 탕왕에 의하여 무력으로 나라를 잃었고, 주紂는 상나라 마지막 임금으로 주나라 무왕에 의하여 나라를 잃음. 걸주桀紂라 하여 폭군을 나타내는 단어로 쓰임.

솔帥 주장하다, 이끌다 등을 나타내면 수로 읽고, 거느리다, 인도하다 등을 뜻하면 솔로 읽음.

비非 아니다, 비방하다, 배반하다, 나쁘다. 허물, 잘못, 원망하다. 비저인非諸人은 사람을 비난하다를 의미함.

서恕 남의 사정이나 이야기를 듣거나 알아서 이해하여 주고 배려함. 충忠은 자기 마음을 다잡아 성실하게 하여 치우치거나 기울어지지 않는 것을 말함. 충서忠恕는 유학에서는 도덕적인 행위를 하게 하는 마음의 바탕으로 하여 중시함. 충서의 마음이 있어야 도덕적인 행위를 할 수 있음.

유喩 깨우치다, 깨우쳐주다, 비유하다, 가르쳐 주다.

○ 위에 있는 사람일수록 반듯해야 한다

　공동체, 그것이 집안이나 나라와 같은 곳이든, 회사나 친목단체와 같은 것이든, 집단을 이끄는 사람은 집단의 궁극 목표를 설정하고 쓸 수 있는 인력과 재원을 동원하여 효율적으로 활용함으로 생산력을 높이고, 생산된 재화를 모든 사람에게 적절히 분배하여 그 구성원들이 스스로 따라오도록 해야 하고, 이 과정에서 일어날 수 있는 부정과 부패는 없도록 해야 한다. 이렇게 되면 아랫사람은 자연히 공동체를 사랑하고, 공동체가 하는 일에 적극적으로 참여하기를 희망하고, 공동체를 위하여 자신의 손해나 희생을 기꺼이 감수하려고 한다.

　집안을 이끄는 어른이나 나라를 다스리는 임금은 먼저 자신을 수양하여 훌륭한 인품과 능력을 갖추고 아랫사람을 사랑으로 이끈다면, 모두가 어른이나 임금의 인품을 본받으려고 하고, 시키는 일은 온 힘을 다하여 완수하려고 할 것이다. 이렇게 되면 집안이나 나라는 성장, 발전하고, 사람들은 넉넉하고 화목하게 살 수 있을 것이다. 위에 있는 사람일수록 이런 세상의 이치를 깨달아서 실제로 그렇게 행동해야 한다.

○ 바르고 곧은 마음과 배려하는 마음은 다스림의 시작이다

충忠이라고 하면 충성忠誠이란 단어가 떠오르고, 그 의미는 나라 또는 임금에게는 곧고 지극한 마음을 갖고, 자신의 최선을 다하고, 필요하다면 목숨까지 바치겠다는 것으로 해석하지만, 대부분의 유교 경전에서는 그 뜻보다는 한마음을 갖고 자신의 인격을 닦아서 굳건한 마음, 즉 자신의 내면을 갈고, 닦고, 다듬는 것을 의미한다. 용서한다는 뜻을 가진 서恕는 잘못을 너그럽게 받아들이는 것보다는 그 뜻을 넓게 하여 남의 처지를 이해하고, 공감하거나 배려하고, 마침내 좋아하거나 사랑하는 것을 의미한다고 보아야 한다. 충서忠恕의 이런 마음 자세가 임금이나 집안 어른이 먼저 가져야 하는 마음씨다. 여기에서 예절에 맞는 행동이 나오고, 덕치하려는 의지가 생긴다.

"중용" 제13장에서는 "마음을 바르게 하고 돈독히 하는 충忠과 남을 헤아리어 받아주는 서恕는 도道로부터 멀리 떨어져 있지 않다(忠恕違道 不遠)."라 하였다. 즉 충서가 바로 사람이 해야 할 도리의 마음 바탕이라고 할 수 있다.

제4절

사람을 다스리는데 가장 중요한 것은 넓은 마음을 갖고 사랑하는 것이다. 그렇게 하면 자연히 화목하게 된다. 화목이 사람 사는 사회에서는 가장 먼저 이루어져야 하는 덕목이요, 목표다. 인의예지仁義禮智 등 각종 덕목은 바로 화목을 이루도록 하는 것이다.

"시경"에서는 "싱싱한 복숭아나무여, 그 푸른 잎이 무성하네! 아가씨가 시집가니 그 집안이 화목하네!"라 하였다. (왕실) 집안사람이 화목하게 된 후에 나라의 다른 사람을 가르칠 수 있다. "시경"에서는 "형제간에 우의가 좋구나!"라 노래했다. (왕실) 형제간에 우의가 좋은 후에 나라 안의 다른 사람을 가르칠 수 있다. "시경"에서는 "언행言行이 도에 어긋나지 않으니, 온 세상이 그를 본뜨네!"라 칭송하였다. (왕실 일가의) 아버지됨과, 아들됨과, 형됨과 동생됨이 본받을 만하게 된

이후 백성이 본받을 것이다. 그러므로 나라를 다스리는 것은 그 집안을 반듯하게 하는 데 있다고 하는 것이다.

9-4 詩云桃之夭夭 其葉蓁蓁 之子于歸 宜其家人 宜其家人
　　시운도지요요　기엽진진　지자우귀　의기가인　의기가인
而后 可以敎國人 詩云 宜兄宜弟 宜兄宜弟而后 可以敎國人
이후　가이교국인　시운　의형의제　의형의제이후　가이교국인
詩云其儀不忒 正是四國 其爲父子兄弟足法而后 民法之也
시운기의불특　정시사국　기위부자형제족법이후　민법지야
此謂治國 在齊其家
차위치국　재제기가

요요夭夭　나무가 성성하고 무성한 모습을 나타내는 의태어.

진진蓁蓁　잎이 푸르고 무성한 모습을 나타내는 의태어.

의형의제宜兄宜弟　형도 반듯하고 아우도 반듯하니 사이좋게 지내는 것을 뜻함. 의형의제宜兄宜弟는 화목한 것을 상징하는 단어로 쓰임.

불특不忒　틀릴 특忒. 불특不忒은 어긋나지 않는다를 의미함.

정正　바르다, 바르게 하다, 꼭 맞다를 뜻하나, 여기서는 바르게 하다를 의미함.

법法　법, 법칙 등을 의미하나, 여기서는 본받다를 의미함.

○ 공동체에서 가장 중요한 것은 화목이다

　　공동체 중에서 회사나 친목단체와 같이 목적과 이익 등을 공유하기 위하여 조직된 집단이 있다. 이런 집단은 가입과 탈퇴가 가능하다. 그러나 태어나면서 자연히 갖는 집안이나 나라는 임의로 가입이나 탈퇴가 가능한 공동체가 아니다. 물론 입양이나 이민 등으로 그 가입과 탈퇴가 가능하지만, 그것은 일반적인 것이 아니고 특별한 경우다. 특히 혈연관계인 집안은 나라보다도 더 특별한 관계다. 가족은 사랑으로 맺어진 생활공동체인 동시에 운명공동체이다.

어떤 공동체이든 그 공동체가 성장, 발전하기 위해서는 공동체 내에 화목한 분위기가 조성되어 유지되는 것이 중요한다. 화목하려면, 그 구성원이 충서의 마음을 갖는 것이 제일 중요하다. 그런 마음을 갖는 것은 쉬운 일이 아니고, 먼저 감정을 억제하고, 화목하려면 해야 할 행동을 찾아서 적극적으로 하려고 하는 노력이 필요하다.

사람의 행동은 평소 갖는 생각과 감정에서 나오기 때문에 가풍이나 기풍이 다른 경우에는 비록 화목하려고 작정하더라도 세세한 것에서 차이가 있어 갈등이 일어나고 서로 반복하는 일이 생기게 된다. 이런 것은 공동체에 새로운 구성원이 들어올 때 일어나기가 쉽다. 며느리를 보거나 양자를 들이는 경우가 그런 경우다. 특히 며느리가 새로 들어올 때는 그런 현상이 빈번하고 심하게 일어나므로 며느리를 잘 보아야 한다고 한다. 일단 새로운 집단의 구성원이 되었을 때는 과거의 집단의 예절이나 관행은 참고가 될 뿐이고, 새로운 집단의 것에 따라야 한다. 만일 양 집단에 차이가 있을 때는 비교하여 보고, 훌륭하고 바람직하다고 생각되는 것을 선택하여 적용할 수 있지만 이때는 시간이 들더라도 설득하는 노력이 필요하다. 자존심보다는 집안의 발전을 위하여 진심으로 하는 행동이라면 장차 받아들여질 것이다. 이때 절대로 상대의 관행이나 도덕 가치를 무시하여서는 안 된다.

"중용" 제1장에서는 "지극한 중화의 상태에 이르면, 하늘과 땅, 즉 자연은 제자리에 있고, 만물은 잘 자란다.(致中和, 天地位焉, 萬物育焉.)"라고 하였다.

○ 자기 위치에서 하는 반듯한 행동이 화목의 기초다

어떤 집단이든 집단의 목표가 있고, 그에 속하는 구성원이 있고, 구성원을 이끄는 책임자가 있고, 책임자를 옆에서 돕는 사람이 있다. 집단의 목표를 잘 달성하고, 발전하기 위해서는 구성원 모두가 자기 지위에 맞는 자질과 능력을 갖출 뿐만 아니라 그에 맞는 인품을 갖추어야 하고, 제자리에서 자기가 맡은 일을 성실히 해야 한다. 특히 책임자는 훌륭한 인재를 발굴하여 자기를 보좌하도록 하여, 집단이 나아가야 할 방향과 목표를 분명히 하고, 목표를 효율적으로 달성할 수 있는 방안을 발굴하여 실행되도록 해야 한다. 이 원칙을 지키면 어떤 공동체이든 성장, 발전한다.

그런데 집안이나 나라는 그 목표가 분명한 것 아닌가 하고 반론을 제기할 수도 있다. 그러나 공동체가 처한 상황이나 외부 여건에 따라 특정 목표에 우선순위를 두고, 추진해야 할 필요가 있다. 최고의 궁극적인 목표는 나라는 부강하게 하는 것이고, 집안은 발흥하는 것이지만, 세부 목표는 때에 따라 달라질 수 있다. 집안의 후손이 귀한 집안은, 결혼을 빨리 하여 자녀를 많이 갖도록 하는 것이 당면 목표가 될 수 있고, 내세울 만한 인물이 없을 때는, 교육시키는 것을 무엇보다도 중요하게 생각하여 각종 장학 사업을 할 수도 있다. 나라의 궁극적인 목적과 목표가 헌법에 명시되어 있지만, 나라가 처한 환경에 따라 성장 위주의 정책이 최고의 정책이 될 수 있고, 사회 안정을 위해서는 분배가 가장 높은 가치가 될 수 있다.

목표와 가치에 모두 공감하지만 실제로 실행하는 과정에서 사람이 사는 사회이므로 갈등이나 다툼이 일어날 소지가 다분히 있다. 상하관계에서는 갈등이 있더라도 잘 드러나지 않지만, 동등한 관계에서는 어떤 의미에서는 서로 경쟁하는 관계이므로 갈등도 잘 일어나고, 작은 갈등이 다툼으로 변할 수 있다. 집안에서는 부모 자식 사이에는 내리사랑이 있어 갈등이 있더라도 사랑으로 해소될 수 있지만, 형제간에는 그렇지 못하여 심한 다툼이 있을 수 있다. 상속문제로 분쟁이 일어나는 사례가 많이 있다. 이런 갈등이 발생하지 않게 하려면, 집안 내에 적용되는 규칙인 종법宗法을 잘 만들어서 모든 집안사람들이 반드시 따르도록 해야 한다. 특히 왕실은 나라의 모범이 되어야 다른 모든 집안이 본받을 것이다.

傳10章

나라를 다스리는 것은

왕은 직할지를 직접 다스리지만, 각 지역은 그 지역의 제후들이 다스리는데, 왕이 통치하는 것을 본받아 다스리는 경향이 있다. 이때 사람의 마음은 다 같다고 생각하고, 차별 없이 대해야 하고, 덕치를 하는 것이 하늘이 내린 명령이라 여기고, 이것을 성실히 실천해야 한다. 나라를 다스리고 왕실을 유지하는 데, 비록 재물이 필요하지만 재물보다 더 귀한 것이 백성들이 잘 살도록 하겠다는 통치 이념이다.

　나랏일을 해 나가는데 훌륭한 인재가 절대적으로 필요하므로 인재 등용을 최대 관심사로 해야 하고, 사람을 선발할 때는 능력도 중요하지만 인격을 우선시해야 한다. 훌륭한 인재를 만나는 것은 하늘이 명이라고 할 정도로 신중하게 처리하되, 일단 등용한 사람은 믿고 쓰고, 일을 잘 할 수 있게 도와주어야 한다.

　어떤 일이 있어도 권력과 재력이 결탁하여 백성들을 살기 어려운 구덩이로 몰아넣어서는 안된다.

제1절

　사람의 마음은 다 같다고 생각하고 사람을 다스리는데 차별은 없어야 하며, 합리적 기준이 아닌 불합리한 기준에 의한 차별이 있으면 분쟁이 발생할 가능성이 있다.

　또한 도움이 필요한 사람에게는 나라에서 적절한 도움을 주되, 서민들에게는 마음껏 일할 수 있는 기회를 균등하게 주어야 한다.

　이른바 세상을 화평하게 하는 것은 나라를 다스리는데 있다고 하는 것은, 임금이 늙은이를 늙은이답게 대하면 백성은 효가 일어나게 하고, 어른을 어른답게 대하면 백성은 윗사람을 공경하는 기풍이 일어나게 하고, 외로운 사람을 불쌍히 여기면 백성은 임금의 뜻에 어긋나지 않을 것이다. 그러므로 군자는 엄격한 잣대로 재는 방법을 가지고

있다. 윗사람에게서 자기가 싫게 느낀 것으로 아랫사람을 부리지 말며, 아랫사람에게서 자기가 싫게 느낀 것으로 윗사람을 섬기지 말며, 앞선 사람에게서 싫게 느낀 것으로 뒷사람에게 먼저 하지 말며, 뒷사람에게서 싫게 느낀 것으로 앞선 사람에게 따라 하지 말며, 오른쪽 사람에게서 싫게 느낀 것으로 왼쪽 사람과 사귀지 말며, 왼쪽 사람에게서 싫게 느낀 것으로 오른쪽 사람과 사귀지 않아야 한다. 이것을 (자신을 되돌아보아 사람을 알고, 누구에게나 꼭 같이 엄격한 객관적 잣대로 재는 방법), 즉 혈구지도絜矩之道라 한다.

10-1 所謂平天下 在治其國者 上老老而民興孝 上長長而
소 위 평 천 하 재 치 기 국 자 상 노 노 이 민 홍 효 상 장 장 이
民興弟 上恤孤而民不倍 是以 君子 有絜矩之道也 所惡於上
민 홍 제 상 휼 고 이 민 불 배 시 이 군 자 유 혈 구 지 도 야 소 오 어 상
毋以使下 所惡於下 毋以事上 所惡於前 毋以先後 所惡於後
무 이 사 하 소 오 어 하 무 이 사 상 소 오 어 전 무 이 선 후 소 오 어 후
毋以從前 所惡於右 毋以交於左 所惡於左 毋以交於右
무 이 종 전 소 오 어 우 무 이 교 어 좌 소 오 어 좌 무 이 교 어 우
此之謂絜矩之道
차 지 위 혈 구 지 도

상上 윗사람. 여기서는 나라에서 가장 윗사람인 왕을 나타냄.

노노老老 노인을 노인답게 모심. 앞의 노老는 동사로 노인으로 받들어 모시는 것을 의미하고, 뒤의 노老는 노인을 의미함.

장장長長 연장자를 연장자로 대함.

휼고恤孤 외로운 사람을 돌보아주는 것.

혈구지도絜矩之道 혈구絜矩의 혈絜은 잴 혈, 구矩 재는 자. 자로 재듯이 객관적으로 처리함.

무毋 말라. 없다. 아니다를 뜻함.

○ 사람은 다 같다

사람은 동물이지만 다른 동물과 다른 것은, 함께 살면서 서로 다투지 않고 평화롭게 사는 방법을 찾아서 그것을 실천하려고 하는 것이다. 이런 욕망을 가진 사람들의 모임인 나라를 다스리는데 크게 두 가지 방법이 있다. 하나는 임금이 나라 전체를 책임지고 다스리는 것으로, 각 지역은 임금이 임명한 사람이 정해진 법에 따라 다스리는 것이다. 이것을 군현제郡縣制라 한다. 다른 하나는 임금이 서울과 그 인근 지역은 직접 다스리고, 지방은 적정 규모로 나누어 왕실의 친족이나 나라에 공이 많은 공신들이, 스스로 법을 정하고 군사를 양성하여 맡겨진 지역을 독립적으로 다스리도록 하는 것이다. 이것을 봉건제封建制라 하며, 넓은 나라를 다스리는데 효율적인 방법이다. 주나라 이전에 있었던 하나라나 은나라는 통치 지역이 주나라만큼 넓지도 않았지만, 부족 연맹체인 고대 국가라 절대적 왕권도 확립되지 않아서, 왕이 나라 전체를 다스리는 것으로 되어있었지만, 실제적으로는 각 지역의 토호

세력이 그 지역을 다스렸다. 주나라가 중국을 통일하고는 새로운 통치 체제와 문물제도를 만들어 시행하였는데, 통치제도는 봉건제를 도입하였다. 각 지역을 다스리는 책임자를 제후諸侯라 하고, 제후는 독자적으로 법을 제정하고, 병사를 양성할 수 있었다. 거의 독립된 나라라고 할 수 있지만 주나라 왕실을 존중하여 섬기고, 왕실이 외부로부터 침입 받을 때는 군사를 보내 침략자를 물리칠 의무가 있다. 그러므로 초기에는 제후를 왕이라 하지 않고 공公이라 하였다. 주나라 왕실이 쇠약해지고 각 지역의 제후들의 세력이 강대해짐에 따라 제후들의 명칭도 왕으로 바뀌었다. 주나라와 같은 역할을 하는 나라를 종주국이라 하고, 임금을 천자라 하고, 제후들이 다스리는 나라를 제후국이라 하며, 제후를 처음에는 공이라 하였지만 나중에는 왕이라 하였다. 천자는 서울과 그 인근 지역인 경기 지역을 직접 다스리고, 지방은 제후들이 천자를 본받아 다스리도록 하였다. 천자가 모범을 보여야 하는 것은, 모든 사람들이 넉넉하고 안전하게 사람답게 살 수 있도록 나라의 역할을 제대로 하고, 백성들이 차별 없이 대하는 것이다.

나라의 역할 중에서 중요한 것은 첫째는 나라의 기강을 세우는 것이고, 둘째는 외침으로부터 나라를 보호하는 것이고, 셋째는 백성들이 부지런히 일하면 넉넉하게 살 수 있는 기회를 갖도록 하는 것이고, 넷째는 가뭄과 홍수 등 자연재해로 어려운 때에는 도움이 필요한 사람이 안정된 삶을 누리도록 도우고, 외롭고 장애가 있는 사람은 최소한의 사람다운 삶을 이어가도록 지원하는 것이다. 기강을 세우는 방법은 백성들이 예의를 지키도록 하는 것이다. 남을 해치거나 속이는 사람이 없고, 어른은 어른 대접하고, 도움이 필요한 사람에게는 나라와 백성들이 함께 도움을 주는 것이다.

나라를 다스릴 때 염두에 두어야 하는 것은 사람의 바람은 거의 같으니 남이 싫어하는 짓을 나라나 백성들이 하지 않도록 하고, 신분이나 계급에 따라 차등은 있게 하되, 무시하지 않고 차별 없이 공평하게 대하는 것이다. 이것을 혈구지도絜矩之道라 한다.
그래서 "중용" 제13장에서는 "자기에게 베풀어지기를 원하지 않는 것을, 역시 남에게 하지 말아야 한다.(施諸己而不願, 亦勿施於人.)"고 하였다.

〇 나라가 먼저 해야 할 일은

유럽에서는 근대 이후 절대 왕권이 성립되면서 왕권은 신 또는 하늘로부터 부여받은 것이므로 백성들은 이에 대하여 이의를 제기할 수 없고, 오직 왕의 명령에 따라야 한다는 왕권신수설王權神授說이 제기되었지만, 유교 문화권에서는 고대 국가도 말선한 시기부터 왕을 천자라 하고 절대 권력을 가진 임금이라 하였다. 그러나 천자인 임금도 천명天命을 받아서 그 자리에 오른 것이므로 천명을 따라야 한다고 하였다. 폭정을 하면 민심을 잃게 되고, 민심을 잃으면 하늘이 내린 그 명命이 다른 훌륭한 사람에게 옮겨진다고 생각하였다. 그러므로 임금은 민심을 잃지 않고, 얻는 방법을 찾아서 선정을 베풀어야 한다고 하였다.

민심을 얻는 방법은 백성들이 부지런히 일하면, 넉넉하게 마음 놓고 살 수 있도록 하고, 세금이나 부역은 가볍게 하여 백성들을 부유하게 하고, 외롭거나 장애가 있어 도움이 필요한 사람에게는 사람답게 사는데 필요한 도움을 주는 것이다. 이렇게 하면 백성들이 부유해지고, 사회가 안정되며, 또한 백성들이 살기 좋은 나라를 지키고자 하는 의식을 갖게 되어 강한 군사를 가질 수 있다.

제2절

　백성들과 같은 마음을 갖고 함께 즐기면, 임금을 부모처럼 모시고 칭송하지만, 나라를 망하게 하면, 임금이나 정승들을 원망하는 마음에서 쳐다본다. 민심을 잃어서 나라를 망치는 일이 없도록 하기 위하여 과거의 패망한 나라의 실정을 되새겨보고, 그렇게 되지 않도록 해야 한다.

　"시경"에서는 "즐거운 군자는, 백성의 부모이시네!"라고 칭송하였는데, 백성이 좋아하는 것을 좋아하고, 백성이 싫어하는 것을 싫어하는 것을 일러 백성의 부모라 하는 것이다. "시경"에서는 "높고 높은 저 남산에는 바위가 층층이 쌓였구나! (망해가는 나라의) 높고 높은 정승들이여, 백성들이 모두 당신을 바라보네!"라 원망하였는데, 나라를 가진 사람 (즉 나라를 다스리는 사람)은 조심하지 않을 수 없고, 공정하지 않고 한쪽으로 기울어지면 세상이 죽음의 벌을 받게 할 것이다. "시경"에 이르기를, "은나라가 민심을 잃지 않았을 때는 상제上帝, 즉 하늘의 뜻을 따를 줄 알았다네. 마땅히 은나라를 거울삼아 천명天命을 지키기 쉽지 않음을 명심하기를!"이라 하였다. 많은 사람을 얻으면 나라를 얻고, 사람을 잃으면 나라를 잃는다. 그러므로 군자는 먼저 덕을 살펴서 어긋나지 않도록 조심해야 한다. 덕을 쌓으면 곧 사람이 있고, 사람이 있으면 곧 땅이 있고, 땅이 있으면 곧 재물이 있고, 재물이 있으면 곧 쓸 곳이 있다.

10-2 詩云樂只君子 民之父母 民之所好 好之 民之所惡
시운낙지군자 민지부모 민지소호 호지 민지소오

惡之 此之謂民之父母 詩云節彼南山 維石巖巖 赫赫師尹
오지 차지위민지부모 시운절피남산 유석암암 혁혁사윤

民具爾瞻 有國者不可以不愼 辟則爲天下僇矣 詩云殷之未喪
민구이첨 유국자불가이불신 벽즉위천하륙의 시운은지미상

師 克配上帝 儀監于殷 峻命不易 道得衆則得國 失衆則失國
사 극배상제 의감우은 준명불이 도득중즉득국 실중즉실국

是故 君子 先愼乎德 有德 此有人 有人 此有土 有土 此有財
시고 군자 선신호덕 유덕 차유인 유인 차유토 유토 차유재

有財 此有用
유재 차유용

낙지군자樂只君子 덕치를 하여 백성들이 칭송하여 함께 어울려 즐겁게 사는 군자.

절피節彼 깎아지른 듯이 높은 모양. 앞날이 어두운 것을 의미함.

암암巖巖 바위가 층층이 쌓여있는 모습. 답답한 심정을 표시하는 의태어.

혁혁赫赫 벼슬이 높은 사람들의 모습. 빛나는 모양을 나타내는 의태어.

사윤師尹 정승 또는 높은 관리.

벽辟 한쪽으로 기울다. 차별하고 편애하는 것을 의미함.

륙僇 큰 형벌을 받는 것, 또는 크게 치욕스럽게 되는 것을 뜻함.

사師 보통 스승을 뜻하나, 여기서는 무리, 즉 백성을 의미함.

의감儀監 당연히 본받아 그에 따라 하라는 뜻을 나타냄.

준명峻命 크고 준엄한 명령. 주로 하늘의 뜻 또는 민심이 바라는 것을 의미.

불이不易 쉽지 않은 것을 의미함.

차此 이것, 이곳, 이에. 여기서는 그래서를 의미하는 접속어로 쓰임.

○ 백성들로부터 칭송받는 것보다 더 좋은 것이 있는가

　역사상 혁명에 의하여 자리에서 쫓겨난 왕이 많이 있고, 나라를 망친 임금도 허다하다. 왕좌를 잃고 나라를 망친 이유는, 여색을 즐기고, 사치와 방탕한 생활을 하기 위하여 세금을 가혹하게 거두고, 사치스런 공사나 무리한 대형공사를 추진하여 백성들을 농사철에도 동원하고, 명분 없는 전쟁을 일으켜 백성들을 전쟁터로 내몰았기 때문이다. 이런 폭정에서는 백성들은 해가 지듯이 나라가 망하기를 바란다. 민심이 이렇게 되면 나라가 망하지 않는 것이 오히려 이상한 일일 것이다.

그 반대로 임금이 백성을 자식 같이 사랑하여 덕치를 하면, 나라가 부강하여져서 백성들은 임금의 덕을 칭송하고, 임금이 원하지 않지만 임금이 임금다운 생활을 하는데, 필요한 자금을 충분히 조달하여 주고 건축공사에 스스로 참여하려고 한다. 사리사욕을 채우고 방탕한 생활을 하여 민심을 잃어 결국 왕좌를 잃을 것이 아니라, 나라를 잘 다스려 백성들로부터 칭송을 받고, 또 충분한 재물도 지원받아 백성들과 함께 즐기면서 왕권을 누리도록 해야 한다. 이것보다 더 영광스러운 일이 어디 있는가?

○ 역사를 되돌아보고 교훈을 삼아야 한다

패망한 임금이나 왕권을 잃은 임금들의 공통적인 것은 간신들에 둘러싸이어 민심을 알지 못하고, 절대 권력을 가진 임금은 당연히 인생을 즐길 권한이 있다는 간신들의 달콤한 말에 현혹되어, 나라를 다스리기보다는 사치스럽고 방탕한 생활에 관심을 두었고, 간신들은 임금의 눈을 가리고 기득권 세력과 결탁하여 백성들을 착취하여 재산을 증식하였다. 부정부패는 나라 전체에 만연하여 백성들로부터 원성을 사게 되었고, 그 원성이 합쳐서 반대세력으로 발전하여 마침내 나라와 왕좌를 잃게 하였다. 이런 역사적 사례가 많음에도 여전히 이런 일이 일어나고 있다. "대학" 전4장에서 말하였듯이, 나라나 자리를 잃은 임금은 어디 하소연

할 곳도 없다는 것을 명심해야 한다. 그것이 임금이 세상의 근본 이치를 아는 것이다.

○ 덕이 있으면 사람, 재물, 나라가 저절로 따라온다

　나라를 다스리는데 재물은 필요하다. 필요한 재물을 거둬드리려면 백성이 부유해야 하고, 백성이 부유하려면 백성이 편히 일할 수 있게 하고, 일한 보람을 느낄 수 있게 하기 위하여 일하는 여건을 만들어주어야 하며, 백성이 그렇게 느끼려면 세금과 부역이 가벼워야 한다. 백성이 부유해지면 세금이 가벼워지지만, 가난해지면 같은 세금이라도 무겁게 느껴진다. 그러므로 먼저 백성들이 잘 살도록 해야 한다.

　백성들이 부지런히 일하게 제도를 정비하고, 치수시설, 도로 등 기반 시설을 확충하여 생활이 편리하게 해야 한다. 제도 정비나 기반 시설 확충은 백성들의 신임을 얻어야 제대로 할 수 있으므로, 백성의 신임을 얻는 것이 우선이다. 바로 이런 이유에서 덕치가 필요하다. 덕치를 하면, 사람, 재물 등이 저절로 들어와 마침내 나라와 세상을 얻을 수 있다.

제3절

살아가는데 재물이 필요하지만, 사람답게 사는 데는 재물보다 더 귀한 것이 사람다운 행동을 하는 것이다. 덕치를 하면 나라에 기강이 서고, 다투거나 속이거나 해치는 일이 줄어든다.

덕德이라는 것이 근본이고 재물이라는 것은 말단이다. 근본을 외면하고 말단을 중시하면 백성을 서로 다투게 하고 남의 것을 빼앗도록 이끌게 된다. 이러므로 재물을 모으면 백성은 흩어지고, 재물을 풀면 백성이 모인다. 또한 말이 거슬려서 나가면 거슬러서 들어오고, 재물이 거슬러서 들어오면 거슬러서 나간다. (근본이 제대로 서면 끝은 자연적으로 따라오고, 베풀면 반드시 되돌아온다.)

10-3 德者 本也 財者 末也 外本內末 爭民施奪 是故 財聚
　　　덕자 본야 재자 말야 외본내말 쟁민시탈 시고 재취
則民散 財散則民聚 是故 言悖而出者 亦悖而入 貨悖而入者
즉민산 재산즉민취 시고 언패이출자 역패이입 화패이입자

亦悖而出
역패이출

외본내말外本內末 본本은 중요한 것을, 말末은 그렇지 않는 것을 뜻하며, 중요한 것은 외면하여 소홀이 다루고, 그렇지 않는 것을 중요하게 여기는 것, 즉 사리에 맞지 않게 행동하는 것을 의미함.
패悖 어긋나다, 거슬리다는 뜻하는데, 여기서는 바르고 당당하지 않는 것을 의미함. 행패行悖라는 말은 자주 사용됨.

〇 나라를 다스리는 데 우선하여야 하는 것은

　나라를 다스리는데 우선해야만 하는 것은 재물이 아니라 기강을 세우는 것이다. 사람이 살아가고 나라를 다스리는데 재물이 필요하다. 재물은 백성들이 부지런히 일해야만 얻는 것이니, 백성들이 부지런히 일하고자 하는 마음이 들도록 나라를 안정적으로 다스려야 한다. 모든 사람이 일할 수 있는 기회를 얻고, 그 자리에서 맡은 것을 제대로 하면 넉넉히 먹고살 수 있고, 사는 보람을 느낄 수 있어야 한다.

　"서경" '대우모大禹謨'에서는 "덕이 바르게 베풀어지고, 쓰는 것이 편리하고, 사는 것이 넉넉하게 하는 것.(正德利用厚生.)"을 나라를 다스리는데 큰 세 가지 일(삼사三事)이라 하였다. 그러나 그 중 가장 중요한 것은 덕이 바르게 베풀어지는 것(正德)이다. 그러므로 나라를 다스리는 사람은 이를 명심해야 한다. 이것이 조선 말기 실학파의 주된 사상이다.

○ 재물은 백성을 위해 써야 한다

나라가 망한 이유로 그 첫째는 가혹한 세금이다. 거둬들이는 세금이 제대로 사용되면, 그런대로 백성들이 참을 수 있다. 그러나 세금이 무거운 나라를 보면, 백성을 구제하고 나라의 기반 시설을 건설하는데 사용하는 것이 아니라, 주로 왕실과 그 비호세력의 사치스런 생활과 재산 증식에 사용될 뿐이다. 더구나 이런저런 이유를 달아서 세율을 높이거나, 새로운 세금을 신설하고, 심지어는 세금을 중복하여 거둬들이기도 한다. 게다가 불법적으로 백성들의 재산을 빼앗기도 한다. 이런 정치가 행하여지면 민란이 안 일어나는 것이 오히려 이상한 일이다.

평소에는 대부분의 백성들은 부지런히 일하면 그런대로 먹고 살 수 있다. 그러나 흉년이 들거나 재난이 발생하면 살기가 어렵게 되고, 유일한 생계수단인 토지를 처분하지 않을 수 없을 때도 있다. 또 생활능력이 없는 홀로된 노인이나 장애인은 도움이 필요하다. 곤궁에 빠진 백성을 지원하고, 도움이 필요한 사람에게 나랏돈을 쓴다면 풍년이 들었을 때, 백성들은 무거운 세금이라도 기꺼이 내려고 하고, 지난날 나라에 빚진 부채를 무엇보다도 먼저 갚으려고 할 것이다. 나라가 거둬들이는 재물은 왕실이나 관리들을 위해서는 적게 쓰고, 백성들을 위해서는 많이 쓰며, 어려운 시기를 대비하여 항상 일정 수준의 비축은 유지하여야 한다.

세금을 징수하는 것은 법에 따라 엄격하게 하고, 그 과정에 부정부패가 없도록 하며, 사용하는 것은 백성을 위한 것을 최우선으로 해야 할 것이다.

제4절

　백성의 마음과 하늘의 명은 변할 수 있다. 덕치를 하면 사람이 따르고 하늘이 도와주지만, 그렇지 않으면 재앙이 오거나 그 명을 거둬들인다. 그러므로 덕치를 해야 한다.
　덕치는 임금이 먼저 수양하고, 인격이 높은 인재를 존중하여 등용하고, 인자한 마음으로 신하만이 아니라 백성들과 친밀하게 지내는 것이 중요하다.

　강고에서는 "하늘의 명은 오직 한곳에 머물지 않는다."라고 하였다. 좋고 바른 것을 하면 하늘의 명을 얻고, 나쁘고 그른 것을 하면 그것을 잃게 된다. 초서에서는 "초나라는 보배로 삼을 것이 없고, 오직 바르고 좋은 것(유선惟善)을 보배로 삼는다."라고 하였고, 외삼촌인 자범은 "망명한 사람은 다른 것으로는 보배로 삼을 것이 없고, 어진 마음을 갖는 것과 친족과 잘 지내는 것을 보배로 삼아야 한다."라

고 하였다.

10-4 康誥 曰惟命 不于常 道善則得之 不善則失之矣 楚書
　　　강고 왈유명 불우상 도선즉득지 불선즉실지의 초서
曰楚國 無以爲寶 惟善 以爲寶 舅犯 曰亡人 無以爲寶 仁親
왈초국 무이위보 유선 이위보 구범 왈망인 무이위보 인친
以爲寶
이위보

초서楚書 주나라 좌구명이 춘추좌씨전을 쓰기 위해 춘추시대 8개국의 역사를 나라별로 적은 역사책인 "국어國語"에 있는 초나라의 역사를 적은 부분. 이 역사책에는 '초어楚語'로 되어 있으나, 여기서는 '초서楚書'로 되어 있음.

구범舅犯 구舅는 외삼촌을 뜻하고, 범犯은 진晉나라 문공의 외삼촌인 호언狐偃을 말하며, 호언의 호가 자범子犯이므로 외삼촌 자범을 구범舅犯으로 줄여서 사용함.

망인亡人 외국으로 망명한 사람을 뜻하며, 여기서는 진晉 문공文公을 가리킴. 진 문공은 외국에 망명하였으나 인품이 훌륭하여 마침내 귀국하여 진나라의 24대 군주가 되고, 나라를 잘 다스려 춘추시대 5명의 훌륭한 제후의 한 명이 됨.

인친仁親 친척과 잘 지내는 것을 의미할 수 있으나, 여기서는 인품이 훌륭해야 한다는 것을 의미하므로, 마음이 너그러워 모든 사람과 친밀하게 잘 지낸다고 보는 것이 좋음.

○ 하늘의 명은 바뀔 수 있다

민주국가에서는 국정의 최고 책임자를 국민의 선거로 선출한다. 국민들로부터 득표를 많이 한 후보가 대통령이나 수상이 된다. 즉 국민의 지지를 많이 받은, 국민의 마음을 많이 얻은 사람이 대통령이나 수상이 된다. 오랫동안 정치를 하였던 사람이 되기도 하지만, 혁명에 의하여 대통령 자리를 억지로 차지한 사람도 있고, 혜성 같이 나타나 기존의 정치가들을 제치고 당선되는 사람도 있다. 정치하는 것은 운명이요, 대통령에 당선되는 것은 하늘의 명이라는 말도 있다. 아직도 하늘로부터 명을 받아야 대통령이 될 수 있다고 믿는 사람이 많다. 옛날에는 경천사상이 널리 퍼져서 임금은 천명天命을 받아야 될 수 있다고 하였다. 그래서 임금을 천자라고 부른다.

작은 정치 세력이 성장하여 큰 세력이 되고, 큰 세력이 제후나 백성들의 지지를 폭넓게 받게 되면, 마침내 나라를 얻고 왕의 자리에 올라갈 수도 있다. 작은 세력이 큰 세력으로 발전할 때 무엇보다도 백성들의 지지를 받아야 한다. 사람의 지지를 많이 받으면 받을수록 그 세력은 힘을 가지게 되는데, 이때 통치 목표나 이념에 동감하는 사람이 많아야 그 힘의 세기가 단단해진다. 이와 같이 된 것은 바로 그만큼 민심을 얻었기 때문이다.

○ 아무리 어려워도 정도로 가야 한다

　사는 것이 넉넉하고 여유로울 때는, 대부분의 사람은 그런대로 선한 행동을 하고 남에게 베풀 줄 안다. 그러나 어려운 처지에 빠지면, 정도를 걷지 않는 사람이 있다. 그래서 "중용" 제11장에서는 "군자라고 하는 사람 중에도 "중용"을 존중하여 그에 따라 행동하다가, 중도에서 그만두는 수가 있다.(君子, 遵道而行, 半塗而廢.)"라고 하였다. 중도에 그만두면 그때까지 쌓아놓은 것이 순식간에 무너진다. 그러므로 아무리 어려운 처지에 있더라도 정도를 걷는 것을 포기하지 않아야 한다.

　훌륭한 임금이 되고자 하는 사람은 정도가 아닌 방법, 즉 무력이나 술수로 권력을 장악하려고 해서는 안 되고, 친족뿐만 아니라 백성들에게도 너그러운 마음을 갖고 친밀하게 지내서 마음을 얻어야 한다. 그래야 친족과 백성들이 스스로 따라와 순조롭게 왕위에 오르게 하거나, 왕위를 두고 경쟁할 때 도와주고, 또 나라를 잘 다스릴 수 있도록 지원하여 준다.

●●●
제5절

　인재를 등용할 때 능력을 보는 것도 중요하지만, 우선 그 인격을 보아야 한다. 포용력이 없는 신하를 등용하면, 신하들 간에 시기하고 질투할 뿐만 아니라, 훌륭한 인재가 등용되지 못하게 방해하므로 나라를 위태롭게 한다.

●------------------------------------●

　"서경" 진서秦書편에 이르기를, "만약 어떤 한 신하가 있는데, 성실은 하지만 융통성이 없고, 다른 재주는 없으나 그 마음이 너그럽고 포용력이 있는 듯했다. 다른 사람이 재주가 있으면 자기가 가지고 있는 것처럼 좋아하고, 다른 사람이 빼어나고 훌륭한 것을 참된 마음으로 좋아하여, 자기 입에서 나온(무뚝뚝하고 칭찬할 줄 모르는) 말과 같지 않으면 (그들을) 잘 포용할 수 있다. 그럼으로써 나의 자손과 백성을 보전할 수 있으며, 오히려 또한 나라에 이로움이 있을 것이다. 다른 사람이 재주 있는 것을 시기하고 질투하여 미워하고, 다른 사람의 빼어나고 훌륭함을 멀리하여 등용되지 못하도록 하면, 이는 포용력이 없는 것이며, 나의 자손과 백성을 보전할 수 없으며, 또한 나라에 위태롭다고 할 것이다."라 하였다. 오직 어진 사람만이 이런 사람을 추방하여, 사방 오랑캐 지역으로 내쫓아서 중원 사람과 함께 살지 못하도록 할 것이다. 이를 일러 오직 어진 사람만이 사람을 사랑할 수 있고, 사람을 미워할 수 있다는 것을 말하는 것이다.

10-5 秦誓 曰若有一个臣 斷斷兮無他技 其心休休焉
진서 왈약유일개신 단단혜무타기 기심휴휴언
其如有容焉 人之有技 若己有之 人之彦聖 其心好之 不
기여유용언 인지유기 약기유지 인지언성 기심호지 불
啻若自其口出 寔能容之 以能保我子孫黎民 尙亦有利哉
시약자기구출 식능용지 이능보아자손여민 상역유리재
人之有技 媢嫉以惡之 人之彦聖 而違之 俾不通 寔不能容
인지유기 모질이오지 인지언성 이위지 비불통 식불능용
以不能保我子孫黎民 亦曰殆哉 唯仁人 放流之 迸諸四夷
이불능보아자손여민 역왈태재 유인인 방류지 병저사이
不與同中國 此謂唯仁人 爲能愛人 能惡人
불여동중국 차위유인인 위능애인 능오인

진서秦誓 "서경" '주서周書'의 '진서秦誓'편을 의미함. 진秦 목공穆公이 신하의 반대에도 불구하고 다른 나라를 침공하였으나 패전하고 반성하는 내용을 적은 기록.

단단斷斷 뛰어난 재주는 없으나, 마음이 넓고 성실한 사람을 나타내는 의태어.

휴휴休休 마음이 넓고 너그러운 상태를 나타내는 의태어.

언성彦聖 사람이 뛰어나고 훌륭한 것을 나타내는 말.

불시不啻 뿐만 아니다를 뜻함.

모질媢嫉 투기하고 시기하거나 질투하는 것.

비俾 ~하게 하다.

여민黎民 백성의 머리가 검은 것을 나타내어 여민은 서민을 의미함.

병迸 달아나다, 세차게 내뿜다 등을 뜻하는데, 여기서는 쫓아내다는 의미로 쓰임.

○ 능력보다는 인격이 먼저다

　나라를 잃은 임금이나 왕좌를 잃은 임금의 공통점은 바른 정치를 말하는 충신이 등용되는 것을 방해하고, 또 등용되더라도 임금과 접촉하는 것을 막는 간신들로 둘러싸여 있고, 사치와 방탕한 생활은 임금이 누릴 수 있는 특권이라고 말하며, 임금이 비록 못된 짓을 하더라도 칭송하는 말에 속아 바른 정치를 하지 않고 폭정하는 것이다. 그러므로 남을 시기하고 질투하는 사람을 신하로 두지 않아야 한다. 능력 있는 간사한 신하를 두기보다는 능력은 조금 모자라지만 포용력 있는 우직한 신하를 두는 것이 좋다. 우직한 사람은 간사하지 않을 뿐만 아니라 훌륭한 인재가 등용되는 것과 충신이 임금과 접촉하는 것을 방해하지는 않는다.

사람을 보고 간사한 신하가 될 것인지, 우직한 신하가 될 것인지를 미리 아는 것은 쉬운 일이 아니지만, 임금은 옳은 신하를 발탁하여 가까이 하는 것에 최선을 다하여야 한다.

"논어" '학이'편에서는 사람을 정확하게 잘 판단하라고 "말을 교묘하게 하고, 얼굴을 잘 꾸민 사람 중에 인자한 사람이 드물다(巧言令色 鮮矣仁)."라고 하였다.

○ 어진 사람만이 사람을 잘 이끌 수 있다

공동체, 집안이나 나라, 기업체나 친목단체 등을 관리하는데 가장 중요하지만 어려운 일이, 자리에 알맞은 인재를 선발하여 일을 맡기고 적절하게 대우하는 것이다.

그래서 "중용" 제20장에서는 "사람을 다스리는 것은 훌륭한 사람을 얻는 데 있고, 훌륭한 사람을 만나는 것은 자신의 인격에 달려있고, 자기의 인격을 닦는 것은 사람의 도리를 알아 그대로 하는 것이고, 자신을 닦는 것은 어진 마음으로 하여야 한다.(爲政在人, 取人以身, 修身爲道, 修道以仁.)"고 하였다.

어느 기관이든 인사철이 되면 좋은 자리로 이동시키거나 승진시켜줄 것을 호소하는 사람이 많고, 심지어는 외부로부터 청탁이나 압력이 들어온다. 인사가 공동체 관리의 처음이요 끝이지만,

여러 요인에 의하여 적절한 인사가 이루어지지 않고 있는 것이 현실이다. 기업체의 경우 소유주가 경영 방침에 따라 인사를 마음대로 할 수 있고, 그 책임을 전적으로 지지만, 나라의 각 기관은 주인 없는 집단이고, 그 관리 성과도 잘 드러나지 않으므로 인사 관리가 합리적으로 되지 않고, 기관 책임자의 의향에 따라 크게 영향을 받는다. 간혹 임기 중 기관의 발전보다는 사리사욕만 채우려고 하는 기관장도 있다. 인사를 공평하게 하기 위하여 기준을 마련하여 운영하지만, 자질이나 자격에 대한 기준이 너무 넓어서 외형적으로 기준에 맞게 하였다고 하지만, 실제적으로는 정실에 따라 되는 경우가 많고, 부정이 저지러지는 경우도 있다. 인사와 관련된 부패는 주고받은 양측이 입을 다물고 있으므로 잘 발각도 되지 않는다. 인사가 조직원의 사기와 직결되지만 공공분야에서는 합리적이고 타당한 인사가 이루어지지 않는 경우가 있다. 합리적 인사가 이루어져야 조직원들이 사기가 올라 스스로 자기 맡은 일을 성실하게 하려고 할 것이므로, 임금이나 기관장, 사장은 가장 관심을 두고 해야 할 일이 인사다.

공동체의 규모가 클수록 많은 계층이 있다. 일반적으로 조직에는 최고 책임자, 책임자를 보좌하고 지시를 받아 실행하는 관리자, 관리자의 지시를 받아 현장에서 일하는 현장 인력 등으로 되어 있다. 최고 책임자는 임금과 각 관서를 맡고 있는 정승이나 재벌그룹의 회장이나 사장이고, 관리자는 고위 관리와 회사 임원이 이에 해당한다. 현장 인력은 하위 관리나 작업 인력이다. 조직의 규모가 크면, 관리자와 현장 인력에도 여러 계층이 있게 된다.

하위계층에서는 자기 맡은 일을 하는데 필요한 전문 지식과 기술이 필요하지만, 상위 계층으로 올라갈수록 전문 지식과 기술보다는 통합, 조정의 능력이 요구된다. 그러므로 인성을 중시하여 인재를 선발하여 자리를 주어야 한다. 인성에 있어서 중요한 것은 인격이다. 인격이 훌륭한 사람이어야 조직을 잘 이끌 수 있다. 사람이 조직을 이끌고 관리할 때는, 선입견을 갖고 차별하는 일이 없어야 하고, 사람을 쓸 때는 사심 없이 지시하고 관리하여야 한다.

그러므로 "논어" '이인'편에서는 "오직 인자한 사람만이 사람을 좋아할 수 있고, 사람을 미워할 수 있다.(惟仁者, 能好人, 能惡人.)"고 하였다.

●●●
제6절

훌륭한 임금에게는 훌륭한 신하가 있었다. 그러나 훌륭한 인재를 만나는 것은 운명이라고 할 정도로 어렵다. 훌륭한 인재를 구하는데 최선을 다하여야 하며, 일단 등용한 사람은 믿고 쓰고, 일할 수 있게 적극적으로 지원하여야 하고, 작은 잘못이나 일하는 과정에 나오는 실수는 과감히 용서하여야 한다.

현인을 보면서도 현인을 등용하지 않거나, 등용하더라도 그를 앞세워 따르지 않는 것은 (하늘로부터 받는 자신의 운명이거나 하늘이 내려주는) 명命이고, 바르고 어질지 못한 사람을 보면서도 물리치지 못하거나, 물리치더라도 멀리 내치지 못하는 것은 허물이다. 남들이 싫어하는 것을 좋아하고, 남들이 좋아하는 것을 싫어하는 것, 이것은 사람의 본성을 거스르는 것이라 하며, 많은 재해가 반드시 그 몸에 미친다. 이러므로 군자는 효율적인 훌륭한 방법(대도大道)을 가지고 있는

데, 충실함과 믿음으로써 그 방법을 얻고, 교만하고 나태하면 그 방법을 잃는다.

10-6 見賢而不能舉 舉而不能先 命也 見不善而不能退 退
　　　견현이불능거　거이불능선　명야　견불선이불능퇴　퇴
而不能遠 過也 好人之所惡 惡人之所好 是謂拂人之性 菑必
이불능원　과야　호인지소오　오인지소호　시위불인지성　재필
逮夫身 是故 君子 有大道 必忠信以得之 驕泰以失之
체부신　시고　군자　유대도　필충신이득지　교태이실지

거舉　인재를 등용하여 활용하는 것. 천거薦舉.

명命　사람으로서는 어찌할 수 없이 받아들여야 하는 명령. 운명運命 또는 천명天命.

불拂　떨치다 또는 어기다.

재菑　재災와 상통하는 글자. 한 다발의 재앙을 의미함.

○ 뛰어난 인재를 만나는 것은 운명인가

훌륭한 임금에는 탁월한 신하가 있었다. 성군의 자질이 있는 임금은 인재를 구하려고 온갖 노력을 다하였다. 중국 고대 국가의 기록인 "서경"에는 임금이 해야 할 일로는 통치 이념 설정, 자연의 순환 원리 활용, 치수사업 추진, 오직 명분 있는 전쟁만 진행 등이고, 여기에 추가되는 것이 현명한 인재를 발굴하여 등용하는 것이다. 탁월한 인재의 도움을 받아 정치를 잘하였으므로, 어떤 면에서는 인재의 선발, 등용 및 활용이 가장 중요한 일이라 하겠다.

우리나라가 반세기 동안 급성장하였다. 이것은 박정희 대통령이 국정 목표와 발전 방향을 잘 설정하고, 대통령의 뜻을 받들어 정책을 실행하는 좋은 경제부총리가 있었기 때문이다. 제3공화국에서는 유명한 경제부총리가 여러 사람 있었다.

임금이 그를 보좌하는 뛰어난 인물을 구하는 것은 쉽지 않고 매우 어려운 일이다. 얼마나 어려웠으면 사람의 영역이 아닌 운명 또는 천명의 영역이라고 하였을까! 임금이 훌륭한 신하를 선발하는 방법에 대하여 "논어' '자로'편에 나와 있다. "아는 사람을 등용하라. 알지 못하지만 훌륭한 사람은 다른 사람들이 그를 내버려두겠는가?(擧爾所知. 爾所不知, 人其舍諸?)"라 하였다. 아는 사람 중에서 객관적인 기준에 따라 합리적으로 인사를 하면, 많은 사람들이 훌륭한 사람을 추천한다는 것을 뜻한다.

○ 사람은 믿고 써야 하고, 일할 수 있도록 밀어주어야 한다

자리는 한정되어 있는데 자리에 앉고 싶어하는 사람은 무수히

많다. 자천타천으로 적합하다고 평가하는 인재가 추천된다. 이때 인재 선발기준을 작성하고 객관적 자료에 따라 평가하여 선발하여야 한다.

관리를 임명하는 방법에는 두 가지 방법이 있다. 물론 모든 자리를 대상으로 하는 것이 아니고 고위 관리직에 한한다. 하위직은 전문가에게 맡겨야 한다. 하나는 능력주의能力主義고, 다른 하나는 엽관제獵官制다. 능력주의는 그 사람의 능력을 분석한 후 적합한 자리에 임명하거나, 먼저 그 자리에 요구되는 자격과 능력을 명시하고, 그에 적합한 인재를 선발하여 임명하는 것이고, 엽관제는 정권을 장악한 세력이 기준, 자격, 능력 등에 크게 구애되지 않고 충성도에 따라 폭넓게 자유로이 인재를 임용하는 것이다. 능력주의는 경험 있고, 능력이 검증된 사람을 선발할 수 있다는 장점은 있으나 관행에 빠져 개혁을 추진할 수 없다는 단점이 있고, 엽관제는 임명에 제약이 없어 폭넓게 정실에 따라 임명할 수 있어 집권 세력과 함께 혁신 또는 새로운 정책을 힘 있게 추진할 수 있으나 능력이 없는 사람이 맡게 되어 그 조직을 망치는 경우도 있을 수 있는 단점이 있다. 우리나라는 능력주의를 내세우고 있으나 표면상으로는 그렇게 하고, 실질적으로는 엽관제가 시행되고 있다. 공공기관장은 내면적으로 엽관제에 따라 임명되고 있음에도 불구하고, 공모 절차를 거쳐서 선발되어 임명되었으니 임기가 보장되어야 한다고 하며, 정권이 바뀌어도 임기를 채우려고 하여 볼썽사나운 작태가 일어나고 있다.

　일단 임명된 사람은 믿고 써야 한다. 그래서 "논어" '자로'편에서는 "먼저 실무진에게 일을 맡기고, 작은 잘못은 용서해 주며, 현명한 인재를 등용하라.(先有司, 赦小過, 擧賢材.)"고 하였다.

제7절

나라가 부강하려면 모든 사람이 제 할 일을 부지런히 하여야 하고, 부지런히 일하게 하기 위해서는 일의 성과를 충분히 받을 수 있도록 하고, 세금이나 부역은 가볍게 하여야 한다. 임금은 자기 재물보다 백성들이 잘 살기를 바란다면, 관리들도 임금의 뜻에 따라 하여, 백성도, 관리도, 왕실도, 나라도 부유하게 된다.

재물을 만드는 데 효율적인 방법이 있으며, 만드는 사람은 많고 그것을 먹는 사람이 적으며, 만드는 사람은 만드는 데 재빠르고 그것을 쓰는 사람은 천천히 아껴 쓰면, 곧 재물은 항상 풍족할 것이다. 어진 사람은 재물로 자기를 발전시키고, 어질지 못한 사람은 자신을 망치면서 재물을 늘린다. 위에서 인仁을 좋아하는데 아래에서 의義를 좋아하지 않는 사례는 없고, 아래서 의義를 좋아하는데 위에서 시킨 일이 잘 마무리되지 않는 사례는 없으며, 나라 창고의 재물이 (임금의) 자

기 재물이 아닌 경우는 아직 있지 않다.

10-7 生財有大道 生之者衆 食之者寡 爲之者疾 用之者舒
생재유대도 생지자중 식지자과 위지자질 용지자서
則財恒足矣 仁者 以財發身 不仁者 以身發財 未有上好仁而
즉재항족의 인자 이재발신 불인자 이신발재 미유상호인이
下不好義者也 未有好義 其事不終者也 未有府庫財非其財
하불호의자야 미유호의 기사불종자야 미유부고재비기재
者也
자야

질疾 재빠르게 부지런히 일하는 것.

서舒 더디다, 느리다를 뜻하나, 여기서는 쓰는 것을 느리게 하다, 즉 절약하다는 의미로 쓰임.

발신發身 자신을 발전하게 하는 것. 이재발신以財發身은 자신을 위해 재물을 사용하는 것을 뜻함.

발재發財 재물을 늘리는 것. 이신발재以身發財는 자신을 망치면서 재물을 늘리는 것을 의미함.

○ 재물은 사람이 살아가는 데 필요하지만

나라가 부강하여야 도움이 필요한 사람에게 지원할 수 있고, 불경기에 어려운 기업이나 가계를 직접 지원하거나 경기를 살릴 수 있는 대책을 수립하여 시행할 수 있다. 재물을 생산하는 것은 백성들이므로, 백성들이 생산활동을 자유로이 할 수 있도록 나라에서 여건을 만들어야 하고, 가능한 한 간섭을 하지 않아야 한다. 그러나 불신과 불공정한 거래가 이루어지지 않도록 경제질서가 확립되도록 해야 한다. 왕실이나 나라를 다스리는데 소요되는 비용은 효율적으로 사용하여 백성들이 내는 세금을 가볍게 해야 한다. 너무 과중한 세금은 백성들이 나라를 속이거나, 세무 관리에게 뇌물을 주어 세금을 줄이려 하고, 그런 환경에서 부정부패가 움튼다.

세법은 단순해야 하고, 세금을 증액하는 법률의 제, 개정은 자제해야 한다. 우리나라 세법은 너무 복잡하다. 일반 국민은 도저히 알 수 없고, 전문가도 착오를 일으킬 정도로 복잡하다. 세법은 조금만 관심을 가지면 알 수 있도록 간단, 명료하게 해야 한다. 세금을 증액하고, 새로운 세목을 신설하는 법률의 제, 개정은 국민의 입장에서 한 번 더 생각하여 보고 해야 하는데, 너무 쉽게 하는 것 같다.

우리 경제는 개방 경제다. 외국인의 국내 투자와 국민의 해외 투자는 거의 자유로워졌다. 그러므로 세율이나 세액이 다른 나라에 비하여 과중하지 않도록 하여, 외국인의 국내 투자를 방해하지 않고, 국민이 해외 투자를 하도록 내모는 일이 일어나지 않도록 해야 한다.

고대 왕권국가에서는 모든 것이 왕의 소유다. 다만 백성들은 다만 재화와 경제활동에 관하여 나라에서 인정하는 범위에서만 권리를 가질 뿐이다. 그러므로 백성이 부유하면 나라와 왕실이 부유해지고, 백성이 가난하면 나라를 다스리는데 소요되는 자금을 걷는 데도 어려워서 나라를 제대로 다스릴 수 없다. 이런 점을 명심하여 백성들이 먼저 부유해지도록 나라를 다스려야 한다.

○ 덕치가 이루어지면, 재물, 사람, 영토가 저절로 들어온다

왕권국가에서는 나라의 모든 것, 즉 백성, 자원, 영토 등이 모두 나라의 것이고, 왕의 것이다. 백성들의 재물 또한 나라 것이다. 백성의 창고에 있든, 나라의 차고에 있든 모든 것이 왕의 것이다. 그런데 왜 백성들의 재물을 강제로 자기의 창고에 옮기려고 하는가?

임금이 덕치를 하면 백성들이 잘 살게 되고, 백성들이 잘 사니 세금이 더 많이 걷히고, 세금이 많이 걷히니 나라가 부강해진다. 따라서 임금은 수신을 하여 백성들이 자식을 사랑하는 마음으로 백성들을 다스리면, 재물, 사람 및 영토가 저절로 들어온다. 이런 세상이 되어야 한다.

제8절

　재물은 모든 사람이 갖기를 원하지만 나라를 다스리는 사람, 즉 임금이나 제후들이 재물을 좇는다면 나라가 부패하게 된다. 재물을 늘리는 것을 권장하되, 남을 이롭게 하면서 정당하게 모아야지, 부당하거나 권력과 결탁하여 부정하게 증가시키는 것은 엄격히 벌하여야 한다. 사업하는 사람은 이익을 추구할 수 있으나, 나라를 다스리는 사람은 당당함, 즉 의義를 추구하여야 한다.

　맹헌자가 말하기를, "마승馬乘을 기르는 사람은 닭과 돼지를 살피지 않고, 여름에 얼음을 쪼개어 사용하는 세도가勢道家는 소와 양을 기르지 않고, 백승의 군사를 가진 권력가權力家는 세금을 가혹하게 걷는 관리를 기르지 않는다. 세금을 가혹하게 걷는 관리를 두기보다는 노석실하는 관리를 두는 것이 오히려 낫다."라고 하였다. 이것을 일러

서 나라는 이로움(리利)을 이로움으로 여기지 않고, 의로움(의義)을 이로움으로 삼아야 하는 것을 말한다. (임금이) 나라의 어른이 되어 재물을 활용하는 것에 힘쓰는 것은 반드시 스스로 소인다운 짓을 하는 것이며, 훌륭하지 못한 사람들은 그런 짓을 잘한다. 소인답게 나라를 다스리면 많은 재해가 함께 몰려올 것이어서, 비록 바르고 착한 사람이 있을지라도 어떻게 할 수 없을 것이다. 그래서 나라는 이로운 것을 이로운 것으로 여기지 않고, 의로운 것으로 이로운 것으로 여겨야 한다고 한 것이다. (집안이나 나라나 세상을 이끌고자 하는 사람은 모두가 바르고, 옳고, 당당하게 행동하도록 이끌어야 한다.)

10-8 孟獻子 曰畜馬乘 不察於鷄豚 伐氷之家 不畜牛羊
　　　맹헌자　왈휵마승　불찰어계돈　벌빙지가　불휵우양

百乘之家 不畜聚斂之臣 與其有聚斂之臣 寧有盜臣 此謂
백승지가　불휵취렴지신　여기유취렴지신　영유도신　차위

國不以利爲利 以義爲利也 長國家而務財用者 必自小人矣
국불이리위리　이의위리야　장국가이무재용자　필자소인의

彼爲善之 小人之使爲國家 菑害竝至 雖有善者 亦無如之何矣
피위선지　소인지사위국가　재해병지　수유선자　역무여지하의

此謂國不以利爲利 以義爲利也
차위국불이리위리　이의위리야

맹헌자孟獻子 춘추전국시대 노魯나라의 현명한 대부.

휵畜 가축을 뜻하는 명사로 쓰일 때는 축으로 읽고, 기르다는 뜻의 동사로 쓰일 때는 휵으로 읽음.

324 배움의 길

마승馬乘 전차를 끄는 말을 기르는 것, 즉 부자가 하는 사업.

계돈鷄豚 닭과 돼지, 즉 보잘 것 없는 것으로 생계를 이어가는 사람이 하는 일.

벌빙지가伐氷之家 여름철에 얼음 깨어 사용할 수 있는 세도가.

백승지가百乘之家 100대의 전차를 끄는 병력을 가지고 있는 권력가.

여기與其~ 영寧~ ~하기 보다는 ~하는 것이 낫다.

취렴聚斂 세금을 가혹하게 거두는 것. 가혹하게 세금을 거두는 것이 가장 나쁜 정치를 하는 것임.

장국가長國家 나라의 어른이 되는 것을 뜻함. 나라의 어른이 되면, 즉 왕이나 제후가 되어 왕이나 제후답게 행동해야 함을 암시하는 말.

재해菑害 재해가 한꺼번에 몰려오는 것. 설상가상雪上加霜.

○ 권력이 재물을 탐하면 나라가 망한다

나라가 망하는 길로 들어서는 것은 빈부격차가 심하여져 사회적 갈등이 일어나고, 나라에서 가혹하게 세금을 거둬 민심이 돌아서고, 임금이나 그 주위 세력들이 부패하여, 불법적으로 축재하거나 백성들의 재산을 강제로 빼앗는 것들 때문이다.

이들 세력은 부당하고, 불법을 저지르고 부패하였지만 그들이 누리는 권력이나 재물이 당연한 것으로 여기고, 백성이나 나라를 위해 나쁜 제도나 관행을 고치려고 하지 않는다. 개혁을 주장하거나 동조하는 사람을 오히려 법을 어기고 나라를 혼란하게 한다고 하여 처벌하려고 한다. 그들은 이것을 정당한 법 집행이라고 한다.

나라와 법의 궁극적 목적은 백성들이 자유롭고 부지런히 일하여 넉넉하게 살게 하는 것인데, 그 본래의 목적은 실현하려고 하지 않고, 법률조항을 엄격히 적용하여 중죄로 다룬다. 이런 현상이 일어나면 나라는 망하게 되어 있다. 이 지경에 이르면 혁명에 의하지 않고는 쇄신할 방법이 없다. 기득권을 누리는 세력은 양보하여 체제를 유지하려고 하지 않고, 끝까지 권력이나 재물을 가지기 위하여 온갖 노력을 다한다. 그러다가 결국은 모든 것을 잃게 된다. 그러므로 권력과 재력이 결탁하여 백성을 착취하는 일은 없어야 한다.

○ 민심은 의로움에서 얻어진다

임금이 재물을 좋아하면, 재물을 늘리는 방법을 알려주려는 사람들이 임금 주위로 모인다. 그들은 임금은 절대 권력을 갖고 있으므로 무엇이든지 할 수 있고, 백성들은 아무리 어려워도 임금의 명령에 절대복종해야 한다고 말한다. 가장 쉽게 재물을 모으는 방법은 생활필수품을 독점하여 거래하는 것이다. 없어서는 살 수 없는 것이 생필품이므로, 값이 올라도 구입하지 않을 수 없다. 이 거래 과정에서 뭉칫돈을 거둬들일 수 있다. 과거 왕권 시대에는 이런 독점권을 취득하려고 왕에게 막대한 뇌물을 바쳤다. 지금도 재벌기업은 독점적 권리를 누릴 수 있도록 법령이 제, 개정되기를 바라며, 관계 기관을 대상으로 뇌물을 뿌리고 있다. 기술이나 시장 규모에 따라 독점체제가 유리할 수 있다. 이때는 정부에서 엄격히 지도하거나 규제하여야 한다. 정당한 영업활동이나 권리는 보장하되, 가능한 한 독점권을 누리는 기업이 없도록 해야 한다. 독점권을 누리는 기업은 공정하게 거래하고 있는지 엄격히 감시하여야 한다.

백성의 경제활동에는 자유를 보장하되 불공정 거래, 부당한 행위는 일어나지 않도록 사전에 관리하고, 그런 사례가 사후적으로 적발되었을 때는 엄격히 처벌해야 한다. 이것이 경제분야에서 나라가 할 역할이고, 이 역할을 제대로 한다면, 민심을 얻을 것이다. 이것을 나라를 다스릴 때는 이익보다는 의로움을 중히 해야 한다는 것을 의미한다.

대학 장구 원문

0-1 大學之道 在明明德 在親民 在止於至善

0-2 知止而后 有定 定而后 能靜 靜而后 能安 安而后 能慮 慮而后能得

0-3 物有本末 事有終始 知所先後 則近道矣

0-4 古之欲明明德於天下者 先治其國 欲治其國者 先齊其家 欲齊其家者 先修其身 欲修其身者 先正其心 欲正其心者 先誠其意 欲誠其意者 先致其知 致知 在格物 物格而后 知至 知至而后 意誠 意誠而后 心正 心正而后 身修 身修而后 家齊 家齊而后 國治 國治而后 天下平

0-5 自天子以至於庶人 壹是皆以修身爲本 其本亂 而末治者否矣 其所厚者薄 而其所薄者厚 未之有也

1-1 康誥 曰克明德 太甲 曰顧諟天之明命 帝典 曰克明峻德 皆自明也

2-1 湯之盤銘 曰苟日新 日日新 又日新 康誥曰 作新民 詩曰周雖舊邦 其命維新 是故 君子 無所不用其極

3-1 詩云邦畿千里 惟民所止 詩云緡蠻黃鳥 止 于丘隅 子曰於止 知其所止 可以人而不如 鳥乎

3-2 詩云穆穆 文王 於緝熙敬止 爲人君 止於仁 爲人臣 止於敬 爲人子 止於孝 爲人父 止於 慈 與國人交 止於信

3-3 詩云瞻彼淇澳 菉竹猗猗 有斐君子 如切如 磋 如琢如磨 瑟兮僩兮 赫兮喧兮 有斐君子 終不可諠兮 如切如磋者 道學也 如琢如磨 者 自修也 瑟兮僩兮者 恂慄也 赫兮喧兮者 威儀也 有斐君子 終不可諠兮者 道盛德至 善 民之不能忘也

3-4 詩云於戱 前王不忘 君子 賢其賢而親其親

小人 樂其樂而利其利 此以沒世不忘也

4-1 子曰聽訟吾猶人也 必也使無訟乎 無情者不得盡其辭 大畏民志 此謂知本(此謂知本)

5-1 (間嘗竊取程子之意 以補之曰所謂致知在格物者 言欲致吾之知 在卽物而窮其理也 蓋人心之靈 莫不有知 而天下之物 莫不有理 惟於理 有未窮故 其知有不盡也 是以 大學始敎 必使學者 卽凡天下之物 莫不因其已知之理而益窮之 以求至乎其極 至於用力之久而一旦豁然貫通焉則衆物之表裏精粗無不到而吾心之全體大用無不明矣 此謂物格) 此謂知之至也

6-1 所謂誠其意者 毋自欺也 如惡惡臭 如好好色 此之謂自謙 故 君子 必愼其獨也

6-2 小人 閒居 爲不善 無所不至 見君子而后 厭然揜其不善 而著其善 人之視己 如見其肺

肝 然則何益矣 此謂誠於中 形於外 故 君子 必愼其獨也

6-3 曾子曰十目所視 十手所指 其嚴乎 富潤屋 德潤身 心廣體胖 故 君子 必誠其意

7-1 所謂修身 在正其心者 身有所忿懥則不得其正 有所恐懼則不得其正 有所好樂則不得其正 有所憂患則不得其正

7-2 心不在焉 視而不見 聽而不聞 食而不知其味 此謂修身 在正其心

8-1 所謂齊其家 在修其身者 人之其所親愛而辟焉 之其所賤惡而辟焉 之其所畏敬而辟焉 之其所哀矜而辟焉 之其所敖惰而辟焉 故 好而知其惡 惡而知其美者 天下 鮮矣

8-2 故 諺 有之 曰人莫知其子之惡 莫知其苗之碩 此謂身不修 不可以齊其家

9-1 所謂治國 必先齊其家者 其家不可敎而能敎

人者 無之 故 君子 不出家而成敎於國 孝者 所以事君也 弟者 所以事長也 慈者 所以使衆也

9-2 康誥 曰如保赤子 心誠求之 雖不中 不遠矣 未有學養子而后 嫁者也

9-3 一家仁 一國 興仁 一家讓 一國 興讓 一人貪戾 一國 作亂 其機如此 此謂一言 僨事 一人 定國 堯舜 帥天下以仁 而民從之 桀紂 帥天下以暴 而民從之 其所令 反其所好 而民不從 是故 君子 有諸己以後 求諸人 無諸己以後 非諸人 所藏乎身不恕而能喩諸人者 未之有也 故 治國 在齊其家

9-4 詩云桃之夭夭 其葉蓁蓁 之子于歸 宜其家人 宜其家人而后 可以敎國人 詩云 宜兄宜弟 宜兄宜弟而后 可以敎國人 詩云其儀不忒 正是四國 其爲父子兄弟足法而后 民法

之也 此謂治國 在齊其家

10-1 所謂平天下 在治其國者 上老老而民興孝 上長長而民興弟 上恤孤而民不倍 是以 君子 有絜矩之道也 所惡於上 毋以使下 所惡於下 毋以事上 所惡於前 毋以先後 所惡於後 毋以從前 所惡於右 毋以交於左 所惡於左 毋以交於右 此之謂絜矩之道

10-2 詩云樂只君子 民之父母 民之所好 好之 民之所惡 惡之 此之謂民之父母 詩云節彼南山 維石巖巖 赫赫師尹 民具爾瞻 有國者不可以不慎 辟則爲天下僇矣 詩云殷之未喪師 克配上帝 儀監于殷 峻命不易 道得衆則得國 失衆則失國 是故 君子 先慎乎德 有德 此有人 有人 此有土 有土 此有財 有財 此有用

10-3 德者 本也 財者 末也 外本內末 爭民施奪

是故 財聚則民散 財散則民聚 是故 言悖而出者 亦悖而入 貨悖而入者 亦悖而出

10-4 康誥 曰惟命 不于常 道善則得之 不善則失之矣 楚書 曰楚國 無以爲寶 惟善 以爲寶 舅犯 曰亡人 無以爲寶 仁親 以爲寶

10-5 秦誓 曰若有一个臣 斷斷兮無他技 其心休休焉 其如有容焉 人之有技 若己有之 人之彥聖 其心好之 不啻若自其口出 寔能容之 以能保我子孫黎民 尙亦有利哉 人之有技 媢嫉以惡之 人之彥聖 而違之 俾不通 寔不能容 以不能保我子孫黎民 亦曰殆哉 唯仁人 放流之 迸諸四夷 不與同中國 此謂唯仁人 爲能愛人 能惡人

10-6 見賢而不能擧 擧而不能先 命也 見不善而不能退 退而不能遠 過也 好人之所惡 惡人之所好 是謂拂人之性 菑必逮夫身 是故

君子 有大道 必忠信以得之 驕泰以失之

10-7 生財有大道 生之者衆 食之者寡 爲之者疾 用之者舒 則財恒足矣 仁者 以財發身 不仁者 以身發財 未有上好仁而下不好義者也 未有好義 其事不終者也 未有府庫財非其財者也

10-8 孟獻子 曰畜馬乘 不察於鷄豚 伐氷之家 不畜牛羊 百乘之家 不畜聚斂之臣 與其有聚斂之臣 寧有盜臣 此謂國不以利爲利 以義爲利也 長國家而務財用者 必自小人矣 彼爲善之 小人之使爲國家 菑害竝至 雖有善者 亦無如之何矣 此謂國不以利爲利 以義爲利也

■ 참고 자료

고재석 지음, 《동양 고전사서》, 성균관대 출판부, 2022. 3. 18. 초판 1쇄
권영호 역주, 《서경》, 학고당, 2019. 1. 7. 초판 2쇄
금장태 옮김, 《우리말 사서》, 지식과 교양, 2013. 11. 6. 초판 1쇄
김경호, 《동양적 사유는 어떻게 탄생했는가》, 글항아리, 2012. 11. 26. 초판
김성배 옮김, 《한권으로 읽는 제자백가》, 천지인, 2012. 4. 10. 초판 1쇄
김창환 역주, 《대학장구·중용장구》, 명문당, 2018. 11. 26. 초판
김학주, 《시경》, 명문당, 2007. 7. 10. 개정 증보판
나성, 《보편철학으로서의 유학》, 이학사, 2016. 11. 30. 1판 1쇄
동양고전연구회, 《중용》, 민음사, 2016. 8. 29. 1판 1쇄
배병삼, 《우리에게 유교란 무엇인가?》, 녹색평론사, 2012. 9. 20. 초판 2쇄
송인창, 《천명과 유교적 인간학》, 심산출판사, 2011. 5. 1. 초판 1쇄
신창호, 《사서》, 나무발전소, 2018. 11. 29. 초판 1쇄
이기석·한용우, 《대학 중용》, 홍신문화사, 2007. 7. 2판
이민수 옮김, 《공자가어》, 을유문화사, 2003. 7. 15. 초판 1쇄
이원길 옮김, 《40대에 읽는 공자인문학》, 신원출판사, 2016. 7. 22. 초판 1쇄
이한우, 《논어로 중용을 풀다》, 해밀출판사, 2013. 3. 20. 초판 1쇄
임자헌 옮김, 《군자를 버린 논어》, 문학동네, 2016 8. 25. 초판 3쇄
장승구, 《조선을 움직인 철학자들》, 심산, 2019. 8. 31. 초판 1쇄
최상용 옮김, 《대학·중용》, 일상이상, 2018. 8. 6. 초판 1쇄
최석기, 《정선사서》, 창비, 2016. 9. 20. 초판 1쇄
최진석 옮김, 미조구치 유조 지음, 《개념과 시대로 읽는 중국사상 명강의》, 2015. 5. 25. 초판 2쇄
최영갑 옮김, 《대학·중용》, 펭귄클래식코리아, 2012. 9. 12. 1판 1쇄
한예원 지음, 《사서 산책》, 아카넷, 2019. 9. 2. 1판 1쇄

배움의 길
마음으로 읽는 대학

초판 인쇄	2025년 4월 18일
초판 발행	2025년 4월 25일

편 저	이종인
발 행 자	김동구
디 자 인	이명숙·양철민
발 행 처	명문당(1923. 10. 1 창립)
주 소	서울시 종로구 윤보선길 61(안국동)
	국민은행 006-01-0483-171
전 화	02)733-3039, 734-4798, 733-4748(영)
팩 스	02)734-9209
Homepage	www.myungmundang.net
E-mail	mmdbook1@hanmail.net
등 록	1977. 11. 19. 제1~148호

ISBN 979-11-94314-23-3 (03140)

20,000원

* 낙장 및 파본은 교환해 드립니다.
* 불허복제